Schriftenreihe
der Juristischen Schulung

Band 50

Gesetzliche Schuldverhältnisse

Delikts- und Schadensrecht,
Bereicherung, Geschäftsführung ohne Auftrag

von

Dr. Dr. h. c. Dieter Medicus
em. o. Professor an der Universität München

5., neu bearbeitete Auflage

Verlag C. H. Beck München 2007

Verlag C. H. Beck im Internet:
beck.de

ISBN 10: 3 406 54445 2
ISBN 13: 978 3 406 54445 3

© 2007 Verlag C. H. Beck oHG
Wilhelmstraße 9, 80801 München
Druck und Bindung: Nomos Verlagsgesellschaft
In den Lissen 12, 76547 Sinzheim

Satz: Druckerei C. H. Beck Nördlingen

Gedruckt auf säurefreiem, alterungsbeständigem Papier
(hergestellt aus chlorfrei gebleichtem Zellstoff)

Vorwort zur 5. Auflage

Auch bei dieser Neuauflage habe ich an dem Konzept der Vorauflage festgehalten: Ich will nicht bloß die Lösung der Fälle zeigen. Vielmehr will ich auch an diesen Lösungen Sinn und System der gesetzlichen Regelung klarmachen. Dem sollen vor allem auch die „Zusammenfassungen" am Ende der Paragraphen des Buches dienen. Insbesondere im Delikts- und Schadensrecht habe ich die Fälle vielfach den „berühmten" Entscheidungen nachgebildet, deren Kenntnis auch für das Examen wichtig ist.
Das Buch befindet sich jetzt auf dem Stand vom Juni 2006.

Tutzing, im November 2006 *Dieter Medicus*

Aus dem Vorwort zur 1. Auflage

Dieser Band soll die in derselben Reihe erschienenen Bücher von *Löwisch* (Das Rechtsgeschäft, 2. Aufl. [1974]; Das Schuldverhältnis, 1975) und *Gerhardt* (Mobiliarsachenrecht, 1976) ergänzen. Er behandelt aus dem Allgemeinen Schuldrecht die §§ 249–255 und aus dem Besonderen Schuldrecht die §§ 677–687, 812–853 sowie die Spezialgesetze des Haftpflichtrechts. Den Stil dieses Bandes, vor allem die Art der Fallbehandlung und die Ausrichtung auf die Bedürfnisse des Anfängers, habe ich den Büchern von *Löwisch* und *Gerhardt* anzugleichen versucht. Auf sie ist auch nach Möglickeit verwiesen worden.

Die von Fällen ausgehende Darstellungsweise will und kann das systematische Lehrbuch nicht ersetzen. Aber gerade bei den gesetzlichen Schuldverhältnissen und im Schadensrecht hat sich die Regelung des BGB vielfach als zu weitmaschig erwiesen. Sie ist daher durch ein umfangreiches Fallrecht aufgefüllt worden. Deshalb dürfte sich hier das Lernen vom Fall her besonders anbieten. Andererseits sollte sich der Student aber die gesetzliche Regelung trotz ihrer Lückenhaftigkeit immer vor Augen halten: Sie bildet den Rahmen, ohne dessen Kenntnis das Fallrecht unverständlich bleiben muß. Daher ist das ständige Nachschlagen der zitierten Gesetzesvorschriften unentbehrlich! Die wenigen in den Fußnoten genannten Entscheidungen halte ich zur Lektüre für besonders geeignet.

Regensburg, im März 1977   *Dieter Medicus*

Inhaltsverzeichnis

Abkürzungsverzeichnis IX

1. Teil. Grundlagen

§ 1. Notwendigkeit und Typen gesetzlicher Schuldverhältnisse 1
§ 2. Zusammentreffen gesetzlicher und vertraglicher Schuldverhältnisse 4

2. Teil. Haftung aus unerlaubter schuldhafter Handlung

§ 3. Die Deliktsnormen 11
§ 4. Die Tötung eines Menschen 14
§ 5. Die Verletzung eines Menschen 16
§ 6. Eigentumsverletzung: Der Haftungsgrund 26
§ 7. Eigentumsverletzung: Der Haftungsumfang 29
§ 8. Gesundheit und sonstige Rechte 40
§ 9. Verletzung eines Schutzgesetzes 48
§ 10. Vorsätzliche sittenwidrige Schädigung 52
§ 11. Haftung aus vermutetem Verschulden 55
§ 12. Amtspflichtverletzung 66

3. Teil. Haftung aus Gefährdung

§ 13. Die Tierhalterhaftung 69
§ 14. Die Haftung des Kraftfahrzeughalters 71
§ 15. Weitere Fälle der Gefährdungshaftung 74

4. Teil. Allgemeine Probleme des Schadensrecht

§ 16. Probleme der Zurechnung 78
§ 17. Insbesondere die Mehrheit von Schädigern 88
§ 18. Positives und negatives Interesse 92
§ 19. Vermögens- und Nichtvermögensschaden 95
§ 20. Die Mitwirkung des Geschädigten 98
§ 21. Weitere Probleme 105
§ 22. Zum Aufbau haftungsrechtlicher Fälle 115

5. Teil. Ungerechtfertigte Bereicherung

§ 23. Einführung ins Bereicherungsrecht 117
§ 24. Die Leistungskondition in Zweipersonenverhältnissen 119

§ 25. Die Eingriffskondiktion 129
§ 26. Andere Nichtleistungskondiktionen 136
§ 27. Der Inhalt von Bereicherungsansprüchen 139
§ 28. Bereicherungsansprüche in Mehrpersonenverhältnissen 154

6. Teil. Geschäftsführung ohne Auftrag

§ 29. Abgrenzung der Geschäftsführung ohne Auftrag 165
§ 30. Die beiden Arten der Geschäftsführung ohne Auftrag 170
§ 31. Zweifelhafte Fragen zur Geschäftsführung ohne Auftrag 175

Paragraphenregister 181

Sachregister 185

Verzeichnis der Abkürzungen und der abgekürzt zitierten Literatur

a. A.	anderer Ansicht
aaO	am (vorher) angegebenen Ort
Abs.	Absatz
AcP	Archiv für die civilistische Praxis
aF	alte Fassung
Alt.	Alternative
Anm.	Anmerkung
Art.	Artikel
Aufl.	Auflage
BAG	Bundesarbeitsgericht
Baur-Stürner	*Fritz Baur – Jürgen F. Baur – Rolf Stürner*, Lehrbuch des Sachenrechts, 17. Aufl. 1999
BGH(Z)	Bundesgerichtshof (in Zivilsachen), zugleich die Sammlung seiner Entscheidungen
Bork	*Reinhard Bork*, Allgemeiner Teil des BGB, 2001
BVerfG	Bundesverfassungsgericht, zugleich die Sammlung seiner Entscheidungen
d. h.	das heißt
EFZG	Gesetz über die Zahlung des Arbeitsentgelts an Feiertagen und im Krankheitsfall (EntgeltfortzahlungsG = Art. 53 des G zur sozialen Absicherung der Pflegebedürftigkeit v. 26. 5. 1994, BGBl. I 1014, 1065 ff.)
EG BGB	Einführungsgesetz zum Bürgerlichen Gesetzbuch v. 18. 8. 1896
Esser-Weyers	*Josef Esser – Hans-Leo Weyers*, Schuldrecht II, Besonderer Teil, 8. Aufl. 1995/2000
f. (ff.)	folgende (mehrere folgende)
Festg.	Festgabe
Festschr.	Festschrift
Fn.	Fußnote
G	Gesetz
Gerhardt	*Walter Gerhardt*, Mobiliarsachenrecht: Besitz, Eigentum, Pfandrecht, 5. Aufl. 2000
Gernhuber/Coester-Waltjen FamR	*Joachim Gernhuber – Dagmar Coester-Waltjen* Lehrbuch des Familienrechts, 4. Aufl. 1994
GG	Grundgesetz für die Bundesrepublik Deutschland v. 23. 5. 1949
GmbH(G)	Gesellschaft mit beschränkter Haftung (Gesetz betreffend die Gesellschaften mit beschränkter Haftung v. 20. 4. 1892)
GoA	Geschäftsführung ohne Auftrag
GVG	Gerichtsverfassungsgesetz in der Fassung v. 9. 5. 1975
HGB	Handelsgesetzbuch v. 10. 5. 1897
h. M.	herrschende Meinung
HPflG	Haftpflichtgesetz in der Fassung v. 4. 1. 1978
InsO	Insolvenzordnung v. 5. 10. 1994
JGG	Jugendgerichtsgesetz in der Fassung v. 11. 12. 1974
JZ	Juristenzeitung
KO	Konkursordnung in der Fassung v. 18. 5. 1898

Lange/Schiemann	Hermann Lange – Gottfried Schiemann, Schadensersatz, 3. Aufl. 2003
Larenz/Wolf AT	Karl Larenz – Manfred Wolf, Allgemeiner Teil des Deutschen Bürgerlichen Rechts, 9. Aufl. 2004
Larenz SchuldR I	Karl Larenz, Lehrbuch des Schuldrechts I: Allgemeiner Teil, 14. Aufl. 1987
Larenz SchuldR II 1	Karl Larenz, Lehrbuch des Schuldrechts II: Besonderer Teil, Halbband 1, 13. Aufl. 1986
Larenz/Canaris, SchuldR II 2	Karl Larenz – Claus-Wilhelm Canaris, Lehrbuch des Schuldrechts II: Besonderer Teil, Halbband 2, 13. Aufl. 1994
Löwisch/Neumann	Manfred Löwisch – Daniela Neumann, Allgemeiner Teil des GB, 7. Aufl. 2004
m. E.	meines Erachtens
Medicus AT	Dieter Medicus, Allgemeiner Teil des BGB, 9. Aufl. 2006
Medicus BürgR	Dieter Medicus, Bürgerliches Recht, 20. Aufl. 2004
Medicus SAT	Dieter Medicus, Schuldrecht I: Allgemeiner Teil, 17. Aufl. 2006
Medicus SBT	Dieter Medicus, Schuldrecht II: Besonderer Teil, 13. Aufl. 2006
MünchKomm	Münchener Kommentar zum BGB, Bd. 1 und 2 in 4. Aufl. 2002
NJW	Neue Juristische Wochenschrift
Nr.	Nummer
o.	oben
OLG	Oberlandesgericht
Palandt	Otto Palandt, BGB, 65. Aufl. 2006
PflVersG	Gesetz über die Pflichtversicherung für Kraftfahrzeughalter v. 5. 4. 1965
ProdHaftG	Gesetz über die Haftung für fehlerhafte Produkte v. 15. 12. 1989
ProstG	Gesetz zur Regelung der Rechtsverhältnisse der Prostituierten v. 20. 12. 2001
Rn.	Randnummer
RG(Z)	Reichsgericht (in Zivilsachen), auch Sammlung seiner Entscheidungen
RVO	Reichsversicherungsordnung in der Fassung v. 15. 12. 1924
S.	Seite, bei Gesetzeszitaten Satz
SMG	Schuldrechtsmodernisierungsgsetz v. 26. 11. 2001
SGB	Sozialgesetzbuch
StGB	Strafgesetzbuch in der Fassung v. 13. 11. 1998
StVG	Straßenverkehrsgesetz in der Fassung v. 5. 3. 2003
StVO	Straßenverkehrs-Ordnung v. 16. 11. 1970
StVZO	Straßenverkehrs-Zulassungs-Ordnung in der Fassung v. 28. 9. 1988
u.	unten
u. a.	unter anderem(n)
UmweltHG	Umwelthaftungsgesetz v. 10. 12. 1990
v.	vom
VersR	Versicherungsrecht (Zeitschrift)
vgl.	vergleiche
VVG	Gesetz über den Versicherungsvertrag v. 30. 5. 1908
ZPO	Zivilprozeßordnung in der Fassung v. 12. 9. 1950
ZS	Zivilsenat

1. Teil. Grundlagen

§ 1. Notwendigkeit und Typen gesetzlicher Schuldverhältnisse

I. Rechtsgeschäft und Gesetz als Grundlagen von Schuldverhältnissen

Schuldverhältnisse verpflichten, wie § 241 I sagt, den Schuldner regelmäßig zu einer Leistung. Damit wird die allgemeine Handlungsfreiheit des Schuldners beschränkt. Für eine solche Beschränkung sind zwei Rechtfertigungen denkbar:
(1) Die Beschränkung des Schuldners kann sich daraus ergeben, daß er sich mit ihr einverstanden erklärt hat. Ein solches *Einverständnis* erfolgt regelmäßig in der Form eines Vertrages, § 311 I. Zu den so begründeten rechtsgeschäftlichen (vertraglichen) Schuldverhältnissen vgl. die Lehrbücher des Besonderen Schuldrechts.
(2) Die Beschränkung der Handlungsfreiheit des Schuldners kann aber auch vom *Gesetz* angeordnet worden sein. Einer solchen Anordnung bedarf es überall, wo ein wirksamer Vertrag mit dem zu Verpflichtenden regelmäßig nicht zu erreichen ist. Das begegnet vor allem in den drei gleich zu nennenden Situationen.

II. Die drei Hauptarten der gesetzlichen Schuldverhältnisse

Fall 1 (Der Verkehrsunfall: unerlaubte Handlung)

S fährt unachtsam mit seinem Pkw und übersieht dabei den vorfahrtberechtigten Radfahrer G. Bei dem Zusammenstoß wird G verletzt, sein Fahrrad wird beschädigt.

Hier gebietet es die Gerechtigkeit, daß S dem G zum Schadensersatz verpflichtet ist. Zwar kann es vor allem bei bloß leichten Verletzungen vorkommen, daß S und G sich über den Schadensersatz vertraglich einigen (etwa durch Vergleich, § 779). Aber darauf darf sich die Rechtsordnung nicht verlassen. Deshalb muß sie von sich aus eine Schadensersatzpflicht – also ein gesetzliches Schuldverhältnis – bestimmen. Das geschieht hier gleich durch mehrere Vorschriften. Die wichtigste ist § 823 I: S hat rechtswidrig und fahrlässig den Körper und das Eigentum des G verletzt und muß deshalb Schadensersatz leisten. Damit haftet S aus unerlaubter Handlung (Delikt). Wenn S zugleich der Halter des Pkw war (das ist er als Eigentümer regelmäßig), haftet er zusätzlich nach § 7 StVG unabhängig von einem Verschulden. Eine solche deliktsähnliche

Haftung, die auf einer erlaubten Gefährdung (hier: durch den Betrieb des Pkw) beruht, nennt man Gefährdungshaftung.

Fall 2 (Der Unfallhelfer: Geschäftsführung ohne Auftrag)

In *Fall 1* hat S Fahrerflucht begangen und den verletzten G bewußtlos auf der Straße liegen lassen. Ein Dritter D kommt vorbei: Er verbindet den G, fährt ihn in ein Krankenhaus und kümmert sich um das beschädigte Fahrrad.

Hier können dem D Kosten und Schäden (z.B. Blutflecken am Polster seines Wagens) entstanden sein. Eine vertragliche Einigung über den Ersatz dieser Nachteile wird wenigstens regelmäßig zunächst nicht zustandekommen: G ist ja bewußtlos und S flüchtig. Und Ansprüche des D aus unerlaubter Handlung fehlen: G hat nichts Unerlaubtes getan, und S hat zwar ein Delikt begangen, aber dieses hat sich nur gegen G gerichtet und nicht auch gegen D. Denn dessen Körper und Eigentum sind ja unverletzt geblieben oder wenigstens nicht von S verletzt worden.

Darum macht sich das BGB in solchen Fällen einen anderen Gedanken zunutze: D hat mit der Hilfeleistung ein fremdes Geschäft besorgt, ohne von einem anderen dazu beauftragt oder ihm gegenüber sonstwie dazu berechtigt gewesen zu sein. Auch solche Geschäftsführung ohne Auftrag (GoA) erzeugt unter bestimmten Umständen Ersatzansprüche gegen den Geschäftsherrn, §§ 683, 670. Dabei kommen hier gleich zwei Geschäftsherrn in Betracht, nämlich G und S: G, weil seine Gesundheit und sein Eigentum auf dem Spiel standen, und S, weil er für die Verletzung des G verantwortlich und daher aus vorangegangenem Tun zur Hilfe verpflichtet war. Umgekehrt können sich aus GoA auch Verpflichtungen des Geschäftsführers ergeben. So kann D dem G Ersatz schulden, wenn er diesen grobfahrlässig falsch behandelt hat (§§ 677, 680 mit der Verletzung von Schutzpflichten).

Fall 3 (Die unrichtige Bestellung: Leistungskondiktion)

S will bei G Büroartikel mit einer bestimmten Katalognummer bestellen. Die Sekretärin des S verschreibt sich jedoch und gibt daher eine andere als die von S genannte Nummer an. G liefert deshalb die bestellten, aber von S nicht gemeinten Artikel. Was gilt hier?

Zwischen S und G ist zunächst eine Einigung und damit ein Kauf über die von der Sekretärin bezeichneten Artikel zustande gekommen. S kann diesen Vertrag aber nach § 119 I Alt. 1 wegen Erklärungsirrtums anfechten: S hat ja eine Erklärung des Inhalts, wie sie dem G zugegangen ist, nicht abgeben wollen. Mit einer unverzüglich (§ 121 I) erklärten Anfechtung des S ist dessen Willenserklärung und damit der ganze Kaufvertrag von Anfang an nichtig, § 142 I.

Diese Nichtigkeit betrifft aber nur den obligatorischen Kaufvertrag und nicht auch die zu seiner Erfüllung etwa schon erbrachten Leistungshandlungen, also die Lieferung (Übereignung) der Büroartikel und ggf. auch die Zahlung des Kaufpreises. Denn wegen des im deutschen Recht geltenden Abstraktionsprinzips[1] berührt die Unwirksamkeit des Verpflichtungsgeschäfts die Wirksamkeit der Erfüllungsgeschäfte nicht. Mit der Anfechtung fällt also nicht auch die Übereignung der Büroartikel und ggf. die Zahlung des Kaufpreises weg. Beides muß demnach gesondert rückgängig gemacht werden. Hierzu bedarf es eines weiteren gesetzlichen Schuldverhältnisses, weil die beiden schon genannten – unerlaubte Handlung und Geschäftsführung ohne Auftrag – nicht passen.

Dieses gesetzliche Schuldverhältnis ist dasjenige aus ungerechtfertigter Bereicherung (die Kondiktion): § 812 I 1 Alt. 1 bestimmt, daß herausgegeben werden muß, was durch die Leistung eines anderen ohne rechtlichen Grund erlangt worden ist. Das trifft insbesondere auf diejenigen Leistungen zu, die zur Erfüllung eines nichtigen Schuldvertrages wirksam ausgetauscht worden sind. Diese müssen also demjenigen zurückübertragen werden, der sie geleistet hat.

Fall 4 (Die falsche Weide: Nichtleistungskondiktion)

Die Kühe des Landwirts S haben eine durch Manövertruppen entstandene Zaunlücke ausgenutzt und die benachbarte Wiese des G abgegrast.

Hier liegt in dem Verhalten der Kühe weder eine unerlaubte Handlung noch eine Geschäftsführung ohne Auftrag: Tiere können nichts Rechtswidriges tun, und S selbst kann sich hinsichtlich seiner Tierhalterhaftung nach § 833 S. 2 exkulpieren, wenn der Zaun zunächst in Ordnung war und seine Beschädigung noch nicht bekannt sein mußte (vgl. u. § 11 Fall 71). An eine Geschäftsführung (durch die Tiere oder durch S) kann man hier schon überhaupt nicht denken. Aber auch § 812 in seiner eben behandelten Anwendung paßt nicht: G hat ja die Nutzung seiner Wiese dem S nicht geleistet, nämlich nicht willentlich zugewendet. Daher paßt nur die andere Alternative des § 812: S hat die Nutzung „in sonstiger Weise" auf Kosten des G ohne rechtlichen Grund erlangt. Man nennt die oben bei *Fall 3* behandelte Anwendung des § 812 „Leistungskondiktion", weil sie eine willentlich und zweckgerichtet erbrachte Vermögensmehrung (eine „Leistung") rückgängig machen soll. Entsprechend dieser Terminologie handelt es sich in *Fall 4* um eine Nichtleistungskondiktion: Ausgeglichen werden soll eine andersartige Vermögensverschiebung.

III. Zusammenfassung

Neben den Schuldverhältnissen, die sich auf Rechtsgeschäft (insbesondere auf Vertrag) gründen, gibt es auch Schuldverhältnisse aus Gesetz. Die wichtigsten sind die drei folgenden, die in diesem Band behandelt werden:

---

[1] Vgl. dazu etwa *Bork* Rn. 476 ff.; *Medicus*, AT, Rn. 224 ff.

1. Wer einen anderen durch *schuldhaft unerlaubte Handlung* oder bestimmte *erlaubte, aber gefährliche Verhaltensweisen* verletzt, ist ihm zum Schadensersatz verpflichtet.
2. Wer *ohne Auftrag* oder sonstige Berechtigung *fremde Geschäfte für einen anderen besorgt*, gerät in das (berechtigende und verpflichtende) gesetzliche Schuldverhältnis der Geschäftsführung ohne Auftrag, §§ 677 ff.
3. *Vermögensverschiebungen ohne rechtlichen Grund* werden nach den §§ 812 ff. ausgeglichen: Vermögensverschiebungen durch Leistung mit der Leistungskondiktion, andere Vermögensverschiebungen mit den (in sich verschiedenen) Nichtleistungskondiktionen.

§ 2. Zusammentreffen gesetzlicher und vertraglicher Schuldverhältnisse

I. Die Verschiedenheit der Regelungen

Gesetzliche und vertragliche Schuldverhältnisse unterliegen in mehrfacher Hinsicht verschiedenen Regeln

1. Gehilfenhaftung

Der wichtigste Unterschied besteht hinsichtlich der Gehilfenhaftung: Nach § 278 hat innerhalb bestehender Schuldverhältnisse der Schuldner für ein Verschulden seiner *Erfüllungsgehilfen* und *gesetzlichen Vertreter* wie für eigenes Verschulden einzustehen; dem Schuldner wird also das fremde Verschulden ohne weiteres zugerechnet. Dagegen wird nach § 831 unabhängig vom Bestehen eines Schuldverhältnisses für die unerlaubte Schadenszufügung durch einen *Verrichtungsgehilfen* nur dann gehaftet, wenn der Geschäftsherr bestimmte eigene Sorgfaltspflichten verletzt hat: nämlich die Pflichten zur sorgfältigen Auswahl und ggf. auch zur Überwachung des Gehilfen sowie zu dessen Ausstattung mit Gerät. Die Unterscheidung zwischen § 278 und § 831 kommt überaus häufig vor, insbesondere auch in juristischen Übungsarbeiten.

Allerdings deckt sich der Unterschied zwischen rechtsgeschäftlichen und deliktischen Schuldverhältnissen nicht genau mit dem Unterschied zwischen § 278 und § 831. Denn § 278 setzt lediglich voraus, daß ein Schuldverhältnis – gleich aus welchem Grund – *bereits besteht*. Das liegt bei einem rechtsgeschäftlich begründeten Schuldverhältnis allemal vor. Ähnlich können Geschäftsführung ohne Auftrag und ungerechtfertigte Bereicherung ein Schuldverhältnis begründen. Dagegen besteht zwischen einem Deliktstäter und seinem Opfer regelmäßig nicht schon vor dem Delikt ein Schuldverhältnis; dieses wird vielmehr durch das Delikt erst begründet. Daher kommt § 831 im wesentlichen bei der Deliktshaftung vor; die Vorschrift steht ja auch in dem BGB-Titel über „unerlaubte Handlungen".

2. Verjährung

Seit dem SMG (in Kraft seit 1. 1. 2002) weit weniger wichtig geworden sind dagegen die Unterschiede hinsichtlich der *Verjährung.* Diese berechtigt den Schuldner, die Leistung zu verweigern, § 214 I. Die regelmäßige Frist für den Eintritt der Verjährung beträgt drei (früher 30) Jahre, § 195. Diese Normalfristen beginnen jetzt aber regelmäßig erst unter zwei Voraussetzungen: Der Anspruch muß entstanden sein, und der Gläubiger muß die den Anspruch begründenden Umstände sowie die Person des Schuldners kennen oder nur infolge von grober Fahrlässigkeit nicht kennen, § 199 I. Hiervon gibt es aber in den Absätzen 2 und 3 von § 199 gerade für Schadensersatzansprüche Ausnahmen. Diese hängen auch (anders als nach altem Recht) nicht von der rechtlichen Grundlage des Ersatzanspruchs (Vertrag oder Delikt) ab. Vielmehr beruhen sie allein auf dem Inhalt des Anspruchs (Schadensersatz). Für Deliktsansprüche gilt als Sondervorschrift nur mehr § 852: Soweit der Schuldner durch das Delikt auf Kosten des Verletzten bereichert ist, verjährt der Ersatzanspruch erst nach zehn oder 30 Jahren. Andererseits gibt es aber auch nach dem SMG für manche vertraglichen Schadensersatzansprüche noch kürzere Fristen; die wichtigsten folgen aus den §§ 438, 634a (Mängelansprüche bei Kauf und Werkvertrag) sowie aus § 548 (bestimmte Ansprüche aus Mietvertrag). Insoweit bleibt die Unterscheidung zwischen Vertrag und Delikt von Bedeutung.

3. Haftungsmilderung

Bei mehreren vertraglichen Schuldverhältnissen wird die *Haftung* eines Partners (zumeist des unentgeltlich Handelnden) gegenüber der Normalhaftung des § 276 I 1 gemildert (z. B. für den Schenker nach §§ 521, 523, 524). Gleiches gilt für die Haftung des Schuldners im Gläubigerverzug, § 300 I. Demgegenüber nimmt das Deliktsrecht auf Entgeltlichkeit oder Unentgeltlichkeit regelmäßig keine Rücksicht. Doch kann eine vertragliche Haftungsmilderung unter Umständen auf den deliktischen Ersatzanspruch „durchschlagen" (vgl. unten Fall 6 und 7).

4. Umfang des Ersatzes

Ein weiterer wichtiger Unterschied besteht hinsichtlich des Umfangs des zu leistenden Schadensersatzes: Bei unerlaubten Handlungen wird in bestimmten Fällen auch ein Vermögensschaden ersetzt, der bei einem Dritten eingetreten ist (§§ 844, 845). Im Vertragsrecht gilt Gleiches nur ausnahmsweise (§ 618 III beim Dienstvertrag).

5. Beweislast

Endlich gibt es einen Unterschied auch hinsichtlich der Beweislast: Nach §§ 280 I 2 (anders § 619a im Arbeitsrecht) liegt für Schadensersatzansprüche wegen Pflichtverletzung die Beweislast insofern beim Schuldner, als dieser nachweisen muß, daß er die Pflichtverletzung nicht zu vertreten hat. Wenn ihm dieser Beweis nicht gelingt, wird er so behandelt, als liege das Vertretenmüssen vor. Dagegen kennt das Deliktsrecht keine derart allgemeine Beweislastumkehr. Allerdings muß sich nach den §§ 831–838 BGB, 18 StVG der auf Schadensersatz in Anspruch Genommene ebenfalls von einem vermuteten Verschulden entlasten (=„exkulpieren" von lat. *culpa* = Schuld), vgl. dazu u. § 11. Aber die Grundnormen der Delikthaftung, nämlich die §§ 823–826, 839, kennen eine solche Verschuldensvermutung nicht. Hier wird also eine Ersatzklage regelmäßig abgewiesen, wenn der geschädigte Kläger ein Verschulden des Beklagten nicht nachzuweisen vermag. Eine Ausnahme gilt freilich für die deliktische Produzentenhaftung, vgl. unten § 11 *Fälle 74 ff.*

II. Zusammentreffen verschiedenartiger Ansprüche

Fall 5 (Der unvorsichtige Taxifahrer: Anspruchskonkurrenz)

F, der angestellte Fahrer des Taxiunternehmers S, gerät durch zu schnelles Fahren von der Fahrbahn. Der Wagen überschlägt sich; dabei wird der Fahrgast G verletzt.

Hier bestand zwischen G und S ein Beförderungsvertrag (Werkvertrag nach § 631; beim Abschluß war S durch F vertreten). Hinsichtlich dieses Vertrages liegt eine Pflichtverletzung vor. Zugleich bedeutet aber die Verletzung des G auch eine unerlaubte Handlung (wenigstens eine Körperverletzung nach § 823 I). Endlich war S regelmäßig auch Halter des Taxis, bei dessen Betrieb der G verletzt worden ist. Daher kommt auch eine Gefährdungshaftung des S nach § 7 StVG in Betracht.

(1) Hier kann man zunächst fragen, wie man sich die auf mehrere Gründe gestützte Haftung des S vorstellen soll: Hat G nur einen einzigen Schadensersatzanspruch gegen S, der sich auf drei verschiedene Gründe stützt (sog. *Anspruchsnormenkonkurrenz*)?[2] Oder hat G mehrere verschiedene Ersatzansprüche gegen S, von denen sich einer auf die §§ 831, 823 I, 253 II stützt, ein anderer auf § 7 I mit § 11 StVG, und der dritte schließlich auf Pflichtverletzung (§ 280) mit § 278, 253 II *(Anspruchskonkurrenz)?*

Gewiß kann G seinen Schaden insgesamt nur einmal ersetzt verlangen. Daher scheint die eben an erster Stelle genannte Anspruchsnormenkonkurrenz näherzuliegen. Andererseits haben die Ansprüche aus den verschiedenen Haftungsgründen aber verschiedene Entstehungsvorausset-

---

[2] Dazu *Larenz/Wolf* § 18 Rn. 33 ff. mit Nachweisen; *Medicus,* SchuldR II Rn. 356 ff.

zungen sowie Unterschiede bei Haftungsumfang und Beweislast und unter Umständen auch bei der Verjährung. Es ist zweifelhaft, wie man sich einen solchen Anspruch aus derart verschiedenen Elementen vorstellen sollte. Dagegen bleiben die Unterschiede deutlich, wenn man sich eine Mehrheit von miteinander konkurrierenden Ansprüchen im Sinne der oben an zweiter Stelle genannten Anspruchskonkurrenz vorstellt. Das entspricht der h. M., von der auch im folgenden ausgegangen werden soll.

(2) Im einzelnen gilt danach:

(a) Ein *Anspruch* des *G* gegen *S* aus *Pflichtverletzung in Form der Schlechtleistung* (§ 280 I) ergibt sich daraus, daß dem *S* das Verschulden seines Erfüllungsgehilfen *F* nach § 278 zugerechnet wird. Zudem wird das Vertretenmüssen des *S* (und folglich auch ein Verschulden des *F*) nach § 280 I 2 vermutet. Auch verjährt dieser Anspruch nach § 195 in drei Jahren (§ 634a paßt nach h. M. nicht). Insofern ist der Vertragsanspruch also dem *G* günstig.

(b) Ein *Deliktsanspruch* des *G* gegen *S* ist schon dem Grunde nach fraglich. Zwar hat der Unfall zu einer rechtswidrigen Körperverletzung geführt, so daß § 823 I insoweit erfüllt ist. Aber die unmittelbare Ursache hierfür stammt aus dem Handeln des *F,* nicht aus dem Handeln des *S.* Dessen Haftung kann daher regelmäßig nur über § 831 begründet werden, und danach besteht für *S* die Möglichkeit zur Exkulpation.

(c) Für einen *Anspruch aus § 7 StVG* endlich kommt es auf die Frage der Gehilfenhaftung nicht an. Vielmehr genügt, daß sich der Unfall beim Betrieb des Kraftfahrzeugs zugetragen hat (§ 7 I StVG) und nicht von einem Schwarzfahrer verursacht worden ist (§ 7 III StVG). Endlich liegt schon wegen der überhöhten Geschwindigkeit des *F* keine höhere Gewalt im Sinne von § 7 II StVG vor. Von den drei zu *Fall 5* erörterten Ansprüchen setzt also derjenige aus Gefährdungshaftung am wenigsten voraus. Die Verjährung dieses Anspruchs richtet sich nach Deliktsrecht, § 14 StVG. Doch droht nach § 15 StVG eine vom Deliktsrecht nicht vorgesehene Verwirkung. Dagegen umfaßt der Anspruch aus § 7 StVG jetzt auch ein Schmerzensgeld, § 11 StVG. Andererseits ist er nach § 12, 12a StVG durch Höchstbeträge begrenzt.

(3) Die Übersicht zeigt: Jeder der konkurrierenden Ansprüche hat Stärken und Schwächen. Schon aus diesem Grund wird in juristischen Übungen regelmäßig die Erörterung aller in Betracht kommenden Ansprüche verlangt. Dabei ist davon auszugehen, daß *von mehreren konkurrierenden Ansprüchen jeder seinen eigenen Regeln folgt:* So betrifft etwa die Verwirkung nach § 15 StVG bloß den Anspruch aus Gefährdungshaftung; Ansprüche aus Vertrag oder unerlaubter Handlung unterliegen ihr nicht. Fraglich bleibt aber, ob eine Eigenschaft des einen der konkurrierenden Ansprüche ausnahmsweise doch auf einen anderen Anspruch „durchschlägt".

Fall 6 (Der ungeschickte Unfallhelfer: Haftungsmilderung)

In § 1 *Fall 2* möge der des Weges kommende D den bewußtlos auf der Straße liegenden verletzten G leicht fahrlässig falsch behandelt haben, weswegen sich die Verletzung verschlimmert haben möge. Haftet D für diesen zusätzlichen Schaden?

Hier kommen Ansprüche aus Geschäftsführung ohne Auftrag (§ 677 mit § 280 I: Die Pflicht zu ordentlicher Geschäftsführung ist verletzt) und aus Delikt (§ 823 I Körperverletzung) in Betracht. Nach Geschäftsführungsrecht hat D aber gemäß § 680 nicht für leichte Fahrlässigkeit einzustehen, weil sein uneigennütziges Handeln eine dem G drohende dringende Gefahr abwenden sollte. Dagegen gibt es im Deliktsrecht keine Vorschrift über eine entsprechende Haftungsmilderung. Nach der oben bei *Fall 5* unter (3) formulierten Regel von der Unabhängigkeit konkurrierender Ansprüche voneinander müßte also D dem G aus § 823 I wegen leicht fahrlässiger Körperverletzung haften. Doch muß hier nach dem Normzweck des § 680 eine Ausnahme gelten: Die Vorschrift will zur Hilfeleistung bei dringender Gefahr ermutigen, indem sie das Risiko des Geschäftsführers mindert. Dieser Zweck würde aber durchkreuzt, wenn der Helfende mit einer Haftung schon wegen leichter Fahrlässigkeit aus einem konkurrierenden Deliktsanspruch rechnen müßte. Daher überträgt man in solchen und ähnlichen Fällen das für einen Anspruch geltende Haftungsprivileg auch auf konkurrierende Ansprüche aus anderen Rechtsgründen.[3]

Fall 7 (Die beschädigte Mietwohnung: Verjährung)

Der Mieter S hat in der Mietwohnung unsachgemäß Linoleum auf den Holzfußboden verlegt. Der Vermieter und Hauseigentümer G bemerkt erst acht Monate nach dem Auszug des S, daß der Holzfußboden unter dem Linoleum verfault ist.

Hier kann G einen Schadensersatzanspruch auf Verletzung des Mietvertrages (Pflichtverletzung bei der geschuldeten sorgsamen Behandlung der Mietsache) und auf Delikt stützen (§ 823 I Eigentumsverletzung). Nach der bei *Fall 5* unter (3) formulierten Unabhängigkeitsregel dürfte die kurze Verjährung des mietvertraglichen Anspruchs (§ 548) nicht auch für den Deliktsanspruch gelten, so daß dieser nach §§ 195, 199 noch unverjährt wäre. Auch hier steht aber wieder der Normzweck entgegen: § 548 soll nach dem Vertragsende die „rasche Auseinandersetzung der Beteiligten" herbeiführen. Der Vermieter ist aber regelmäßig zugleich Eigentümer oder sonst Berechtigter an dem Hausgrundstück, so daß dessen Beschädigung auch ein Delikt nach § 823 I darstellt. Wenn der hieraus entstandene Deliktsanspruch noch längere Zeit unverjährt bliebe, würde der Normzweck des § 548 vereitelt. Daher soll in solchen Fällen die kurze vertragliche Verjährung auch den Deliktsanspruch erfassen.

---

[3] *BGH* NJW 1972, 475.

III. Zusammenfassung

Gesetzliche Schuldverhältnisse können mit rechtsgeschäftlich begründeten zusammentreffen; ähnlich können mehrere gesetzliche Schuldverhältnisse zusammentreffen. Dann nimmt die zutreffende h.M. mehrere Ansprüche nebeneinander an (Anspruchskonkurrenz). Jeder dieser Ansprüche wird grundsätzlich nach seinen eigenen Regeln behandelt (Unabhängigkeitsregel), und zwar etwa hinsichtlich Gehilfenhaftung, Verjährung, Haftungsmaßstab, Anspruchsumfang und Beweislast. Ausnahmsweise wird aber bisweilen ein nur für einen Anspruch bestimmtes Schuldnerprivileg (Haftungsmilderung, kurze Verjährung) auch auf einen konkurrierenden anderen Anspruch erstreckt, wenn die privilegierende Norm sonst weithin wirkungslos würde.

2. Teil. Haftung aus unerlaubter schuldhafter Handlung

§ 3. Die Deliktsnormen

I. Einzelprobleme

Fall 8 (Der Sportunfall: Elemente des § 823 I)
Der 17jährige S und der 18jährige G kämpfen in einem Fußballspiel gegeneinander. G treibt den Ball auf das Tor der gegnerischen Mannschaft; deren Verteidiger S greift den G hart an. Dabei erleidet G einen komplizierten Bruch des Unterschenkels. G fordert von S Schadensersatz.

Ein Ersatzanspruch müßte sich hier aus Delikt ergeben. Denn auch wenn sich G und S zu dem Spiel verabredet hätten, bedeutete das keinen rechtswirksamen Vertrag, weil bei solchen Verabredungen regelmäßig der Rechtsbindungswille fehlt.[1] Und für ein anderes gesetzliches Schuldverhältnis besteht keinerlei Anhalt.

Von den Deliktsnormen kommt in erster Linie § 823 I mit der Alternative „Körperverletzung" in Betracht. Dabei sind die folgenden Problemkreise zu unterscheiden:

(1) An erster Stelle steht der *objektive Tatbestand* der Deliktsnorm. Er ist hier unzweifelhaft erfüllt: S hat den Körper des G verletzt.

(2) Nach § 823 I muß diese Verletzung auch *widerrechtlich* (rechtswidrig) gewesen sein. Das ist hier zweifelhaft: Zwar sind die Fußballregeln keine Rechtsnormen. Daß S die Regeln beachtet (also kein „Foul" begangen) hat, kann ihn daher nicht ohne weiteres rechtfertigen. Aber die Verabredung von G und S könnte doch ein Einverständnis mit denjenigen Verletzungen bedeuten, die trotz Einhaltung der sportlichen Regeln (oder bei den üblichen nur geringfügigen Regelverstößen) entstehen. Zumindest könnte man es als unzulässige Rechtsausübung ansehen, daß G aus einem Verhalten des S Ansprüche herleiten will, das ebensogut ihm hätte unterlaufen können. Im letzten Sinn hat in der Tat der *BGH* entschieden.[2]

(3) Wenn man die Rechtswidrigkeit bejaht (etwa weil dem S ein schwerer Regelverstoß unterlaufen ist), bleibt das *Verschulden* zu prüfen. Dabei lassen sich zwei Teilfragen trennen:

---

[1] Vgl. etwa *Medicus*, AT, Rn. 191 ff.; *Bork* Rn. 676 ff. Das „Erklärungsbewußtsein" (*Löwisch/Neumann* Rn. 291 ff.) hat eine ähnliche Funktion.
[2] BGHZ 63, 140.

§ 3. Die Deliktsnormen

(a) Zunächst kann man fragen, ob S *verschuldensfähig* (deliktsfähig) ist. Zu diesem Problemkreis ist zu unterscheiden: Die §§ 827 S. 1, 828 I regeln die gänzliche Deliktsunfähigkeit: Wer unter diese Vorschriften fällt, haftet nur ausnahmsweise nach der Billigkeitsnorm des § 829. Dagegen begründet § 828 III eine beschränkte Deliktsfähigkeit; ob der beschränkt Deliktsfähige haftet, richtet sich nach dessen Einsicht in die Verantwortlichkeit für das konkrete Delikt. § 828 III paßt für den 17jährigen S. Danach wird dessen Deliktsfähigkeit vermutet, wenn ihm nicht bei der Körperverletzung „die zur Erkenntnis der Verantwortlichkeit erforderliche Einsicht gefehlt" hat. Dieser Nachweis wird für einen fast Volljährigen bei einfachen Kausalabläufen kaum gelingen.

(b) Wenn die Deliktsfähigkeit bejaht worden ist, muß man weiter nach dem konkreten Vorliegen von *Vorsatz oder Fahrlässigkeit* fragen. Davon kommt bei Sportverletzungen regelmäßig nur Fahrlässigkeit in Betracht. Für sie gilt auch im Deliktsrecht die Formel von § 276 II: Fahrlässig handelt, wer die im Verkehr (das heißt hier: beim Fußballspiel) erforderliche Sorgfalt außer acht läßt. Ein solcher Sorgfaltsmangel kann ausnahmsweise bei Regelverstößen selbst dann verneint werden, wenn diese (oder genauer: die sie darstellenden Handlungen) nicht gerechtfertigt sind.

(4) Das bisher Erörterte erinnert an den klassischen Aufbau bei Strafrechtsfällen. Als eigenständiges Erfordernis zivilrechtlicher Schadensersatzansprüche kommt endlich noch das Vorliegen eines *ersatzfähigen Schadens* hinzu. Daran ist hier für G nicht zu zweifeln.

Fall 9 (Anonyme Briefe: Deliktische Generalklauseln)

G erhält mehrfach anonyme Briefe mit wüsten Beschimpfungen. Die polizeilichen Ermittlungen bleiben erfolglos. Schließlich beauftragt G einen Privatdetektiv; dieser ermittelt als Absender der Briefe den S. Kann G von S den Betrag verlangen, den er dem Privatdetektiv als Honorar zahlen muß?

Auch hier kommt als Anspruchsgrundlage wieder nur unerlaubte Handlung in Betracht. Doch liegen die Probleme im einzelnen anders als bei *Fall 8*. Denn in *Fall 9* läßt sich wenigstens nicht ohne weiteres ein Rechtsgut finden, das im Sinne von § 823 I objektiv verletzt ist. Ehre und Vermögen sind nämlich in § 823 I – und zwar mit voller Absicht des Gesetzgebers – nicht genannt. Und das Eigentum des G hat S hier nicht verletzt: Selbst wenn G den Detektiv in bar (und nicht durch Überweisung von seinem Bankkonto) bezahlt haben sollte, hat er doch sein Eigentum an den bezahlten Geldzeichen selbst übertragen und damit zugleich seine wirksame Verpflichtung erfüllt.

Auch die spezielle Deliktsnorm in § 824 paßt nicht: Sie schützt nur gegen unrichtige Tatsachenbehauptungen, die den Kredit gefährden oder andere Nachteile für Erwerb oder Fortkommen herbeiführen. Sowohl an Tatsachenbehauptungen wie an solchen Nachteilen fehlt es hier.

Wegen dieses Fehlens einer speziellen Anspruchsgrundlage muß man nach einer deliktischen Generalklausel suchen. Von ihnen gibt es drei:

(1) das „sonstige Recht" in § 823 I,
(2) die Verweisung auf ein Schutzgesetz in § 823 II,
(3) die Regelung der vorsätzlichen sittenwidrigen Schädigung in § 826.

Für *Fall 9* kommen in der Tat alle drei genannten Generalklauseln in Betracht: Bei den sonstigen Rechten in § 823 I wird das allgemeine Persönlichkeitsrecht untergebracht (vgl. u. § 8 *Fall 52*), das man hier womöglich als verletzt ansehen kann. Zu den Schutzgesetzen des § 823 II gehören die Strafvorschriften über Beleidigung, § 185 StGB. Und schließlich bilden anonyme Schimpfbriefe eine unter § 826 fallende vorsätzliche sittenwidrige Schädigung. Zweifeln kann man bei der Anwendung des § 826 freilich, ob der Schädigungsvorsatz des *S* auch die Detektivkosten umfaßt hat.

Fall 10 (Die verletzte Sängerin: Fehlen einer „großen" Generalklausel)

Der Konzertagent *G* hat die berühmte Sängerin *D* zu einem Konzert verpflichtet. Am Abend vor dem Konzert wird *D* von dem zu schnell fahrenden Kraftfahrer *S* angefahren und erheblich verletzt. Daher muß das Konzert ausfallen. *G* muß die bereits eingenommenen Eintrittsgelder zurückzahlen, auch muß er den gemieteten Saal bezahlen, endlich entgeht ihm der erhoffte Gewinn. Kann *G* von *S* den Ersatz dieser Schäden verlangen?

Daß *S* hier der verletzten *D* Schadensersatz schuldet (wenigstens aus § 823 I Körperverletzung), ist unproblematisch (vgl. schon o. § 1 *Fall 1*). Dieser Ersatz umfaßt nach §§ 252, 842 auch die Gage, die der *D* durch den Ausfall ihres Konzerts nach § 326 I 1 entgangen ist. Schwierigkeiten bereitet jedoch ein Ersatzanspruch des gleichfalls geschädigten *G* gegen *S*. *G* ist ja – anders als die Sängerin – nicht körperlich verletzt worden. Daher scheidet § 823 I aus, und auch § 823 II scheitert am Fehlen eines passenden Schutzgesetzes (§ 230 StGB soll eben nur den körperlich Verletzten schützen!). § 826 kommt nicht in Betracht, weil *S* den *G* nicht schädigen wollte. Einen Ausweg könnte nur das „sonstige Recht" bei § 823 I bilden. In der Tat wird hierunter das sog. „Recht am eingerichteten und ausgeübten Gewerbebetrieb" gerechnet. Dessen Verletzung erfordert jedoch einen betriebsbezogenen Eingriff, an dem es hier fehlt (vgl. u. § 8 *Fall 55/56*). *G* bleibt also ohne Ersatz: Bei ihm ist bloß ein sog. „primärer Vermögensschaden" entstanden, den unser Deliktsrecht nur ausnahmsweise ersetzt.

Trotz der Vielzahl der deliktischen Anspruchsgrundlagen ist der durch sie gewährte Schutz also nicht allumfassend. Man kann fragen, ob die Versagung von Ansprüchen in allen betroffenen Fällen sachgerecht ist, und ob die hieraus sich ergebenden Schwierigkeiten nicht durch eine große deliktische Generalklausel zu vermeiden gewesen wären. Diese Funktion könnte etwa eine Norm folgenden Wortlauts wahrnehmen: „Wer einen anderen rechtswidrig und schuldhaft schädigt, muß ihm

Schadensersatz leisten". In der Tat hat beispielsweise der französische code civil von 1803 (art. 1382) und hatte das ZGB der DDR von 1975 (§ 330 ZGB) entsprechende Normen. Doch führen solche Generalklauseln in anderer Richtung zu Schwierigkeiten: Sie ergeben nämlich mehr Schadensersatzansprüche, als man praktisch gebrauchen kann.[3] Das zeigt der folgende

Fall 11 (Der verletzte Arbeitnehmer: Folgen einer „großen" Generalklausel)

D, der in der Reparaturwerkstatt des *G* arbeitet, wird von *S* fahrlässig verletzt und ist vier Wochen arbeitsunfähig. Durch den Ausfall des *D* bleiben dringende Reparaturen unerledigt. Dadurch erleidet *G* erhebliche Einnahmeausfälle; einige wegen der Verzögerung verärgerte Kunden bleiben ganz weg. Auch haben einige Kunden durch die Verzögerung Verdienstausfall, den sie von *G* ersetzt verlangen.

Eine große deliktische Generalklausel könnte den *S* auch für die primären Vermögensschäden des *G* ersatzpflichtig machen. Darüber hinaus kämen sogar eigene Ersatzansprüche der geschädigten Kunden gegen *S* in Betracht. *S* sähe sich also unter Umständen einer sehr großen Zahl von Gläubigern gegenüber. Auch wäre die Höhe der Entschädigungsforderungen kaum übersehbar. Die Abwicklung eines alltäglichen Unfalls würde so außerordentlich umständlich und für den Schädiger unter Umständen existenzgefährdend. Daher müßten zur Abhilfe einschränkende Kriterien gesucht werden (wie es § 332 des ZGB der DDR getan hat). Angesichts solcher Schwierigkeiten ist der abweichende Standpunkt des BGB zumindest verständlich und wohl sogar vorzugswürdig: Dieses ersetzt nur die Heilungskosten und den Verdienstausfall des körperlich verletzten *D*. Drittgeschädigte können allenfalls indirekt einen gewissen Ersatz bekommen, indem sie an den Ersatzansprüchen des *D* beteiligt werden (vgl. u. § 5 *Fall 17*). Aber ihr eigener primärer Vermögensschaden wird ihnen regelmäßig nicht ersetzt.

II. Zusammenfassung

1. Das Deliktsrecht des BGB hat neben speziellen Tatbeständen *drei „kleine"* Generalklauseln: das „sonstige Recht" in § 823 I, die Verweisung auf die Schutzgesetze in § 823 II und die vorsätzliche sittenwidrige Schädigung in § 826.
2. Dagegen hat das BGB aus guten Gründen *keine „große"* deliktische Generalklausel. Daher wird insbesondere nicht jeder schuldhaft zugefügte primäre Vermögensschaden ersetzt. Vor allem ist das Vermögen auch kein „sonstiges Recht" im Sinne des § 823 I.

---

[3] Dazu *Stoll*, Richterliche Fortbildung und gesetzliche Überarbeitung des Schuldrechts, 1984; *Medicus*, SBT Rn. 739 ff.

3. Bei der Prüfung zumindest des wichtigsten Deliktstatbestandes, nämlich des § 823 I, empfiehlt sich die Einhaltung einer *Reihenfolge:* Zunächst ist der objektive Verletzungstatbestand zu prüfen. Anschließend muß die Rechtswidrigkeit erörtert werden. Darauf folgt die Erörterung der Schuld, und zwar in zwei Schritten: zunächst die Schuld-(Delikts)fähigkeit (§§ 827f.) und dann Vorsatz oder Fahrlässigkeit. An diesen sog. Haftungsbegründungstatbestand schließt sich dann die sog. Haftungsausfüllung: Bei ihr geht es um den nach der Haftungsnorm zu ersetzenden Schadens, insbesondere um seine Höhe.

§ 4. Die Tötung eines Menschen

I. Einzelprobleme

Fall 12 (Der Tod des Rentners: Erblasserschaden)

Der Rentner G wird bei einem Verkehrsunfall durch die Fahrlässigkeit des S schwer verletzt. Trotz einer wochenlangen intensiven Behandlung im Krankenhaus stirbt G schließlich. Schadensersatzansprüche der Erben gegen S?

Hier hat S – in der Sprache des § 823 I – rechtswidrig und fahrlässig das Leben des G verletzt. Die Ersatzpflicht des S ist also dem Grunde nach unzweifelhaft. Fraglich ist aber ein ersatzfähiger Schaden: Seit G gestorben ist, kommt er selbst nicht mehr als Geschädigter (und mangels Rechtsfähigkeit auch nicht als Gläubiger eines Ersatzanspruchs) in Betracht. Geschädigt sind zwar die Erben des G, weil sie die für ihren Erblasser entstandenen Behandlungskosten (sowie die Bestattungskosten, vgl. u. *Fall 14*) zumindest aus dem Nachlaß bezahlen müssen. Aber diese Erben sind nicht an einem durch § 823 I geschützten Rechtsgut verletzt, sondern sie haben bloß einen primären Vermögensschaden erlitten.

Diese Betrachtungsweise ist jedoch unvollständig. Sie übersieht nämlich: Solange G noch am Leben war, konnte er nach §§ 823 I, 249 II die erforderlichen Behandlungskosten ersetzt verlangen (vgl. u. § 5 *Fall 15*). Dabei spielt es selbstverständlich keine Rolle, daß die Heilung schließlich doch mißlungen ist. Dieser Ersatzanspruch war vererblich und ist daher mit dem Tod des G auf dessen Erben übergegangen, § 1923 I. Diese können also den Anspruch aus dem Recht des (zunächst) verletzten Erblassers geltend machen. Übrigens erwähnt § 10 I StVG ausdrücklich auch die „Kosten der (erfolglos) versuchten Heilung". Neben diesen Behandlungskosten ist auch der Ersatzanspruch aus § 253 II vererblich, der dem G wegen der Schmerzen entstanden ist, die er bis zu seinem Tod erlitten hat.

Fall 13 (Der Tod des Familienvaters: Hinterbliebenenschaden)

G ernährt als Alleinverdiener seine Ehefrau und drei minderjährige Kinder. Bei einem von S verschuldeten Unfall wird G getötet. Schadensersatzansprüche gegen S?

§ 4. Die Tötung eines Menschen

Hier geht es um den Unterhaltsschaden der Witwe und der Kinder. Dieser Schaden ist – anders als der Schaden in *Fall 12* – nicht schon zu Lebzeiten des G entstanden; der entsprechende Ersatzanspruch kann daher auch nicht von G vererbt worden sein. Der geschilderte Sachverhalt läßt zudem offen, ob G nicht die gesetzliche Erbfolge seiner Witwe und seiner Kinder durch ein Testament ausgeschaltet hat.

Ohne Sonderregelung wäre der Unterhaltsschaden daher nicht zu ersetzen: Die Witwe und die Kinder sind nicht körperlich verletzt worden, und der Wegfall ihres Unterhaltsschuldners bedeutet nur einen primären Vermögensschaden. Doch greift hier § 844 II ein: Wer gegen den Getöteten kraft Gesetzes Unterhaltsansprüche hatte oder (als *nasciturus*) erwerben konnte, kann von dem Deliktstäter den durch den Verlust dieser Ansprüche entstandenen Schaden ersetzt verlangen. Solche gesetzlichen Unterhaltsansprüche ergeben sich für die Ehefrau aus §§ 1360f. und für die Kinder aus §§ 1601, 1602 II, 1603 II. S muß also an die Witwe und die Kinder so lange Unterhalt zahlen, wie G voraussichtlich zur Unterhaltsleistung verpflichtet gewesen wäre: das bedeutet für die Witwe oft bis zum voraussichtlichen Tod des G (oder, seltener, bis zu ihrem eigenen Tod) und für die Kinder, bis diese nach dem Ende ihrer Ausbildung selbst ausreichend verdienen oder anderweitig versorgt sind (§§ 1602 I, 1608).

Dagegen kennt das deutsche Recht keinen Ersatz wegen der Trauer über den Verlust eines nahen Angehörigen. In Betracht kommt ein Anspruch nur, wenn der Schmerz so heftig ist, daß er Krankheitswert erreicht: Dann können die betroffenen Hinterbliebenen nach den §§ 823 I, 253 II Ersatz wegen Verletzung *ihrer eigenen Gesundheit* verlangen (vgl. u. § 16 Fall 101).

Fall 14 (Der Tod des Fabrikanten: Erbenschaden)

Bei einem von S verschuldeten Unfall wird der Fabrikant G getötet. Dieser hatte einen Magenlikör nach einem Rezept hergestellt, das nur ihm bekannt war. Nach dem plötzlichen Tod des G ist die gewinnbringende Produktion nicht mehr möglich; auch haben die Produktionsanlagen nur noch Schrottwert. Die Erben verlangen hierfür wie für die von ihnen nach § 1968 zu tragenden Bestattungskosten von S Ersatz.

Beide Schäden, der Entwertungsschaden ebenso wie die Beerdigungskosten (so § 844 I; erfaßt werden aber auch die Kosten einer Feuerbestattung), sind ebenso wie in *Fall 13* erst durch den Tod des G entstanden. Daher kommt für die Erben ein von G ererbter Schadensersatzanspruch wieder nicht in Betracht.

Die Belastung mit den Bestattungskosten bildet also einen primären Vermögensschaden der Erben und wäre als solche nicht ersatzfähig. Doch greift hier die Sondervorschrift des § 844 I ein. Dieser ersetzt übrigens nicht bloß ausnahmsweise primären Vermögensschaden, sondern er hat noch eine weitere Eigenart: Die Beerdigungskosten wären ja ohnehin einmal entstanden und dann von den Erben zu tragen gewesen; der Unfalltod des Erblassers hat nur bewirkt, daß diese Kosten früher bezahlt werden mußten. Trotzdem spricht § 844 I vollen Ersatz zu und nicht bloß den Ersatz des „Verfrühungsschadens".

Für den Schaden aus dem Unmöglichwerden der Produktion und der Entwertung der Betriebseinrichtung dagegen fehlt eine Sondernorm. Insoweit bleibt es daher bei der allgemeinen Regel: Dieser Schaden wird als primärer Vermögensschaden der Erben nicht ersetzt. Das läßt sich auch verstehen: Ein nur einer Person bekanntes Geheimverfahren und eine nur für dieses geeignete Betriebseinrichtung haben bloß einen unsicheren Wert. Denn man muß stets damit rechnen, daß der „Geheimnisträger" aus irgendeinem Grund stirbt. Die Erben vollends haben kein Recht darauf, daß der Nachlaß gemehrt oder nicht entwertet wird. Insoweit schließt der Tod die Schadensbilanz ab.[4]

II. Zusammenfassung

Wer für den Tod eines Menschen verantwortlich ist, muß ersetzen

(1) den Erben die bis zum Tod entstandenen Behandlungskosten, §§ 249 II, 1923 I, und das dem Getöteten bis zu seinem Tod zustehende Schmerzensgeld (§ 253 II);

(2) den kraft Gesetzes Unterhaltsberechtigten ihren Unterhaltsschaden, § 844 II, und bei einer Trauer mit Krankheitswert nach §§ 823 I, 249, 252, 253 II auch Behandlungskosten, Verdienstausfall und Schmerzensgeld;

(3) den Erben die Bestattungskosten, § 844 I.

Nicht zu ersetzen ist dagegen ein Schaden, den der Tod durch die Entwertung oder das Ausbleiben einer Mehrung des Nachlasses verursacht.

§ 5. Die Verletzung eines Menschen

I. Anspruchsumfang

Fall 15 (Die Verletzung des Rentners: Heilungskosten und Schmerzensgeld)

Der Rentner G wird bei einem von S verschuldeten Verkehrsunfall verletzt. Er muß drei Monate im Krankenhaus und anschließend noch ambulant behandelt werden. Ersatzansprüche gegen S?

Die rechtswidrige und schuldhafte Körperverletzung fällt unter § 823 I. Dem Grunde nach ist die Ersatzpflicht des S also gegeben.

Daß dieser Ersatz die Behandlungskosten umfaßt, wird zwar im Deliktsrecht (§§ 842ff., anders § 11 StVG) nicht ausdrücklich gesagt. Es folgt aber schon aus der allgemein – also für alle Arten von Schadenser-

---

[4] *BGH* NJW 2004, 2894.

satzansprüchen geltenden – Vorschrift des § 249 II 1. Allerdings umfaßt der dort genannte „zur Herstellung erforderliche Geldbetrag" bei einer Körperverletzung – anders als bei einer Sachbeschädigung (vgl. u. § 7 *Fall 33*) – nach der zutreffenden h. M. nur die wirklich aufgewendeten Kosten. Es kann also z. B. niemand die Kosten eines bloß hypothetischen Krankenhausaufenthalts mit der Begründung ersetzt verlangen, seine Verletzung sei so schwer gewesen, daß er eigentlich ein Krankenhaus hätte aufsuchen müssen.

Zudem kann G von S nach § 253 II ein Schmerzensgeld verlangen. Die Vorschrift spricht von einer „billigen Entschädigung in Geld". Da es sich hier um einen Nichtvermögensschaden handelt, bedarf die Umsetzung in einen Geldbetrag einer Schätzung. Dabei kommt es vor allem auf Stärke und Dauer der erlittenen Schmerzen an. Doch soll das Schmerzensgeld nach BGHZ 18, 149 wenigstens sekundär auch eine Genugtuung für den Verletzten bewirken. Daher kann es zusätzlich etwa auf den Verschuldensgrad und die Vermögensverhältnisse der Beteiligten ankommen. Bei Verkehrsunfällen wie überhaupt bei der Gefährdungshaftung haben solche Gesichtspunkte aber kaum Bedeutung (doch vgl. anders u. § 8 *Fall 53*).

Fall 16 (Die Verletzung des Fabrikanten: Verdienstausfall)

Der Fabrikant G wird bei einem von S verschuldeten Unfall verletzt. Während der Genesungszeit kann G nicht wie gewohnt in seinem Unternehmen mitarbeiten. Ersatzansprüche gegen S?

Der Ersatzanspruch beruht hier wieder auf § 823 I; danach sind ebenso wie bei o. *Fall 15* die Behandlungskosten der Heilung und nach § 253 II auch ein Schmerzensgeld zu zahlen. Aber anders als dem Rentner wird dem Fabrikanten wie überhaupt jedem selbständig Tätigen durch die Beeinträchtigung seiner Arbeitskraft auch ein Verdienstausfall entstehen. Diesen hat der für den Unfall verantwortliche S zu ersetzen. Das ergibt sich allgemein schon aus den §§ 249 I, 252 und wird für das Deliktsrecht in § 842 noch einmal besonders ausgesprochen („Nachteile für den Erwerb oder das Fortkommen").

Regelmäßig wird ein solcher Gewinnausfall durch einen Rückgang des Gewinns beziffert und nachgewiesen. Aber diese Methode ist unzuverlässig. Denn einerseits kann ein Gewinnrückgang andere Ursachen haben als den Ausfall der Mitarbeit des Verletzten: So können ein allgemeiner Rückgang der Konjunktur oder das Auftreten eines neuen Konkurrenten eine Rolle spielen. Andererseits mag ein unfallbedingter Gewinnrückgang aber auch durch andere Faktoren verdeckt werden, etwa durch ein Anziehen der Konjunktur oder ein gewinnbringendes neues Produkt. Bisweilen wird sich der Gewinnrückgang auch erst mit großem zeitlichen Abstand nach dem Ausfall der Mitarbeit zeigen. So war in einem vom *BGH*[5] ent-

---

[5] BGHZ 54, 45.

schiedenen Fall der Verletzte als Diplomchemiker mit der Entwicklung neuer Produkte für sein eigenes Unternehmen beschäftigt gewesen: Das Unterlassen dieser Entwicklung mag den Gewinn erst nach vielen Jahren beeinflussen.

In dem vom *BGH* entschiedenen Fall hatte der Verletzte daher seinen Verdienstausfall nach denjenigen Kosten berechnen wollen, die für eine angestellte Ersatzkraft zu zahlen gewesen wären. Der *BGH* hat diese Art der Schadensberechnung jedoch nicht zugelassen; m. E. zu Unrecht.[6]

Fall 17 (Die Verletzung des Arbeiters: normativer Erwerbsschaden)

Bei einem von S verschuldeten Unfall wird der Arbeiter G derart verletzt, daß er vier Wochen arbeitsunfähig ist. Ersatzansprüche gegen S?

Gäbe es keine dienstvertraglichen Sonderregeln, so könnte G für die Zeit seiner Arbeitsunfähigkeit nach § 326 I 1 keinen Lohn beanspruchen. Sein von S zu ersetzender Erwerbsschaden bestünde dann in diesem Lohnausfall (wobei man freilich fragen kann, wie die Lohnsteuer, die Sozialversicherungsbeiträge und bestimmte andere Nebenposten wie anteiliges Weihnachtsgeld und anteilige Urlaubsvergütung zu behandeln sind).

In Wahrheit entsteht dem G jedoch infolge der dienstvertragsrechtlichen Sonderregeln kein Lohnausfall. Vielmehr muß der Arbeitgeber nach §§ 616 BGB, 3 EFZG den Lohn in den ersten sechs Wochen einer Arbeitsunfähigkeit unverändert weiterzahlen. Danach sieht es so aus, als ob G keinen ersatzfähigen Erwerbsschaden hätte. Damit käme im Ergebnis die Lohnfortzahlung dem außerhalb des Arbeitsverhältnisses stehenden S zugute, obwohl sie doch allein im Interesse des Arbeiters bestimmt worden ist.

Eine solche Entlastung des Drittschädigers hat der Gesetzgeber nicht gewollt. Das zeigt deutlich § 6 I EFZG: Danach geht der Ersatzanspruch, den der Arbeiter „wegen des Verdienstausfalls" gegen einen Dritten hat, im Umfang der Lohnfortzahlung auf den Arbeitgeber über. Mit dieser Anordnung eines gesetzlichen Forderungsübergangs (Legalzession, *cessio legis*) wird vorausgesetzt, daß der Ersatzanspruch des verletzten Arbeiters trotz der Lohnfortzahlung entsteht und fortbesteht (denn sonst könnte er nicht übergehen). Die rechtliche Wertung weicht hier also von der Wirklichkeit ab. Daher spricht man in solchen Fällen von einem fiktiven oder normativen Schaden.

Natürlich soll mit dieser Konstruktion dem verletzten Arbeiter nicht mehr ersetzt werden als sein wirklicher Schaden. Vielmehr soll die Schadensfiktion nur den Rückgriff des Arbeitgebers gegen den Drittschädiger ermöglichen und damit dessen unverdientes Freiwerden verhindern.

---

[6] Vgl. *Lange/Schiemann*, § 6 IX 4 d S. 316 f.

§ 5. Die Verletzung eines Menschen

Fall 18 (Das verletzte Kind: normativer Heilungsschaden)

Bei einem von S verschuldeten Unfall wird das Kind G verletzt. Die Eltern sorgen auf ihre Kosten für Heilung. Ersatzansprüche gegen S?

Die Ausgangssituation ist hier ähnlich wie bei *Fall 17:* Wie dort ein wirklicher Erwerbsschaden des G durch die Lohnfortzahlung vermieden wurde, sind hier dem verletzten Kind die Heilungskosten durch die Eltern bezahlt worden. Das schuldeten diese kraft ihrer gesetzlichen Unterhaltspflicht (§§ 1601, 1610 II). Doch gelangt man auch hier wieder zu einem sinnwidrigen Ergebnis, wenn man wegen der Leistungen der Eltern einen Schaden des verletzten Kindes verneint: Dann entlastete nämlich das familienrechtlich begründete Eingreifen der Eltern den Drittschädiger zumindest dem Kind gegenüber.

Allerdings bestimmt das BGB – anders als § 6 EFZG – nicht den Übergang des dem Kind zustehenden Ersatzanspruchs auf die den Unterhalt leistenden Eltern. Vielmehr sagt § 843 IV bloß, der Ersatzanspruch (des verletzten Kindes) werde durch die Unterhaltspflicht der Eltern nicht ausgeschlossen. Das wird allgemein auf den Fall erstreckt, daß die Eltern den Unterhalt *bereits geleistet haben*. Andererseits soll aber das Kind die Kosten der Heilung nicht doppelt ersetzt bekommen, nämlich zuerst als Unterhalt von den Eltern und dann noch einmal als Schadensersatz von dem Schädiger. Daher muß im Ergebnis auch hier der Anspruch gegen den Schädiger oder das von diesem Geleistete an die Eltern gelangen. Dafür enthält das BGB freilich keine spezielle Norm; am ehesten paßt § 1648.

Fall 19 (Der verletzte Beamte: normativer Schaden)

Der bei einem von S verschuldeten Unfall verletzte G ist nicht Arbeiter, sondern Beamter. Ersatzansprüche gegen S?

Ebenso wie bei Arbeitern (vgl. o. *Fall 17*) scheint auch bei Beamten ein Erwerbsschaden zu fehlen. Denn nach den Beamtengesetzen sind die Dienstbezüge auch für die Dauer einer Dienstunfähigkeit weiterzuzahlen. Andererseits paßt aber für Beamte das EFZG nicht. Eine Legalzession der Ansprüche des Beamten gegen den dritten Schädiger ergibt sich hier aber aus den Beamtengesetzen, etwa §§ 87a S. 1 BBG, 52 BRRG. Sachlich gelangt man so zum selben Ergebnis wie für Arbeitnehmer nach dem EFZG.

Fall 20 (Der verletzte Aussteiger: Arbeitskraft als Vermögenswert?)

Der 40jährige Computerfachmann G hat seinen Arbeitsplatz aufgegeben und sich in ein altes Bauernhaus zurückgezogen; dort lebt er von seinen Ersparnissen. Dieser G wird bei einem von S verschuldeten Unfall verletzt; hat er Schadensersatzansprüche?

Im Unterschied zu den *Fällen 16, 17* und *19* entgeht dem verletzten G hier nicht einmal normativ ein Einkommen; auch hat G keine Vergütungsansprüche gegen Dritte, auf die sein Ersatzanspruch übergeleitet werden könnte. Daher käme man zu einem Erwerbsschaden hier nur, wenn man bereits die bloß verwertbare, aber nicht verwertete Arbeitskraft als Vermögenswert (und daher ihre Beeinträchtigung als Vermögensschaden) verstünde. Das tut die h. M.[7] aber mit Recht nicht. G kann daher nur den Ersatz der Heilungskosten und ein Schmerzensgeld verlangen. Dagegen hat er für die Zeit, in der er seine Arbeitskraft nicht einsetzen wollte, keine Ersatzansprüche wegen deren Beeinträchtigung.

Fall 21 (Die verletzte Hausfrau: Sonderfall des Erwerbsschadens)

Die G versorgt als Hausfrau ihren Ehemann und ihre drei Kinder. Bei einem von S verschuldeten Unfall wird sie derart verletzt, daß sie vier Wochen stationär behandelt werden und auch dann noch weitere zwei Wochen das Bett hüten muß. In dieser Zeit behelfen sich Mann und Kinder notdürftig. Schadensersatzansprüche gegen S?

Nach der patriarchalischen Familienauffassung von 1900 hatte das BGB für solche Fälle den § 845 vorgesehen: Der Ehemann hatte kraft Gesetzes Anspruch auf die Haushaltsführung durch die Ehefrau. Wenn dem Ehemann diese Dienste durch das Verschulden eines Dritten entgingen, sollte der (als der Geschädigte angesehene) Ehemann von diesem Dritten Ersatz verlangen dürfen.

Dieses Verständnis verträgt sich nicht mit der von dem Gleichberechtigungsgebot (Art. 3 II GG) geprägten neuen Eheauffassung: Nach dieser bedeutet die Haushaltsführung (gleichgültig ob durch die Frau oder den Mann) einen gleichwertigen Beitrag zum Familienunterhalt, § 1360 S. 2. Daher hat man in dem Ausfall der Fähigkeit, diesen Beitrag zu leisten, einen eigenen Erwerbsschaden des den Haushalt führenden Ehegatten nach § 842 gesehen. Der Ersatzanspruch wegen dieses Schadens ist in gewissem Sinn normativ bestimmt worden: Maßgeblich sein sollen die Kosten für eine staatlich geprüfte Haushälterin, auch wenn eine solche nicht wirklich genommen worden ist.[8] Durch die unbezahlte Mehrarbeit von Familienmitgliedern kann dieser Schaden nach dem Grundgedanken von § 843 IV (vgl. o. *Fall 18*) nicht ausgeglichen werden.

Fall 22 (Der verletzte Student: Ermittlung des entgehenden Gewinns)

Bei einem von S verschuldeten Unfall wird der Jurastudent G so erheblich verletzt, daß er sein Studium nicht zu Ende führen kann und dauernd arbeitsunfähig bleibt. Welchen Ersatz schuldet S wegen des Erwerbsschadens?

Nach § 249 I muß S den G so stellen, wie dieser ohne die Verletzung stünde. Das weiß man aber nicht einigermaßen genau: Hätte G die Staatsexamina bestanden? Welchen juristischen Beruf hätte er ergriffen und ergreifen können? Was hätte er dabei verdient? Die Antwort auf diese Fragen verlangt ein Maß an Prophetie, das menschliche Fähigkei-

---

[7] Vgl. *Lange/Schiemann*, § 6 XIV 1 S. 378 ff.
[8] BGHZ 38, 55; 51, 109. Nicht zu vereinbaren ist damit freilich m. E. die „Chemikerentscheidung" BGHZ 54, 45, vgl. o. Fn. 15.

§ 5. Die Verletzung eines Menschen

ten übersteigt. Daher besteht die Gefahr, daß nach der regelmäßigen Beweislastverteilung alle Zweifel zu Lasten des Geschädigten gehen, weil dieser seinen Schaden beweisen muß.

In dieser Situation kommt das Gesetz dem Geschädigten mit zwei Vorschriften zu Hilfe: Nach § 252 S. 2 wird als entgangen der Gewinn vermutet (d. h. er braucht nicht bewiesen zu werden), der nach dem gewöhnlichen Lauf der Dinge oder nach den besonderen Umständen, insbesondere nach den getroffenen Vorkehrungen, mit Wahrscheinlichkeit erwartet werden konnte. Und nach § 287 ZPO entscheidet das Gericht über Entstehung und Ausmaß eines zu ersetzenden Schadens „unter Würdigung aller Umstände nach freier Überzeugung". Das bedeutet für *Fall 22:* Vom Bestehen der juristischen Examina kann regelmäßig ausgegangen werden. Anders wäre nur bei Vorliegen besonderer Umstände zu entscheiden, etwa wenn G auffallend schlechte Schulzeugnisse hatte und auch in seinem Studium bisher weithin erfolglos geblieben war. Wenn das Bestehen der Examina anzunehmen ist, wird dann bei Fehlen besonderer Umstände von demjenigen Verdienst auszugehen sein, der sich in den juristischen Berufen durchschnittlich erzielen läßt. In dieser Höhe kann G regelmäßig eine Rente (§ 843 I) verlangen, deren Einzelraten entsprechend der mit Ausbildungsstand und Lebensalter zunächst anwachsenden Verdienstmöglichkeiten zunehmen (das ist das „Fortkommen" von § 842!).

Fall 23 (Die verletzte Prostituierte: gesetz- oder sittenwidrig zu erzielendes Einkommen)

Von S schuldhaft verletzt worden ist die Prostituierte G. Welchen Ersatz kann sie wegen ihres Verdienstausfalls verlangen, wenn sie zwei Monate „arbeitsunfähig" war?

Das Problem dieses Falles liegt darin, daß der entgangene Verdienst moralisch mißbilligt war und die von der G abzuschließenden Verträge auch rechtlich (§ 138) keinen Bestand hatten. Man hat hier vom *lucrum inhoneste captatum* (dem unehrenhaft erstrebten Gewinn) gesprochen: Soll er trotzdem ersetzt werden, weil er doch wirklich entgangen ist? Man denke etwa auch an den extremen Fall, daß ein verletzter Rauschgifthändler einen hohen Verdienstausfall aus entgangenen Rauschgiftgeschäften geltend macht.

Dieser letzte Fall wird freilich praktisch schon deshalb nicht eintreten, weil sich der Verletzte mit seiner Forderung das ihm unerwünschte Interesse der Staatsanwaltschaft zuzöge. Jedenfalls aber wäre ein Ersatzanspruch hier zu verneinen, weil der Rauschgifthandel schlechthin verboten ist und auch von Rechts wegen nach Kräften unterbunden wird. Dagegen wurde die Prostitution immerhin geduldet. Vielleicht hatte deswegen der *BGH*[9] für den entgangenen Dirnenlohn einen Mittelweg gesucht: Zwar sollte nicht der entgangene Dirnenlohn zu ersetzen sein.

---
[9] BGHZ 67, 119.

Ersetzt werden sollte dagegen der Betrag eines existenzdeckenden Einkommens, „das auch in einfachen Verhältnissen von jedem gesunden Menschen erfahrungsgemäß zu erreichen ist". Dogmatisch läßt sich dieser Kompromiß freilich kaum einordnen; er dürfte jetzt auch unnötig geworden sein, seit mit Wirkung vom 1. 1. 2002 an § 1 ProstG den Vergütungsanspruch der Prostituierten als wirksam anerkannt hat.

II. Sonderfälle: Fragen der Rechtswidrigkeit

Fall 24 (Ärztliche Behandlung: Einwilligung und Aufklärung)

Der Architekt G begibt sich wegen eines Ohrenleidens zu dem Facharzt S. Dieser eröffnet dem G, ohne eine Operation könne es zu einer Ertaubung kommen; andererseits könnten infolge der Operation für einige Zeit Gleichgewichtsstörungen eintreten. Daraufhin läßt G die Operation vornehmen. Danach erleidet er häufig Schwindelanfälle, die ihn auch an der Ausübung seines Berufs dauernd hindern (Besteigen von Baugerüsten!). Ersatzansprüche gegen S?[10]

Wenn eine ärztliche Behandlung unerwünschte Nebenfolgen hat und insbesondere den Zustand des Patienten verschlechtert statt verbessert, wird zunächst gewöhnlich an einen *Behandlungsfehler* gedacht. Ein solcher Fehler macht bei Vorliegen von Verschulden den Arzt ersatzpflichtig: nach § 823 I wegen Körper- oder Gesundheitsverletzung, zudem wegen Schlechterfüllung des Dienstvertrags mit dem Patienten. Allerdings fällt der regelmäßig bloß durch Sachverständige zu erbringende Nachweis eines schuldhaften Behandlungsfehlers häufig schwer.

Daher weichen die Patienten im Prozeß oft auf den Vorwurf einer *mangelhaften Aufklärung* aus. Auch der ärztliche Eingriff wird nämlich von der h.M. tatbestandsmäßig als Körperverletzung angesehen. Das ist wohl auch unvermeidlich, solange es keine Vorschriften gegen eine eigenmächtige Heilbehandlung gibt. Ein solcher verletzender Eingriff bedarf folglich einer Rechtfertigung. Diese kann sich bei Bewußtlosigkeit des Patienten aus berechtigter Geschäftsführung ohne Auftrag ergeben (vgl. u. § 30 *Fall 197/198*). Bei geistiger Präsenz des Patienten ist dagegen eine Einwilligung nötig. Diese setzt zu ihrer Wirksamkeit regelmäßig eine ausreichende Aufklärung des Patienten voraus.

Über das Maß und die Art der danach erforderlichen Aufklärung besteht Streit, hauptsächlich zwischen Medizinern und Juristen. Die Mediziner machen vor allem geltend, eine umfassende Aufklärung selbst über fernliegende Risiken könne den Patienten in Angst versetzen und entweder diesen zu unrichtigen Entscheidungen veranlassen oder doch den Behandlungserfolg gefährden (vgl. die abschreckenden Gefahrenhinweise in den Beipackzetteln von Medikamenten). Dagegen wollen die Juristen sichern, daß der Patient Herr über das bleibt, was der Arzt an seinem Körper unternimmt, und daß ihm diese Herrschaft nicht ohne

---

[10] Fall nach dem Sachverhalt von *BGH* NJW 1976, 363.

§ 5. Die Verletzung eines Menschen

seinen Willen abgenommen wird. Als Synthese beider Standpunkte eignet sich häufig die sog. Stufenaufklärung: Der Arzt braucht den Patienten zunächst nur allgemein auf die Risiken der Behandlung hinzuweisen. Der Patient kann dann – wie es häufig geschieht – zu erkennen geben, er überlasse das Nötige vertrauensvoll dem Arzt und wolle keine Einzelheiten erfahren. Das genügt für eine wirksame Einwilligung. Der Patient kann aber auch nach Einzelheiten fragen; dann muß der Arzt diese regelmäßig offenbaren. Ausnahmen hiervon kommen aber bei ganz bösartigen Leiden und schwacher Konstitution des Patienten in Betracht. Dagegen wird bei nur kosmetischen Eingriffen die Aufklärungspflicht höher angesetzt.

In *Fall 24* hat S den G objektiv unrichtig aufgeklärt, weil er die für G gerade wegen seines Berufs wichtige Operationsfolge falsch dargestellt hat. Das wird auch von den Regeln über die Stufenaufklärung nicht gedeckt: Wenn die Alternative zwischen der Gefahr einer Ertaubung und der Gefahr dauernder berufshindernder Gleichgewichtsstörungen bestand, mußte dem G selbst die Wahl deutlich eröffnet werden. Das hat S schuldhaft unterlassen, wenn die dauernden Gleichgewichtsstörungen voraussehbar waren. Er schuldet dann wegen der Unwirksamkeit der Einwilligung Schadensersatz. Freilich erlaubt der *BGH*[11] demgegenüber den – schwer zu führenden – Nachweis, der Patient hätte sich auch bei vollständiger Aufklärung für die Operation entschieden, der Aufklärungsmangel sei also nicht kausal geworden.

Fall 25 (Der Sportunfall: Anspruchsausschluß beim Mannschaftssport)

Wie in *Fall 8* von o. § 3: Beim Fußballspiel verletzt ein Spieler S durch harten Einsatz einen Spieler G der Gegenpartei. Bestehen Schadensersatzansprüche?

Hier hat S den objektiven Tatbestand der Körperverletzung und damit des § 823 I verwirklicht. Zweifeln kann man aber an der Rechtswidrigkeit, und zwar ähnlich wie in *Fall 24* unter dem Gesichtspunkt einer Einwilligung. Doch hatte der *BGH* schon früher angenommen, die Einwilligung beschränke sich auf die Gefährdung und erfasse nicht auch die hieraus folgende Verletzung.[12] Dennoch ist in dem Fußballfall BGHZ 63, 140 zur Verneinung von Schadensersatzansprüchen gelangt, wenn der Verletzer sich regelgerecht verhalten hatte: Dann bedeute es einen unzulässigen Selbstwiderspruch, wenn „der Geschädigte den beklagten Schädiger in Anspruch nimmt, obwohl er ebensogut in die Lage hätte kommen können, in der sich nun der Beklagte befindet". Im Ergebnis läuft das auf einen Verzicht auf Schadensersatzansprüche hinaus. Mit der vom *BGH* gegebenen Begründung läßt sich dieser Verzicht

---

[11] Etwa *BGH* NJW 1980, 1333, wo aber mit Recht eine generalisierende Betrachtung abgelehnt wird. Vgl. zur Aufklärungspflicht etwa *Medicus*, SBT Rn. 351 mit Belegen.
[12] BGHZ 33, 355.

wohl auch auf solche Verletzungen erstrecken, die auf ein leicht regelwidriges, aber übliches Verhalten zurückgehen. Zudem muß allemal der Verletzte einen Regelverstoß beweisen. Dieser Beweis fällt oft überaus schwer, wenn nicht gerade Film- oder Fernsehaufnahmen vorliegen.

Fall 26 (Die gefährliche Baustelle: Verkehrssicherungspflichten für befugten Verkehr)

Der Bauunternehmer S errichtet auf einem ihm gehörenden Grundstück einen Neubau; das bebaute Grundstück soll später verkauft werden. Während der Bauzeit ist eine Öffnung im Boden des Obergeschosses, in die später eine Treppe eingebaut werden soll, nicht abgedeckt. G, der sich für den Erwerb interessiert, besichtigt das Haus und fällt dabei durch die Öffnung. G wird schwer verletzt; haftet S?

Fall 27 (Die gefährliche Baustelle: Sicherungspflichten für unbefugten Verkehr)

Wie *Fall 26*, doch sind jetzt trotz einer Verbotstafel spielende Kinder in das Haus eingedrungen. Ein Kind G fällt durch die Öffnung; haftet S?

In beiden Fällen ist schon der objektive Tatbestand des § 823 I fraglich: Kann man wirklich sagen, S habe den G verletzt? Hat G sich nicht vielmehr die Verletzung durch sein eigenes riskantes Verhalten zugezogen, so daß § 823 I schon im Ansatz nicht in Betracht kommt?

Man hat die Eigenart dieser Fälle (bei denen es sich auch um eine Tötung oder eine Eigentumsverletzung handeln kann) früher vielfach in der Schädigung durch Unterlassen gesehen (hier: durch Unterlassen des Abdeckens der Öffnung). Aber das ist nicht ganz genau: Zunächst hat S ja auch gehandelt, nämlich gebaut, und erst hierdurch hat sich das Bedürfnis nach der unterlassenen Sicherung ergeben. Heute arbeitet man daher vielfach[13] mit dem Begriff der mittelbaren Verletzung. Für diese ist kennzeichnend, daß der Verletzungserfolg (hier: der Sturz durch die Öffnung) außerhalb des Handlungsablaufs (hier: der Errichtung des Neubaus) liegt: Der Verletzer hat also zunächst nur eine Gefahr geschaffen, die sich ohne sein weiteres Zutun und oft sogar durch eigenes Handeln des Verletzten erst später verwirklicht.

In solchen Fällen kann man anders als bei einer unmittelbaren Verletzung (z. B. einem Stich mit einem Messer) nicht einfach aus dem Verletzungserfolg auf die Rechtswidrigkeit der Verletzungshandlung schließen und diese nur bei Vorliegen besonderer Rechtfertigungsgründe verneinen. Denn solche mittelbaren Verletzungen lassen sich fast überall finden: Wer etwa Motorräder produziert oder mit ihnen handelt, weiß, daß damit Menschen zu Tode kommen. Trotzdem kann man die Produktion oder den Handel nicht einfach für rechtswidrig erklären. Vielmehr tritt diese Rechtswidrigkeit erst durch die Verletzung besonderer Sicherungspflichten ein, welche die Gefahren aus dem an sich erlaubten Tun

---

[13] Vgl. etwa *Larenz/Canaris*, SchuldR II 2, § 76 III 1 c.

so gering wie möglich halten sollen. Diese Pflichten nennt man Verkehrssicherungspflichten oder Verkehrspflichten. Ihre Entwicklung gehört zu den wichtigsten richterlichen Fortbildungen des bürgerlichen Rechts; sie ähneln den aus Treu und Glauben (§ 242) hergeleiteten Schutzpflichten (§ 241 II) im Recht der Sonderverbindungen. Zahlreiche Verkehrspflichten sind inzwischen auch gesetzlich festgelegt worden: So besteht etwa die StVO weithin aus der Normierung solcher Pflichten.

Bezogen auf die *Fälle 26* und *27* bedeutet das: Der Bauunternehmer S war sicherungspflichtig, soweit er durch den unfertigen Bau eine nennenswerte Gefahr geschaffen hat. Das ist in *Fall 26* zu bejahen, soweit er schon (etwa durch Zeitungsanzeigen) um Interessenten geworben und diese auf das Baugrundstück hingewiesen hatte: Wenn S infolgedessen mit Hausbesichtigungen rechnen mußte („Verkehrseröffnung"), hatte er für die Sicherheit der Besucher zu sorgen. Freilich wird die Sicherheit in einem unfertigen Gebäude immer nur unvollkommen sein können (z.B. fehlende Treppengeländer). Aber nicht abgedeckte Öffnungen im Fußboden gehen über solche unvermeidbaren Sicherheitsmängel hinaus; S haftet also dem Interessenten G aus § 823 I (und womöglich auch aus Verschulden bei Vertragsverhandlungen, vgl. § 311 II Nr. 2).

Im *Fall 27* dagegen war ein Unbefugter zu Schaden gekommen. Ihm gegenüber wird eine Verkehrssicherungspflicht regelmäßig zu verneinen sein (etwa wenn ein Erwachsener in dem Neubau Installationsmaterial stehlen will). Abweichendes gilt aber gegenüber Kindern, wie man sich ja auch im Straßenverkehr auf das vorschriftsmäßige Verhalten von Kindern nicht verlassen darf (ihnen gegenüber gilt der sog. „Vertrauensgrundsatz" nicht). Wenn mit dem Eindringen von Kindern in die Baustelle zu rechnen war (etwa wegen eines benachbarten Spielplatzes), mußten also die Öffnungen abgedeckt werden oder der Bauplatz sicher umzäumt sein; S haftet dann dem verletzten Kind aus § 823 I.

III. Zusammenfassung

1. Bei der schuldhaften Verletzung von Menschen wird aus § 823 I geschuldet

a) Ersatz der notwendigen *Heilungskosten* nach § 249 II 1,

b) ein *Schmerzensgeld* nach § 253 II oder Spezialvorschriften (wie § 11 StVG),

c) Ersatz von *entgangenem Gewinn* (§ 252) oder – in der Formulierung des § 842 – der Nachteile für Erwerb und Fortkommen. Die Einzelheiten richten sich nach der Lebensstellung und dem Beruf des Verletzten. Doch ist Einkommen, das durch einen Gesetz- oder Sittenverstoß erzielt werden sollte, regelmäßig nicht zu ersetzen.

2. Soweit ein Schaden zum Schutz des Verletzten von einem Dritten übernommen wird (z.B. die Heilungskosten von den Eltern oder der

Sozialversicherung, der Erwerbsschaden vom Arbeitgeber), geht die Rechtsordnung trotzdem von einem Schaden des Verletzten aus (sog. *normativer Schaden*). Die Ersatzleistung des Verletzers wird dann letztlich an den Dritten geleitet. So wird eine Doppelentschädigung des Verletzten vermieden.

3. Der in einer *ärztlichen Behandlung* liegende Eingriff in Körper oder Gesundheit des Patienten bedarf einer Rechtfertigung. Hierfür kommt in erster Linie die Einwilligung des Patienten in Betracht. Sie setzt eine Aufklärung über Umfang und mögliche Folgen des Eingriffs voraus. Ausreichen dürfte jedoch eine *Stufenaufklärung*, bei welcher der Patient auf die Mitteilung von Einzelheiten verzichten kann.

4. Verletzungen bei der Ausübung eines *Mannschaftssports* verpflichten wenigstens dann nicht zum Ersatz, wenn sie trotz *Einhaltung der Regeln* eingetreten sind. Eine Erstreckung auf übliche leichte Regelverstöße liegt nahe.

5. Wenn der Verletzungserfolg außerhalb des Ablaufs der zur Verletzung führenden Handlung liegt, spricht man von einer *mittelbaren Verletzung*. Hier wird die Rechtswidrigkeit der Handlung nicht durch den von ihr verursachten Verletzungserfolg indiziert. Vielmehr ergibt sie sich erst aus der Verletzung von *Verkehrssicherungspflichten (Verkehrspflichten)*. Diese Pflichten bezwecken die Geringhaltung von Gefahren aus erlaubtem Tun. Zahlreiche solche Pflichten sind inzwischen gesetzlich geregelt worden.

§ 6. Eigentumsverletzung: Der Haftungsgrund

I. Einzelprobleme

Fall 28 (Das unterschlagene Fahrrad: Eigentumsverletzung durch Entziehung des Rechts)

G verleiht sein Fahrrad an S. Dieser veräußert das Rad an den gutgläubigen D, indem er sich als Eigentümer ausgibt. Ersatzansprüche des G gegen S?

Weil das Fahrrad dem Eigentümer G nicht abhanden gekommen (§ 935) war, konnte D es nach § 932 gutgläubig erwerben. Damit hat G sein Eigentum verloren; dieses ist im Sinne von § 823 I verletzt. Da auch Rechtswidrigkeit und Verschulden (Vorsatz!) des S vorliegen, schuldet dieser Schadensersatz.

Allerdings war der Schädiger S bei der Veräußerung Besitzer des Fahrrads. In solchen Fällen muß man stets bedenken, ob das allgemeine Deliktsrecht nicht durch die Sonderregeln des Eigentümer-Besitzer-Verhältnisses (§§ 987ff.)[14] ausgeschlossen ist. Das trifft hier aber nicht

---

[14] Vgl. dazu *Gerhardt*, § 10; *Medicus*, BürgR Rn. 573ff.

zu: S war durch den Leihvertrag zum Besitz berechtigt (§ 986) und daher nicht der Vindikation (§ 985) des G ausgesetzt. Solche rechtmäßigen (zum Besitz berechtigten) Besitzer unterfallen den §§ 987ff. selbst dann nicht, wenn sie ihr Besitzrecht überschreiten (sich im Fremdbesitzerexzeß befinden, so hier S: Der Entleiher darf nicht veräußern!). S haftet daher dem G aus § 823 I (und zudem aus § 280 wegen Pflichtverletzung, nämlich wegen des schuldhaft herbeigeführten Unvermögens zu der aus dem Leihvertrag geschuldeten Rückgabe).

Fall 29 (Das gestohlene Fahrrad: Eigentumsverletzung durch Entziehung des Besitzes)

S stiehlt dem G dessen Fahrrad. Ersatzansprüche des G?

Anders als in *Fall 28* schützt hier zwar § 935 den G vor dem Verlust seines Eigentums als Recht. Aber solange G den Besitz nicht hat, ist dieses Recht für ihn praktisch wertlos. Daher wird auch die Entziehung des Besitzes als Eigentumsverletzung im Sinne von § 823 I angesehen. Durch die §§ 987ff. wird § 823 I hier schon wegen § 992 nicht verdrängt.

Fall 30 (Bruteier: Eigentumsverletzung durch mittelbare Sachverletzung)

G betreibt eine Geflügelzucht, in deren Rahmen Eier in einem elektrisch geheizten Apparat ausgebrütet werden sollen. Durch ein Verschulden des S stürzt ein gefällter Straßenbaum auf die zu dem Betrieb des G führende Freileitung. Wegen der dadurch bewirkten Stromunterbrechung verderben in dem Brutapparat 3600 Eier. Kann G von S Ersatz verlangen?

Hier ist nicht das Eigentum des G an den Eiern als Recht betroffen, sondern dessen Gegenstand, nämlich die Eier selbst. Auch solche schädlichen Einwirkungen auf die Sachsubstanz erfüllen den objektiven Tatbestand der Eigentumsverletzung nach § 823 I (dies ist sogar die weitaus häufigste Verletzungsform). Allerdings liegt in *Fall 30* insofern nur eine mittelbare Verletzung vor, als der fallende Baum unmittelbar bloß die dem G nicht gehörende Freileitung getroffen hat. Aber hier wird auch die mittelbare Verletzung der Eier dem S zugerechnet, weil er eine Verkehrspflicht verletzt hat: Beim Baumfällen muß gerade auch wegen der Strombezieher auf elektrische Leitungen geachtet werden. Damit liegt Rechtswidrigkeit vor. Weil Fahrlässigkeit hinzutritt, haftet S dem G wegen der Eier aus § 823 I.[15]

Fall 31 (Stromkabelfälle: Eigentumsverletzung durch Betriebsunterbrechung?)

Der von S geführte Bagger zerreißt bei Ausschachtungsarbeiten ein zur Fabrik des G führendes Stromkabel. Der Betrieb der auf Strom angewiesenen Fabrik liegt daher für drei Tage still; dem G entsteht ein hoher Gewinnausfall. Schadensersatzpflicht des S?

---

[15] BGHZ 41, 123.

Diesen Fall kann man unter zwei Gesichtspunkten sehen: Erstens kann man fragen, ob die Unterbrechung der Stromzufuhr einen Eingriff in den eingerichteten und ausgeübten Gewerbebetrieb bedeutet; vgl. dazu u. § 8 *Fall 55/56*. Zweitens kann man aber auch auf das Eigentum des Unternehmers *G* an den einzelnen zum Unternehmen gehörenden Sachen abstellen: Soweit diese mit Strom zu betreiben sind (z.B. Glühlampen, Elektromotoren), ist der Gebrauch des Eigentums für die Dauer der Stromunterbrechung praktisch unmöglich. Trotzdem hat der BGH[16] eine Entschädigung verweigert, wenn anders als in *Fall 30* nicht bestimmte konkrete Sachen (etwa der Inhalt einer Tiefkühltruhe) verdorben waren: Die bloße Unterbrechung der Produktion bedeute nur eine primäre Vermögensverletzung.

Fall 32 (Fleetfall: Eigentumsverletzung durch Gebrauchsbehinderung?)

An einem zu einer Mühle führenden Fleet war durch ein Verschulden des Eigentümers *S* ein Stück der Ufermauer eingestürzt. Dadurch konnte ein Motorschiff des *G*, das an der Mühle lag, das Fleet nicht mehr verlassen. Andere Schiffe des *G*, der die Mühle zu beliefern hatte, konnten diese nicht erreichen und dort nicht entladen werden. *G* verlangt von *S* den Verdienstausfall hinsichtlich aller Schiffe ersetzt.

Der BGH[17] hat eine Ersatzpflicht hinsichtlich des eingesperrten Motorschiffs bejaht: Eine Eigentumsverletzung könne auch ohne Eingriff in die Sachsubstanz dadurch erfolgen, daß die Sache ihrem bestimmungsgemäßen Gebrauch entzogen werde. Das treffe hier für das eingesperrte Schiff zu, weil es „als Transportmittel praktisch ausgeschaltet" worden sei. Dagegen seien die ausgesperrten Schiffe in ihrer Eigenschaft als Transportmittel nicht betroffen und damit ihrem „natürlichen Gebrauch" nicht entzogen. Die Behinderung dieser Schiffe beschränke nur den *G* in der Ausübung seines Gemeingebrauchs an dem Fleet; dieser stelle aber kein „sonstiges Recht" im Sinne von § 823 I dar.

Die Argumentation des *BGH*, die etwa auch das Zuparken eines Autos als Eigentumsverletzung erscheinen läßt, paßt nicht ohne weiteres zu der Entscheidung der Stromkabelfälle (o. *Fall 31*). Denn z.B. auch eine Glühlampe ist „ihrem natürlichen Gebrauch entzogen" und „als Beleuchtungsmittel praktisch unbrauchbar", wenn es keinen Strom gibt. Diesen Widerspruch hat der *BGH* bisher noch nicht aufgelöst.[18]

---

[16] BGHZ 29, 65; 41, 123 (127), vgl. auch BGHZ 66, 388 (zu § 823 II) und *BGH* NJW 1977, 1147 (für Telefonanschluß).
[17] BGHZ 55, 153.
[18] Dieser Problemkreis wird umfassend behandelt von *Boecken*, Deliktsrechtlicher Eigentumsschutz gegen reine Nutzungsbeeinträchtigung (1995).

II. Zusammenfassung

Eigentum kann verletzt werden
1. durch die *Verletzung* (Entziehung, Belastung) *des Rechts* „Eigentum",
2. durch *Eingriffe in die Sachsubstanz* (z.B. Beschädigung der Sache),
3. indem *die Sache dem Eigentümer entzogen* wird (z.B. durch Diebstahl),
4. nach einer in der Abgrenzung noch unklaren Rechtsprechung auch durch *Störung der Umweltbeziehungen* derart, daß die Sache ihrem natürlichen Gebrauch entzogen wird.

§ 7. Eigentumsverletzung: Der Haftungsumfang

Probleme des Haftungsumfangs ergeben sich vor allem bei der Eigentumsverletzung durch Eingriff in die Sachsubstanz, wie sie sich etwa bei Verkehrsunfällen mit Sachschaden massenhaft ereignen. Dabei muß man häufig danach unterscheiden, ob die verletzte Sache noch reparaturfähig ist oder nicht.

I. Herstellung durch Reparatur

Fall 33 (Der Heckschaden I: erforderliche Reparaturkosten)

Durch Unachtsamkeit fährt S mit seinem Wagen auf den vor einem Fußgängerüberweg haltenden Wagen des G auf. Dabei wird der Wagen des G am Heck beschädigt. Welchen Ersatz schuldet S dem G?

Hier ist der Haftungsgrund „Eigentumsverletzung" des § 823 I wegen des schuldhaften Eingriffs in die Sachsubstanz unzweifelhaft gegeben. Das Deliktsrecht enthält aber für den Umfang des Schadensersatzes bei Sachverletzungen – anders als bei Personenverletzungen – keine eigenen Vorschriften. Daher sind allein die auch für alle anderen Haftungsgründe geltenden §§ 249ff. anzuwenden.

Nach der Grundregel in § 249 I hat der Ersatzpflichtige denjenigen Zustand herzustellen, der jetzt ohne das zum Ersatz verpflichtende Ereignis bestünde. Danach müßte S den Heckschaden am Wagen des G ausbessern lassen. Diese Schadensbeseitigung durch den Schädiger selbst ist aber ganz unüblich. Sie ist auch dem Geschädigten kaum zumutbar, weil er dazu die beschädigte Sache erst einmal dem Schädiger überlassen müßte.

Darum sieht § 249 II 1 bei Sachverletzungen (und Personenverletzungen, vgl. o. § 5 *Fall 15*) noch eine andere, üblicherweise gewählte Art der Schadensbeseitigung vor: nämlich die Zahlung des zur Herstellung erforderlichen Geldbetrags an den Geschädigten. G kann also von S die erforderlichen Reparaturkosten verlangen.

Praktisch werden Unfälle meist nicht „auf Gutachtenbasis" abgerechnet (s. sogleich). Vielmehr wird die Reparatur abgewartet: Der Geschädigte legt dann die hierüber erteilte Rechnung vor. Dann kann die Ersatzpflicht in Höhe des Rechungsbetrages noch mit zwei Argumenten bestritten werden: Erstens kann der Ersatzpflichtige sagen, nicht alle berechneten Leistungen seien durch den von ihm zu verantwortenden Unfall verursacht gewesen. Das stellt ein reines Beweisproblem dar, macht aber materiellrechtlich keine Schwierigkeit: Selbstverständlich braucht der Schädiger nur für die von ihm *verursachten* Schäden aufzukommen. Und zweitens kann gegen den Rechnungsbetrag eingewendet werden, die Reparatur sei unnötig aufwendig gewesen (z.B. eine Ganzlackierung, wo eine Teillackierung genügt hätte). Das ist eine Frage des § 254; vgl. u. § 20.

§ 249 II eröffnet aber noch eine andere Möglichkeit als diese Abrechnung der wirklich entstandenen Kosten: Die erforderlichen Kosten können von einem Gutachter geschätzt und dann unabhängig davon verlangt werden, ob sie real aufgewendet worden sind (Abrechnung auf Gutachtenbasis). Der Geschädigte kann also die Zahlung schon vor der Reparatur verlangen, und nach ganz h.M. braucht er das erhaltene Geld dann auch nicht für die Reparatur zu verwenden.[19] G könnte also etwa den von S für die Reparatur eines Lackschadens erhaltenen Betrag für eine Reise ausgeben. Freilich darf er dann nach dem neuen, seit dem 1. 8. 2002 geltenden § 249 II 2 den Betrag der nicht wirklich angefallenen Umsatzsteuer nicht verlangen.

Fall 34 (Der Heckschaden II: Reparaturkosten trotz Ersatzbeschaffung)

Wie o. *Fall 33*, doch möge G jetzt die Gelegenheit des Unfalls zur Anschaffung eines anderen Wagens (gleich ob neu oder gebraucht) genutzt und dabei den beschädigten Wagen in Zahlung gegeben haben. Kann G danach noch mit S „auf Reparaturkostenbasis" (also nach § 249 II) abrechnen?

Im Unterschied zu *Fall 33* steht hier bei der Abrechnung schon fest, daß jedenfalls G die Reparatur nicht wirklich ausführen wird, meist wohl sogar, daß diese überhaupt unausgeführt bleibt. Ob dann noch die Reparaturkosten verlangt werden können, ist heftig umstritten.[20] Viele verneinen die Frage vor allem mit dem Argument, da dem G die Herstellung unmöglich sei, greife § 251 I Alt. 1 ein (vgl. u. *Fall 37*). Auch der Sinn des § 249 II 1 passe nicht: Die Vorschrift diene dem Interesse des Ersatzgläubigers, seine beschädigte Sache durch Reparatur wiederherzustellen (Herstellungsinteresse, Integritätsinteresse). Dieses Interesse ent-

---

[19] Vgl. MünchKomm/*Oetker*, § 249 Rn. 353 ff. (der zutreffend für Nichtvermögensschäden anders entscheidet).
[20] Vgl. MünchKomm/*Oetker*, § 249 Rn. 348 ff.

falle aber, wenn der Ersatzgläubiger seine beschädigte Sache selbst weggegeben und damit auf die Reparatur verzichtet habe.
Der für das Deliktsrecht regelmäßig zuständige *VI. ZS* des *BGH*[21] ist dieser Ansicht aber nicht gefolgt, wohl mit Recht. Man kann dem § 249 II nämlich noch eine weitere Funktion zuerkennen, die auch bei *Fall 34* bedeutsam bleibt: Dem Geschädigten soll eine Berechnung seines Schadens ermöglicht werden, die unabhängig von späteren Ereignissen ist. Das hat deshalb guten Sinn, weil eine andere Schadensberechnung sehr schwierig sein kann: Man darf ja auch nicht von der – überdies oft schwer zu ermittelnden – Wertminderung ausgehen, die der Wagen durch den Unfall erlitten hat. Denn diese Wertminderung betrifft den Geschädigten deshalb nicht direkt, weil er den Wagen weggegeben hat. Was ihm als Schaden bleibt, ist vielmehr derjenige Betrag, der dem Geschädigten bei der Inzahlunggabe deshalb weniger gutgeschrieben worden ist, weil der Wagen beschädigt war. Dieser Betrag wird sich aber regelmäßig kaum feststellen lassen.

Danach ist die Schadensberechnung über § 249 II 1 („auf Reparaturkostenbasis") auch dann zulässig, wenn feststeht, die Reparatur werde nicht stattfinden. Freilich macht der BGH eine Ausnahme für den Fall, daß die Reparaturkosten den wirklichen Schaden übersteigen. Doch trägt die Beweislast dafür der Ersatzpflichtige. Zudem kommt seit dem 1. 8. 2002 nach § 249 II 2 ein Abzug der ersparten Umsatzsteuer in Betracht, aber wohl nicht, soweit bei der Anschaffung des Ersatzwagens Umsatzsteuer angefallen ist.

Fall 35 (Schwere Sachschäden: merkantiler Minderwert)

Bei einem von *S* verschuldeten Unfall wird der Wagen des *G* erheblich beschädigt. Die Schäden können zwar dem Anschein nach technisch behoben werden. *G* meint aber, sein Wagen sei jetzt minderwertig, und verlangt deshalb von *S* außer den Reparaturkosten eine zusätzliche Entschädigung. Mit Recht?

Wenn ein Wagen erheblich beschädigt worden ist, gilt er auch nach der Reparatur hinfort als „Unfallwagen". Bei einem Verkauf muß der Verkäufer diese Eigenschaft sogar ungefragt offenbaren. Der Verkehr befürchtet nämlich, daß bei der Reparatur nicht entdeckte oder nicht vollständig behobene Mängel noch später hervortreten werden. Daher haben Unfallwagen regelmäßig einen geringeren Verkaufswert. Man spricht hier vom „merkantilen Minderwert".

In einer früheren Entscheidung[22] hatte der *BGH* den merkantilen Minderwert nur dann ersetzen wollen, wenn dieser wirklich bei einem Verkauf des Unfallwagens spürbar geworden war. Damit wäre aber entgegen dem eben zu *Fall 34* Gesagten die Schadensberechnung doch noch von späteren Ereignissen abhängig; es könnte noch lange Zeit nach dem

---

[21] BGHZ 66, 239, bestätigt durch *BGH*, VersR1985, 593; 865; BGHZ 99, 81.
[22] BGHZ 27, 131.

Unfall zu Nachforderungen kommen. Das widerspräche überdies dem Interesse der Haftpflichtversicherer an einer raschen Erledigung von Versicherungsfällen. Wohl auch aus diesem Grund hat der *BGH* seine Ansicht schon wenige Jahre später geändert:[23] Der merkantile Minderwert soll schon gleich nach dem Unfall und unabhängig von einem Verkauf ersetzt werden müssen. Rechtlich stützt sich das auf § 251 I Alt. 2: Der Ersatz der Reparaturkosten allein entschädigt den Gläubiger nicht ausreichend. Der *BGH* begründet das mit der Erwägung, der den Wagen nicht verkaufende Geschädigte habe jetzt selbst ein minderwertiges – weil schadensanfälliges – Fahrzeug. Allerdings wird damit wohl die Perspektive verschoben: Es geht dann nicht mehr um den merkantilen, sondern um den nach der Reparatur verbliebenen technischen Minderwert.

Fall 36 (Die neue Stoßstange: Abzug neu für alt)

Bei einem von S verschuldeten Unfall wird an dem alten Wagen des G eine Stoßstange derart zerdrückt, daß man sie nicht reparieren kann. Daher wird eine fabrikneue Stoßstange angebracht. S will nicht die vollen Kosten ersetzen, weil die neue Stoßstange mehr wert sei als die alte. Mit Recht?

Ersatz für gebrauchte Sachen oder Sachteile kann oft nur durch neue geleistet werden, weil entsprechende gebrauchte nicht im Handel sind. Dann entsteht die (praktisch häufige) Frage nach einem Abzug neu für alt: Muß der Geschädigte einen Teil der Reparaturkosten selbst tragen, weil die Reparatur ihm mehr verschafft hat als bloß den Ersatz seines Schadens? Bei der Antwort muß man unterscheiden:[24] Wo die Reparatur den Geschädigten wirklich besser gestellt hat, als er jetzt ohne das haftungsbegründende Ereignis stünde, ist ein solcher Abzug regelmäßig zu bejahen. Zu verneinen ist er dagegen, wenn der Mehrwert bloß einen wirtschaftlich nicht verwertbaren Luxus darstellt.

Fall 36 gehört regelmäßig in die zweite Kategorie: Meist werden weder der Verkaufswert noch die Nutzungsdauer eines alten Wagens durch eine neue Stoßstange erhöht. G braucht sich daher keinen Abzug gefallen zu lassen. Anders wäre es aber z.B., wenn bei der Reparatur ein Austauschmotor anstelle eines schon abgefahrenen alten Motors eingebaut wird: Damit wachsen regelmäßig Verkaufswert und Nutzungsdauer des Wagens.

II. Totalschäden

Fall 37 (Das zertrümmerte Auto: technischer Totalschaden)

Aus einem von der Bundesbahn verschuldeten Grund funktioniert die Warnanlage an einem Bahnübergang nicht. Daher wird das Auto des G von einem Zug erfaßt und völlig zertrümmert. Ansprüche des G?

---

[23] BGHZ 35, 396.
[24] Vgl. BGHZ 30, 29.

Hier ist eine Reparatur des zertrümmerten Autos technisch unmöglich (technischer Totalschaden). Daher muß G nach § 251 I Alt. 1 in Geld entschädigt werden. Doch begründet hier nicht der Umstand, daß Geld gezahlt wird, den wesentlichen Unterschied zu den bisher behandelten Reparaturfällen: Auch bei ihnen wird ja regelmäßig (nach § 249 II) Geld gezahlt. Vielmehr besteht die Besonderheit bei § 251 I in der *Berechnung der Geldsumme:* Diese kann hier nicht gleich dem Betrag der erforderlichen Reparaturkosten sein, weil eine Reparatur ja unmöglich ist. Vielmehr geht es bei § 251 I um die Wertminderung, die das Vermögen des Geschädigten infolge des zum Ersatz verpflichtenden Umstands erlitten hat. Das ist das Wert-(Summen)interesse im Gegensatz zu dem Herstellungs-(Integritäts)interesse von § 249 (vgl. o. *Fall 34*).

Bei der Zerstörung eines Kraftfahrzeugs besteht das Wertinteresse regelmäßig im sog. *Wiederbeschaffungswert.* Darunter versteht man denjenigen Betrag, den der Geschädigte aufwenden muß, um einen Gebrauchtwagen zu beschaffen, der dem zerstörten Wagen etwa gleichwertig ist. Der *BGH* sieht hierin sogar eine Herstellung nach § 249. Dann kann der für die Ersatzbeschaffung nötige Betrag nach § 249 II verlangt werden. Dabei ist freilich zu bedenken: Ein Gebrauchtwagenkauf birgt Risiken, weil der Gebrauchtwagen unerkannte Mängel haben kann, die der zerstörte Wagen nicht hatte. Zum Ausgleich hierfür erlaubt der *BGH*[25] die Beschaffung bei einem seriösen Händler, der zugleich eine Werkstattgarantie gewährt (was zu einem etwas höheren Preis führt). Auch rechnet der *BGH*[26] noch die Mehrwertsteuer hinzu, die anfällt, wenn der Händler im eigenen Namen (und nicht namens des privaten Vorbesitzers) verkauft. Endlich wird noch ein Pauschbetrag für die Zulassungskosten und die Auslagen für die Beschaffung gewährt. Ob der Geschädigte den ihm danach zustehenden Betrag wirklich für den Kauf eines Gebrauchtwagens beim Händler verwendet, bleibt nach der wohl zutreffenden Ansicht des *BGH*[27] gleich. Doch kann nach § 249 II 2 die Mehrwertsteuer nur verlangt werden, soweit sie wirklich anfällt.

Fall 38 (Die teure Reparatur: wirtschaftlicher Totalschaden)

G fährt einen alten Wagen, der schon erhebliche Rostschäden aufweist. Die Wiederbeschaffung eines entsprechenden Gebrauchtwagens wäre für 2000 Euro möglich. Bei einem von S verschuldeten Unfall wird der Wagen schwer beschädigt; die Reparatur würde 3000 Euro kosten. Ansprüche des G gegen S?

Hier könnte G nach § 249 II als Herstellungsinteresse 3000 Euro verlangen, während sein nach § 251 I zu ersetzendes Wertinteresse nur 2000 Euro betrüge. § 249 enthält zwar eine Grundentscheidung des BGB für die Herstellung oder den Ersatz des Herstellungsinteresses. Doch bringt demgegenüber § 251 II 1 die Interessen des Ersatzpflichti-

---

[25] *BGH* NJW 1966, 1454.
[26] *BGH* NJW 1982, 1864.
[27] Wie o. Fn. 26, aber sehr str.

gen zur Geltung: Dieser soll den Gläubiger in Geld (d.h. mit dem Wertinteresse) entschädigen können, wenn „die Herstellung nur mit unverhältnismäßigen Aufwendungen möglich ist".

Wenn nur Vermögensinteressen gegeneinanderstehen, nimmt die Rechtsprechung eine solche Unverhältnismäßigkeit bei Mehrkosten der Herstellung von mindestens 30% an.[28] G kann also die Reparaturkosten nur verlangen, wenn diese unter 2600 Euro bleiben. Da sie hier 3000 Euro betragen, kann G nur den Wiederbeschaffungswert von 2000 Euro fordern. Man spricht in solchen Fällen von einem wirtschaftlichen Totalschaden: Unter wirtschaftlichen Gesichtspunkten ist der Wagen als zerstört zu behandeln, obwohl er technisch noch repariert werden könnte. Da der *BGH* auch die Beschaffung eines Ersatzwagens als Herstellung wertet, ersetzt er den Wiederbeschaffungswert nach § 249 II; die 130%-Grenze leitet er dann aus dem Gebot der Wirtschaftlichkeit ab.

Fall 39 (Der verletzte Hund: Unverhältnismäßigkeit und immaterielle Interessen)

Durch ein Verschulden des S wird der alte, treue Hund des G verletzt. Ein ähnlicher Hund könnte unentgeltlich aus einem Tierheim beschafft werden. G läßt seinen Hund jedoch durch einen Tierarzt heilen und wendet dafür 300 Euro auf. Diesen Betrag verlangt er von S ersetzt; dieser meint, nicht für die Tierliebe des G aufkommen zu müssen.

Wollte man hier einfach § 251 II 1 anwenden, so wäre das Verlangen des G unbegründet. Aber bei der in dieser Vorschrift genannten Unverhältnismäßigkeit mußten bisher schon nach der zutreffenden h.M. zusätzlich nichtwirtschaftliche Gesichtspunkte berücksichtigt werden. Dahin gehörte hier erstens die Anhänglichkeit des G gegenüber seinem Hund, die nicht einfach auf einen anderen Hund übertragen werden kann. Eine Rolle spielte aber zweitens auch die Wertung des Tierschutzgesetzes, nach der auch das Leben von Tieren möglichst zu erhalten ist. Im Rahmen der BGB-Novelle von 1990, die in § 90a (mit mäßigen Erfolg) das Tier von seiner Qualität als Sache befreien wollte, bestimmt § 251 II 2 jetzt eine Sonderbehandlung von Tieren sogar ausdrücklich. Daher kann G hier die geforderten 300 Euro ersetzt verlangen. Wo in solchen Fällen eine Grenze liegt, ist freilich schwer zu entscheiden; das LG Bielefeld (NJW 1997, 3320) hat für die Heilung einer Katze ohne Marktwert immerhin 3000 Euro zugesprochen.

Fall 40 (Der beschädigte Neuwagen: uneigentlicher Totalschaden)

G hat gerade seinen sehnlichst erwarteten Neuwagen vom Verkäufer erhalten. S beachtet die Vorfahrt nicht; dabei wird der neue Wagen erheblich beschädigt. Ansprüche des G gegen S?

Hier scheint G neben dem Ersatz der Reparaturkosten nur den merkantilen Minderwert fordern zu können. Doch hält man das für unzumut-

---

[28] Vgl. BGHZ 115, 375; *BGH* NJW 1972, 1800; MünchKomm/*Oetker* § 251 Rn. 41.

§ 7. Eigentumsverletzung: Der Haftungsumfang

bar, weil ein erheblich reparierter Unfallwagen eben nicht der von G gewünschte Neuwagen ist. Darum wird auch hier § 251 I Alt. 2 angewendet mit der Folge, daß G „auf Neuwagenbasis" abrechnen darf: Er kann gegen Überlassung des beschädigten Wagens den Preis für einen neuen verlangen. Freilich wird das regelmäßig nur bis zu einer Laufleistung von etwa 1000 km und bis zu einer Besitzzeit von wenigen Wochen zugelassen; auch muß G einen Abschlag wegen der schon gefahrenen Strecke hinnehmen.[29]

III. Weitere Probleme des Haftungsumfangs bei Eigentumsverletzung

Fall 41 (Der Kraftfahrer ohne Wagen: Mietwagenkosten)

Bei einem von S verschuldeten Unfall wird der Wagen des G schwer beschädigt. Die Reparatur (oder, soweit schadensrechtlich nötig, die Beschaffung eines Ersatzwagens) dauert vier Wochen. G hat während dieser Zeit einen Mietwagen genommen und verlangt die Kosten von S ersetzt. Mit Recht?

Ohne das zum Ersatz verpflichtende Ereignis hätte der Geschädigte seinen eigenen Wagen fortwährend benutzen können. Der Ersatz bloß der Reparatur- oder der Wiederbeschaffungskosten stellt daher nicht voll den Zustand her, der ohne dieses Ereignis bestünde (§ 249 I). Deshalb kann G regelmäßig auch die entstandenen Mietwagenkosten ersetzt verlangen, allerdings abzüglich eines kleinen Bruchteils (etwa 15%) für die ersparte Abnutzung des eigenen Wagens (vgl. u. § 21 *Fall 126*). Fraglich kann nur sein, ob G seinen Fahrbedarf nicht zumutbarerweise wesentlich billiger durch Taxifahrten hätte decken können (vgl. u. § 20 *Fall 121*).

Fall 42 (Der sparsame Kraftfahrer ohne Wagen: abstrakte Nutzungsentschädigung)

Wie bei *Fall 41*, doch geht G jetzt zu Fuß oder behilft sich mit öffentlichen Verkehrsmitteln. Was kann er dann von S verlangen?

Dieser Fall führt zu einem der seit fast fünf Jahrzehnten meistumstrittenen Probleme des Zivilrechts. Es gibt im wesentlichen drei Lösungsvorschläge:[30]

(1) G soll nur die ihm wirklich entstandenen Kosten ersetzt verlangen dürfen (für Fahrkarten usw.): Ein höherer Vermögensschaden sei ihm durch den Ausfall seines Wagens nicht entstanden, und die aus diesem Ausfall sich ergebenden Unbequemlichkeiten bedeuteten, soweit sie nicht zu einem Gewinnentgang geführt hätten (§ 252), nur einen in Geld nicht ersetzbaren (§ 253 I) Nichtvermögensschaden (vgl. u. § 19).

---

[29] Etwa *BGH*, VersR1983, 658, vgl. MünchKomm/*Oetker* § 251 Rn. 29.
[30] Ausführlich etwa *Larenz*, SchuldR I, § 29 II c; *Medicus*, SAT Rn. 628 ff. und der Vorlagebeschluß des V. ZS des *BGH*: NJW 1986, 2037.

(2) G soll ersetzt bekommen, was er während der Reparaturzeit für seinen Wagen nutzlos aufgewendet hat (Steuer, Versicherung, Garagenmiete, Verzinsung des in dem Wagen steckenden Kapitals): Die Nutzlosigkeit dieser Aufwendungen stelle einen durch das Schadensereignis verursachten Vermögensschaden dar (sog. Frustrationsschaden von lat. *frustra* = vergeblich).

(3) G soll Mietwagenkosten (allerdings mit erheblichen Abschlägen, die insgesamt etwa 70% ausmachen) auch dann ersetzt bekommen, wenn er sich ohne Mietwagen beholfen hat. Denn die Möglichkeit, jederzeit einen Wagen gebrauchen zu können, werde von der Verkehrsanschauung als Vermögenswert angesehen, und die Basis dieser Kommerzialisierung liege bei den Mietwagenkosten. Auch sei es unbillig, wenn der Vorteil aus der Sparsamkeit des Geschädigten dem Schädiger zufließe.

Der *BGH*[31] hat sich seit 1963 mit einigen Schwankungen zu Einzelfragen für die Lösung (3) entschieden. Die Praxis insbesondere der Kraftfahrzeughaftpflichtversicherer hat sich darauf eingestellt und sehr differenzierte Tabellen über den ersatzfähigen Nutzungswert errechnet.[32] Das dogmatische Fundament dieser Lösung ist freilich zweifelhaft geblieben. Diese Zweifel zeigen sich daran, daß der *BGH* die gewählte Lösung zunächst im wesentlichen auf Kraftfahrzeuge beschränkt hat. Dagegen ist bei eher dem Luxus dienenden Gebrauchsgütern eine abstrakte Nutzungsentschädigung verweigert worden[33], obwohl das Argument aus der Kommerzialisierung hier nicht weniger zutreffen kann als für Kraftwagen. Immerhin hat dort der *BGH* für Wohnraum die Nutzungsentschädigung regelmäßig bejaht. Begründet wird das mit der Erwägung, der privatwirtschaftliche Einsatz von Gütern solle nicht schlechter behandelt werden als der erwerbswirtschaftliche, bei dem die Unbenutzbarkeit regelmäßig zu einem ersatzfähigen Vermögensschaden führe (z. B. bei einem beschädigten Taxi).

Nach meiner Ansicht läßt sich die Lösung (3) eher rechtspolitisch begründen: Es ist insbesondere für die Haftpflichtversicherer sinnvoll, dem Geschädigten einen Anreiz zu sparsamem Verhalten zu gewähren. Dieser Anreiz würde fehlen, wenn der auf einen Mietwagen Verzichtende im Sinne von Lösung (1) womöglich gar nichts erhielte. Als solcher Anreiz ist ein Betrag von etwa einem Drittel der sonst zu ersetzenden Mietwagenkosten auch von der Höhe her geeignet, zumal sich so ähnliche Beträge ergeben wie nach der (gleichfalls nicht allgemein durchführbaren) Lösung (2).

Fall 43 (Die beschädigte Straßenbahn: Vorhaltekosten)

Bei einem von S verschuldeten Unfall wird ein Straßenbahntriebwagen der städtischen Verkehrsbetriebe G erheblich beschädigt. Während der Reparaturzeit von zwei Monaten setzt G einen Reservewagen aus dem eigenen Bestand ein. Was muß S außer den Reparaturkosten als Schadensersatz leisten?

---

[31] Vor allem BGHZ 40, 345; 45, 212; 56, 214, doch vgl. die vorige Fn.
[32] Zuletzt NJW 2006, 19ff.
[33] So der Grundsatzbeschluß BGHZ 98, 212.

Straßenbahntriebwagen pflegen nicht vermietet zu werden. Daher fehlt ein marktüblicher Mietzins, an dem sich hier eine Entschädigung für den Nutzungsausfall orientieren könnte. Und einen konkreten Nutzungsentgang hat G durch den Einsatz des Reservefahrzeugs vermieden. Deshalb scheint insoweit ein Schaden zu fehlen. Damit käme aber im Ergebnis die kostspielige Reservehaltung durch G dem Schädiger S zugute. Der *BGH* hat in einem solchen Fall den Schädiger zum Ersatz der sog. Vorhaltekosten verurteilt,[34] also der zeitanteiligen Kosten des Reservewagens (Abschreibung, Verzinsung, Unterhaltung). Dagegen könnte man einwenden wollen, diese Kosten seien nicht durch den konkreten Unfall verursacht: Man könne diesen hinwegdenken, ohne daß die Kosten entfielen. Wirklich ist der Zusammenhang zwischen den Vorhaltekosten und dem Unfall nur allgemein: Weil man mit Unfällen rechnet, wird das Reservefahrzeug vorgehalten. Daß der *BGH* wenigstens diesen allgemeinen Zusammenhang für nötig hält, folgt aus einer späteren Entscheidung:[35] Dort ist eine Entschädigung versagt worden, weil das Ersatzfahrzeug nicht gerade aus einer Reserve für von anderen zu verantwortende Unfälle stammte, sondern aus dem wegen einer Konjunkturflaute zeitweise unbeschäftigten Teil des Fahrzeugparks.

Dementsprechend muß S in *Fall 43* anteilige Vorhaltekosten nur dann ersetzen, wenn der Reservewagen gerade für von anderen zu verantwortende Unfälle vorgehalten wurde.

Fall 44 (Der Ladendiebstahl: Ersatz von Überwachungs- und Folgekosten)

S kauft in dem bedienungslosen Laden („Selbstbedienungsladen") des G ein. Dabei packt sie in diebischer Absicht Lebensmittel für insgesamt 15 Euro nicht in den Einkaufswagen, sondern in ihre Tasche. Beim Verlassen des Ladens wird sie gestellt. G verlangt von S: (1) den Ersatz der Fangprämie, die er für die Ergreifung von Ladendieben ausgelobt und konkret ausgezahlt hat; (2) einen Anteil an den Überwachungskosten; (3) den Ersatz der Kosten für die Bearbeitung des Diebstahls (Arbeitslohn für das damit beschäftige Personal). Was muß S ersetzen?

Fälle solcher Art sind viel diskutiert worden, bis schließlich kunstreich eine Entscheidung des *BGH* herbeigeführt worden ist.[36] Dieser hat den Ersatz der Fangprämie (Posten 1) im Prinzip zugesprochen: Zu der Auszahlung sei G durch den konkreten Diebstahl gezwungen worden. Allerdings hat der *BGH* den zu ersetzenden Betrag auf regelmäßig 50 DM (jetzt wohl etwa 30 Euro) begrenzt: Eine höhere Prämie diene nicht mehr der Ergreifung eines konkreten Diebs, sondern allgemein der Abschreckung vor Ladendiebstählen. Dafür müsse S ebensowenig aufkommen wie für einen Anteil an den Überwachungskosten (Posten 2).

---
[34] BGHZ 32, 181, zur Berechnung *Klimke,* VersR 1985, 720.
[35] *BGH* NJW 1976, 286.
[36] BGHZ 75, 230. Schwierig war das Erreichen des *BGH* hier wegen der regelmäßig geringen Streitwerte (vgl. damals § 23 Nr. 1 GVG).

Dem widerspreche auch nicht die Entscheidung zu den Vorhaltekosten in oben *Fall 43:* Die Vorhaltung von Reservefahrzeugen diene auch dem Schädiger, indem sie den Schaden gering halte; demgegenüber sei die Überwachung gegen den Schädiger gerichtet und gehöre zu der dem Geschädigten selbst obliegenden Wahrung seiner eigenen Interessen. Das überzeugt: Ein Hauseigentümer kann ja auch nicht die Kosten seiner Sicherheitsschlösser auf einen ertappten Einbrecher abwälzen.

Schließlich hat der *BGH* auch einen Anspruch auf Ersatz der Bearbeitungskosten (Posten 3) verneint, und zwar im wesentlichen unter Hinweis auf eine frühere Entscheidung. Diese betraf den folgenden

Fall 45 (Die beschädigte Autobahn: Kosten der Schadensbearbeitung)

Der Landschaftsverband Westfalen-Lippe verwaltet die in seinem Bereich verlaufenden Strecken der Bundesautobahn. In den Jahren 1971 bis 1973 hatten insgesamt 89 Fahrzeuge, deren Halter bei der Allianz haftpflichtversichert waren, Anlagen der Autobahn (vor allem die Leitplanken) beschädigt. Der Landschaftsverband verlangt von der Allianz einen entsprechenden Teil (etwa 3000 Euro) der von ihm für die Schadensbearbeitung insgesamt aufgewendeten Kosten ersetzt. Mit Recht?

Der *BGH*[37] hat den Anspruch verneint: In der Regel müsse der Geschädigte den Aufwand für die Durchsetzung von Ersatzansprüchen, soweit dieser nicht zu den Prozeßkosten gehöre und nach § 91 ZPO erstattet werde, selbst tragen. Das gelte jedenfalls für denjenigen Zeitaufwand, der einem Privatmann für die Rechtsdurchsetzung entstehe. Dann dürfe aber auch ein Unternehmen oder eine Verwaltung nicht besser stehen, wo für die Rechtsdurchsetzung bezahltes Personal verwendet werde.

Mich überzeugt dieses Billigkeitsargument nicht: Regelmäßig muß ein Schädiger den Geschädigten so nehmen, wie er ist, insbesondere auch mit seiner eigenartigen Schadensanfälligkeit. Wer ein Unternehmen schädigt, das wegen der Häufigkeit der von ihm zu bearbeitenden Schäden hierfür bezahltes Personal einsetzt, kann also nicht die Gleichstellung mit einem Schädiger verlangen, der einen die Schadensbearbeitung in seiner Freizeit erledigenden Privatmann geschädigt hat. Daher hätten nach meiner Ansicht in *Fall 45* die Allianz und in *Fall 44* der Ladendieb in die abgrenzbaren Kosten der Rechtsdurchsetzung verurteilt werden müssen.

Fall 46 (Das gestörte Staatsarchiv: Prüfungskosten)

S war als Elektriker im Hauptstaatsarchiv Nordrhein-Westfalen beschäftigt. Dabei stahl er in großem Umfang Urkunden und andere Sachen. Das Land verlangt von S außer dem Diebstahlsschaden auch den Ersatz von fast 18 000 Euro Personalkosten: Das sei der Preis des Zeitaufwandes für eine zusätzliche Revision, die zur Feststellung des Umfangs der Entwendungen und zur Wiederherstellung der Ordnung des Archivs nötig gewesen sei. Dagegen verweigert S die Zahlung: Das Land sei mit unbezahlter Mehrarbeit seines Personals ohne zusätzliche Kosten ausgekommen.

---

[37] BGHZ 66, 112.

§ 7. *Eigentumsverletzung: Der Haftungsumfang*

Der *BGH* hat hier trotz seiner früheren, bei den *Fällen 44 und 45* mitgeteilten Entscheidungen die umstrittenen 18 000 Euro zugesprochen: Die durch S notwendig gewordene zusätzliche Prüfung habe „unmittelbar dazu gedient, eine Eigentumsstörung zu beseitigen (§ 249 S. 1)". Das Archiv sei auch als Sachgesamtheit verletzt worden. Hierauf müsse § 249 S. 2 (jetzt § 249 II) entsprechend angewendet werden. Und nach dieser Vorschrift seien die erforderlichen Kosten zu ersetzen ohne Rücksicht darauf, wie der Geschädigte sich beholfen habe. Insbesondere sei diesem eine eigene Mühewaltung „nicht zur Entlastung des Schädigers zuzumuten".[38]

Mich hat diese Abgrenzung zu den beiden anders lautenden Entscheidungen bei den *Fällen 44* und *45* nicht voll überzeugt: Immerhin hat auch der Prüfungsaufwand von *Fall 46* der Rechtsverfolgung gedient. Doch dürfte die Entscheidung dieses Falles, die ich für richtig halte, eher Zweifel an den beiden abweichenden anderen Entscheidungen wecken.

IV. Zusammenfassung

1. Der Schadensersatz für eine *Beschädigung* von Sachen umfaßt in erster Linie die *für die Reparatur erforderlichen Kosten*, § 249 II. Dem Geschädigten steht es nach h. M. frei, ob er das Geld für die Reparatur verwendet. Auch eine Weggabe der beschädigten Sache beeinträchtigt den Anspruch auf Ersatz der Reparaturkosten regelmäßig nicht. Soweit die Reparatur den Schaden nicht wirksam behebt, hat der Geschädigte daneben einen *Anspruch auf Geldersatz*, § 251 I Alt. 2. Bei Kraftfahrzeugen bildet einen wichtigen Anwendungsfall der Ersatz des *merkantilen Minderwerts*. Bei verbessernden Reparaturen kommt ein *Abzug neu für alt* in Betracht, soweit die Verbesserung das Vermögen des Geschädigten erhöht.

2. Der Schadensersatz für eine *Sachzerstörung* umfaßt regelmäßig den Betrag, der zur Anschaffung einer gleichartigen Ersatzsache nötig ist, § 251 I 1 Alt. 1 *(Wiederbeschaffungswert)*. Diesen Ersatz kann der Schädiger nach § 251 II 1 auch dann wählen, wenn die Reparatur zwar möglich ist, aber unverhältnismäßig teuer käme. Bei dem Urteil über die Unverhältnismäßigkeit sind auch nichtvermögensrechtliche Interessen zu berücksichtigen. § 251 II 2 bestätigt das jetzt ausdrücklich für die Heilung verletzter Tiere.

3. Während der Reparaturzeit oder bis zur Neubeschaffung eines Kraftfahrzeugs kann der Geschädigte regelmäßig auch die ihm entstandenen *Mietwagenkosten* ersetzt verlangen. Hat sich der Geschädigte ohne einen Mietwagen beholfen, so ersetzt ihm der *BGH* etwa 30% der Mietwagenkosten. Dieser Ersatz wird aber auf Kraftfahrzeuge und andere Wirtschaftsgüter von allgemeiner Bedeutung für die Lebenshaltung beschränkt. Beim Fehlen von Mietpreisen kommt der anteilige Ersatz von *Vorhaltekosten* in Betracht.

---

[38] BGHZ 76, 216.

4. Die *Kosten der Schadensbearbeitung* sollen nach der Rechtsprechung selbst dann nicht ersetzt werden, wenn sie abgrenzbar sind und sich also einem einzelnen Schadensfall zuordnen lassen. Dagegen ist vereinzelt der für die Schadensermittlung erforderliche Betrag selbst dann ersetzt worden, wenn diese ohne effektive Mehrkosten für den Geschädigten gelungen ist. Der Ladendieb muß den für eine angemessene *Fangprämie* aufgewendeten Betrag ersetzen.

§ 8. Gesundheit und sonstige Rechte

Mit Leben (o. § 4), Körper (o. § 5) und Eigentum (o. §§ 6, 7) sind unter den in § 823 I genannten Schutzgütern diejenigen behandelt, deren Verletzung am häufigsten begegnet. Die weiter dort genannte Freiheit wird eng als Freiheit zur Bestimmung des Aufenthaltsorts interpretiert; ihre Verletzung ist kaum problematisch. Daher bleiben von § 823 I noch die Gesundheit und die „sonstigen Rechte".

I. Einzelprobleme

Fall 47 (Die schädliche Infusion: Beeinträchtigung werdenden Lebens)

Einer Frau wird luetisches Blut übertragen. Bald darauf wird die Frau schwanger; das Kind kommt mit angeborener Lues zur Welt. Hat es Ersatzansprüche gegen den für die Infusion Verantwortlichen?

Hier ist durch die Infusion zunächst die Gesundheit der Frau verletzt, nämlich diese krank gemacht worden. Dafür wird der Frau aus Verschulden aus § 823 I auf Schadensersatz gehaftet. Darüber hinaus hat der *BGH* aber auch dem Kind einen Anspruch wegen Gesundheitsverletzung zuerkannt: Daß dieses nie gesund gewesen sei, spreche nicht dagegen. Denn der gesunde Zustand sei „von Schöpfung und Natur für den lebenden Organismus eines Menschen vorausgegeben. Die Rechtsordnung ist in dieser Hinsicht an das Phänomen der Natur gebunden".[39] Dem stimmt man mit Recht heute allgemein zu.

Fall 48 (Die nicht erkannten Röteln: wrongful life)

Eine Frau erkrankt während der Schwangerschaft. Sie fragt ihren Arzt, ob es sich um Röteln handeln könne, und ob dem Kind Gefahr drohe. Der Arzt verneint das aufgrund einer schuldhaft falschen Diagnose. Das Kind kommt mit schweren Mißbildungen zur Welt. Hat es Schadensersatzansprüche gegen den Arzt?

Ebenso wie in *Fall 47* geht es auch hier um ein wegen fremden Verschuldens krank geborenes Kind. Trotzdem besteht ein sehr wesentlicher Un-

---

[39] BGHZ 8, 243 (248).

terschied: In *Fall 48* hat der Arzt nicht die Krankheit der Mutter (und damit auch diejenige des Kindes) verschuldet. Vielmehr hat er nur die aus anderer Ursache erkrankte Mutter falsch beraten und diese damit gehindert, die Geburt des kranken Kindes durch einen Abbruch der Schwangerschaft (vgl. § 218a StGB) zu vermeiden. Die Alternative für das Kind lautete also nicht (wie in *Fall 47*), krank oder gesund auf der Welt zu sein. Vielmehr war die Alternative zu dem kranken Leben *(wrongful life)* nur, überhaupt nicht geboren worden zu sein. Und daß dies ein Vorteil – das kranke Leben also ein Schaden – bedeute, hat der *BGH*[40] mit Recht nicht festgestellt: Hier endet das menschliche Beurteilungsvermögen. Daher hat der *BGH* in *Fall 48* dem Kind eigene Schadensersatzansprüche mangels eines Schadens versagt.

Davon zu unterscheiden ist eine andere Fallgruppe: Die Eltern eines infolge eines ärztlichen Fehlers (z.B. einer mangelhaften Sterilisation) geborenen Kindes verlangen den Unterhalt ersetzt, den sie für das Kind aufwenden müssen. Hier gewährt der *BGH* regelmäßig (etwa BGHZ 89, 95, 107f.; 124, 128, 138ff.) Ersatz, doch ist das sehr zweifelhaft (vgl. *Picker,* AcP 195, 1995, 483ff., auch BVerfG 88, 203, 296 (Zweiter Senat); 96, 375 (Erster Senat), vgl. weiter *Ch. Wagner,* NJW 2002, 3372ff.).

Fall 49 (Der riskante Hausabbruch: Verletzung einer Grundschuld)

E ist Eigentümer eines Grundstücks, auf dem vier Reihenhäuser im Rohbau stehen. *G* hat an dem Grundstück eine Grundschuld. *E* beauftragt den Architekten *S*, auf dem Grundstück eine Kuranstalt zu errichten. Dazu läßt *S* zunächst die Reihenhäuser zum Teil abbrechen. Dann gerät *E* in Vermögensverfall; der Zwangsversteigerungserlös deckt die Grundschuld des *G* nicht voll. *G* verlangt daher von *S* Ersatz; mit Recht?

In § 823 I wird das „sonstige Recht" im Anschluß an das Eigentum genannt. Daraus kann man schließen, das sonstige Recht müsse dem Eigentum ähnln. Das trifft für die beschränkten dinglichen Rechte und damit auch für die Grundschuld zu. Verletzt werden kann diese – entsprechend dem Eigentum – durch einen Eingriff in die Substanz der für die Grundschuld haftenden Sache. Einen solchen Eingriff hat *S* hier objektiv vorgenommen. Die Rechtswidrigkeit wird auch nicht durch das Einverständnis des *E* ausgeschlossen: Dieser konnte eine Verletzung *der Grundschuld* nicht erlauben. Daher kommt es für die Ersatzpflicht des *S* nur auf dessen Verschulden an. Hierzu hat der *BGH*[41] gesagt, ein Architekt müsse regelmäßig mit dem Vorhandensein von Grundstücksbelastungen rechnen.

Fall 50 (Der Eigentumsvorbehalt: Anwartschaftsrecht und Eigentum)

G kauft bei *V* ein Kraftfahrzeug gegen Raten unter Eigentumsvorbehalt. Noch bevor *G* die letzte Kaufpreisrate gezahlt hat, wird das Fahrzeug durch ein Verschulden des *S* zerstört. Ansprüche des *G* gegen *S*?

---

[40] BGHZ 86, 240.
[41] BGHZ 65, 211.

Hier war G wegen des noch nicht erledigten Eigentumsvorbehalts nicht Eigentümer des zerstörten Fahrzeugs. Daß er von V aus dem Kauf die spätere Übereignung verlangen konnte, genügt für § 823 I nicht: Einem bloß obligatorischen, also nicht gegen Dritte wirkenden Anspruch fehlt zumindest bei Einwirkungen auf seinen Gegenstand (hier auf das Fahrzeug) die für ein „sonstiges Recht" nötige Ähnlichkeit mit dem Eigentum (vgl. o. *Fall 49*). Doch hatte G durch die Übergabe des Fahrzeugs und die bedingte Einigung über den Eigentumsübergang schon mehr erhalten als bloß einen Anspruch, nämlich den Besitz und ein Anwartschaftsrecht auf Eigentumserwerb.[42] Ein solches Anwartschaftsrecht wird weithin ebenso behandelt wie das Eigentum, insbesondere genießt es nach § 161 Drittschutz. Daher wird es zutreffend als „sonstiges Recht" im Sinne von § 823 I angesehen.[43]

Eine Schwierigkeit ergibt sich aber aus dem fortbestehenden Eigentum des V: Auch dieses Eigentum fällt ja unter § 823 I, so daß V und G nebeneinander Schadensersatzansprüche gegen S haben könnten. Auf den ersten Blick scheint eine Trennung der Schadensteile möglich: Soweit G den Kaufpreis schon gezahlt hat, scheint der Schaden bei ihm zu liegen, im übrigen bei V. Doch trifft das nicht zu: Nach § 446 S. 1 trägt der Käufer G seit der Übergabe die Preisgefahr; er bleibt also hinsichtlich des Kaufpreisrestes trotz der Zerstörung der Sache verpflichtet. Daher muß S dem G das Fahrzeug voll ersetzen. Dagegen bedeutete das vorbehaltene Eigentum für V bloß ein Sicherungsmittel. S muß dem V deshalb als Schadensersatz nur Sicherheit dafür leisten, daß G die noch offenen Kaufpreisraten zahlt.

Fall 51 (Der Abzahlungskauf nach Rücktritt: Besitzerschaden)

Wie *Fall 50*, doch möge G schon vor der Zerstörung des Fahrzeugs mit mehreren Kaufpreisraten in Verzug gewesen und V daraufhin vom Kauf zurückgetreten sein. Ansprüche des G gegen S?

Hier hat der Rücktritt die Kaufpreisforderung des V beendet. Die Bedingung vollständiger Kaufpreiszahlung konnte also nicht mehr eintreten; das Anwartschaftsrecht des G war erloschen. Dieser hatte folglich bei der Zerstörung der Sache nur noch den unmittelbaren Besitz.

Für den Besitz ist schon fraglich, ob dieser überhaupt ein Recht darstellt. Jedenfalls aber wird man ihn nicht für eigentumsähnlich halten dürfen: Der Besitz als solcher berechtigt weder zu Verfügungen über die Sache noch zu deren Nutzung. Daher darf man den Besitz nur dann bei § 823 I einordnen, wenn er durch eine Befugnis verstärkt wird. Diese kann sich insbesondere aus einem Recht zum Besitz ergeben (so z. B. für den Mieter). G hat zwar kein solches Recht, aber doch das Zurückbehaltungsrecht nach § 348: Er darf das Fahrzeug zurückbehalten, bis V ihm

---

[42] Vgl. etwa *Gerhardt*, § 14, 3; *Baur/Stürner*, SaR, § 59 Rn. 32 ff.
[43] BGHZ 55, 20 (25 f.).

§ 8. *Gesundheit und sonstige Rechte* 43

die geleisteten Kaufpreisraten abzüglich der nach §§ 346 I, II 1 Nr. 1, 347 geschuldeten Vergütung für Nutzungen und Aufwendungen erstattet. Soweit die Zerstörung des Fahrzeugs dieses Zurückbehaltungsrecht vereitelt hat, muß *S* dessen Wert ersetzen. Im übrigen steht der Ersatzanspruch nur dem *V* zu.

Fall 52 (Ginsengwurzel: Allgemeines Persönlichkeitsrecht, Geldentschädigung)

G ist Universitätsprofessor für Völker- und Kirchenrecht. Aus Korea hatte er einem befreundeten Pharmakologen *D* einige Ginsengwurzeln mitgebracht. Dieser bedankte sich in einem wissenschaftlichen Aufsatz dafür, daß er „durch die liebenswürdige Unterstützung" des *G* echte Gingsengwurzeln zur Verfügung habe. In einem populärwissenschaftlichen Aufsatz wurde *G* daraufhin neben *D* als „einer der bekanntesten Ginsengforscher Europas" bezeichnet. Schließlich wurde *G* auch in einem Werbeprospekt des ein Ginsengpräparat vertreibenden *S* erwähnt: Nach Ansicht des bedeutenden Wissenschaftlers *G* wirke Ginseng „aufbauend bei Drüsen- und Potenzschwäche". *G* fühlt sich hierdurch in der Öffentlichkeit und vor allem bei den Studenten lächerlich gemacht und verlangt von *S* als Entschädigung 10 000 DM.

Diese wahre Geschichte eines „Aufstiegs" vom Kirchenrechtler zum bedeutenden Ginsengforscher ist gewiß ein eindrucksvolles Beispiel für die schlampige Sorglosigkeit in Populärwissenschaft und Werbung. Trotzdem läßt sich hier nicht ohne weiteres eine deliktische Anspruchsgrundlage angeben: Eine vorsätzliche sittenwidrige Schädigung (§ 826) wird keinem der Beteiligten nachzuweisen sein. Beleidigung oder üble Nachrede (§§ 185, 186 StGB mit § 823 II) dürften kaum vorliegen. Von den in § 823 I ausdrücklich genannten Schutzgütern ist keines verletzt. Von den „sonstigen Rechten" scheint am ehesten das durch § 12 mit absolutem Schutz ausgestattete Namensrecht zu passen. Aber die dort als Verletzungstatbestand anerkannte unbefugte Verbindung des Namens mit einer Ware erfaßt das hier gegen *G* verübte Unrecht nur unvollständig. Daher hat der *BGH*[44] bei der Entscheidung dieses Falles auf eine Argumentation zurückgegriffen, die er schon bei früherer Gelegenheit[45] entwickelt hatte: Da nach Art. 1 GG das Recht des Menschen auf Achtung seiner Würde und auf freie Entfaltung seiner Persönlichkeit von jedermann zu achten sei, müsse es auch privatrechtlich anerkannt werden. Die Werbung des *S* bedeute eine Verletzung dieses Rechts, weil sie geeignet gewesen sei, den *G* „in der Gesellschaft lächerlich zu machen und seinen wissenschaftlichen Ruf zu mindern".

Damit allein ist dem *G* aber noch nicht geholfen. Denn der von ihm geltend gemachte Schaden ist kein Vermögensschaden (wie es etwa die Detektivkosten von o. § 3 *Fall 9* sind). Und für Nichtvermögensschäden kann Geldersatz nach § 253 I regelmäßig nicht verlangt werden. Zwar enthält 253 II Ausnahmen von der Regel. Aber von den dort genannten

---
[44] BGHZ 35, 363.
[45] BGHZ 13, 334 (338).

Tatbeständen paßt keiner. Gegenüber dieser in der Sache schon früher ähnlichen Gesetzeslage hat der *BGH*[46] seine auf Art. 1 GG gestützte Argumentation noch erweitert: Der durch das GG gebotene Persönlichkeitsschutz wäre unvollständig, wenn er „keine der ideellen Beeinträchtigung adäquate Sanktion auslösen würde". Daher müsse auch für Nichtvermögensschaden ein Geldersatz zugesprochen werden, wenn den Verletzer der Vorwurf schwerer Schuld treffe oder wenn die Beeinträchtigung objektiv erheblich ins Gewicht falle. *BVerfG* 34, 269 hat diese Rechtsfortbildung als verfassungsgemäß gebilligt.

Im Ausgangsfall hat der *BGH* schwere Schuld und eine erhebliche Beeinträchtigung bejaht. Dem *G* sind daher 8000 DM zugesprochen worden.

Fall 53 („Caroline von Monaco": Persönlichkeitsverletzung; Genugtuung)

Wieder eine wahre Geschichte[47]: Klägerin ist *Caroline von Monaco,* Beklagter ein Verlag, der Zeitschriften herausgibt. In einer dieser Zeitschriften war ein angebliches Interview mit der Klägerin schon auf der Titelseite groß angekündigt und dann im Text veröffentlicht worden („Exklusiv – Caroline spricht zum 1. Mal – Von Traurigkeit, Haß auf die Welt, Glückssuche"). Dieses Interview war frei erfunden. Deswegen und wegen einiger weiterer Entgleisungen verlangte die Klägerin ein Schmerzensgeld von mindestens 100 000 DM. Die Vorinstanz *(OLG Hamburg)* hatte jedoch nur 30 000 DM zuerkannt. Der *BGH* hat das Berufungsurteil aufgehoben und die Sache zur Festsetzung eines höheren Betrages an das *OLG* zurückverwiesen.

Anspruchsgrundlage ist hier wieder § 823 I wegen einer Verletzung des Allgemeinen Persönlichkeitsrechts (wie oben *Fall 52).* Eine solche Verletzung ist auch dann anzunehmen, wenn die über die Klägerin mitgeteilten Tatsachen nicht ehrenrührig waren. Denn „verletzt wird ihr (der Klägerin) Anspruch auf Selbstbestimmung über ihr Erscheinungsbild dadurch, daß ihr Äußerungen unterschoben werden, die sie unstreitig nicht getan hat".[48] Für die hier eigentlich streitige Höhe des Ersatzes führt der *BGH*[49] aus: Anders als beim Schmerzensgeld nach § 847 aF (vgl. o. § 5 *Fall 15;* jetzt § 253 II) stehe bei der Persönlichkeitsverletzung der Gesichtspunkt der Genugtuung für das Opfer im Vordergrund; zudem solle die Geldentschädigung der Prävention dienen. Daher müsse bei der Bemessung des Geldbetrags auch die Absicht des Verletzers zur Gewinnerzielung berücksichtigt werden. Zwar gehe es nicht um eine echte Abschöpfung des erzielten Gewinns. Wohl aber müsse gegenüber solchen „Vermarktungen der Persönlichkeit" ein „echter Hemmungseffekt" erreicht werden.

---

[46] BGHZ 35, 363 (367).
[47] BGHZ 128, 1.
[48] BGHZ 128, 1 (7).
[49] BGHZ 128, 1 (15 f.), vgl. BGH NJW 1996, 984; *Prinz,* NJW 1996, 953, kritisch *Canaris,* FS Deutsch (1999) 85 ff.

§ 8. Gesundheit und sonstige Rechte

Fall 54 (Der aufbewahrte Fragebogen: Interessenabwägung)

G hat sich bei S um eine Anstellung beworben und dabei einen Personalfragebogen ausgefüllt. Darin war u.a. nach dem beruflichen Werdegang, Wehrdienstzeiten, Unfallschäden und Körperbehinderungen gefragt. Nach Erfolglosigkeit der Bewerbung fordert G die Vernichtung des Fragebogens. S dagegen will diesen für den Fall einer erneuten Bewerbung des G aufbewahren. Wer hat recht?

In dem berühmten „Volkszählungsurteil" vom 15. 12. 1983 hat das BVerfG[50] zum Allgemeinen Persönlichkeitsrecht auch das Recht des einzelnen auf „informationelle Selbstbestimmung" gerechnet: Der einzelne müsse „grundsätzlich selbst über die Preisgabe und Verwendung seiner persönlichen Daten bestimmen" können. Doch ergibt sich für *Fall 54* zunächst die Frage, inwieweit diese vom BVerfG für das Verhältnis Staat – Bürger aufgestellte Regel auch für das Privatrecht paßt (übliches Stichwort: „Drittwirkung der Grundrechte").[51] Zudem kann wenigstens ein moderner Staat und insbesondere ein Sozialstaat nicht ohne umfangreiche Datenerhebungen und -sammlungen geführt werden; man denke nur an die Besteuerung einerseits und die Sozialleistungen andererseits. Daher hat schon das BVerfG in weitem Umfang Ausnahmen von dem Recht auf informationelle Selbstbestimmung anerkannt.

Das *BAG*, das über einen dem *Fall 54* entsprechenden Sachverhalt zu entscheiden hatte,[52] hat die Frage nach der Drittwirkung der Grundrechte nicht ausdrücklich gestellt. Vielmehr ist es einer Argumentationslinie gefolgt, die das Allgemeine Persönlichkeitsrecht von Anfang an begleitet hat und sich auch beim Recht am eingerichteten und ausgeübten Gewerbebetrieb wiederfindet (vgl. u. *Fall 55, 56*): Umfang und Grenzen des generalklauselartigen Rechts (Rahmenrechts) müßten durch eine Abwägung gegenüber entgegenstehenden Interessen und Rechten anderer Personen bestimmt werden. Ähnlich wie bei einer mittelbaren Verletzung der klassischen Schutzgüter des § 823 I kann also auch hier die Rechtswidrigkeit der Verletzungshandlung nicht durch den eingetretenen Verletzungserfolg indiziert sein (vgl. o. § 5 *Fall 26*).

Konkret hat das *BAG* erwogen, ob der Arbeitgeber ein berechtigtes Interesse an der Aufbewahrung des Fragebogens dargetan habe. Das hat es verneint, weil insbesondere nicht begründet worden sei, der Arbeitgeber werde an dem Bewerber später noch Interesse haben. Daher ist der Arbeitgeber zur Vernichtung des Fragebogens verurteilt worden.

Fall 55 (Stromkabel- und Fleetfall: Verletzung des Rechts am Gewerbebetrieb)

Wie o. § 6 *Fall 31/32:* Der Gewerbebetrieb des G wird in Konsequenz einer fahrlässigen Unterbrechung seiner Verkehrsanbindung oder der Stromzufuhr durch S zeitweise stillgelegt; Ansprüche des G gegen S?

---

[50] BVerfG NJW 1984, 419 ff., kritisch etwa *Ehmann,* AcP 188, 1988, 230 (304 ff.).
[51] Dazu etwa *Canaris,* AcP 184 (1984), 201 ff.; *Singer,* JZ 1995, 1133 ff.
[52] BAG NJW 1984, 2910.

Fall 56 (Blockade gegen „Bild": Verletzung des Rechts am Gewerbebetrieb)

Mitte April1968 fanden gewalttätige Demonstrationen statt, mit denen u. a. die Auslieferung der Bild-Zeitung verhindert werden sollte. S forderte auf einer Versammlung in der Frankfurter Universität dazu auf, sämtliche Ein- und Ausgänge des Frankfurter Druckhauses des G zu blockieren. Das geschah dann auch fast zehn Stunden lang. G verlangt von S Ersatz der ihm durch die Blockade entstandenen Erlöseinbußen und Mehraufwendungen. Mit Recht?

Hier überall kann man zunächst fragen, ob das Eigentum des G an den ihm gehörenden Sachen des Betriebsvermögens verletzt ist. Bei bloß gemieteten (oder „geleasten") Sachen kann man auch an eine Verletzung des berechtigten Besitzes denken. Doch würde diese Betrachtung den Sachverhalt nur unvollständig erfassen: Es geht ja nicht so sehr um einzelne Sachen als vielmehr um die Störung der Funktion des Betriebs, die durch das Zusammenwirken von Sachen, Arbeitskraft und weiteren Faktoren bestimmt wird. Daher hatte schon das RG bei den „sonstigen Rechten" des § 823 I auch ein „Recht am eingerichteten und ausgeübten Gewerbebetrieb" untergebracht. Von diesem Recht hat sich aber zunehmend ergeben, daß es zu weit gefaßt ist: Nicht schon jede fahrlässige Verletzung kann schadensersatzpflichtig machen. Denn andernfalls würden viele sinnvollen Beschränkungen der Ersatzpflicht hinfällig, die sich daraus ergeben, daß primäre Vermögensverletzungen nicht unter § 823 I subsumiert werden. Darum hat die neuere Rechtsprechung eine wichtige (wenn auch in der Abgrenzung unklare) Einschränkung entwickelt: Der Eingriff in den Gewerbebetrieb muß, um unter § 823 I zu fallen, „unmittelbar" oder „betriebsbezogen" sein. Das läuft weithin auf die Frage hinaus, ob die Verletzungshandlung vorsätzlich gegen den Gewerbebetrieb gerichtet oder ob dieser nur gleichsam zufällig in Mitleidenschaft gezogen worden ist.

Danach ist in den beiden Varianten von *Fall 54* eine Ersatzpflicht aus § 823 I auch unter dem Gesichtspunkt eines Eingriffs in den Gewerbebetrieb verneint worden.[53] Ähnlich bedeutet es auch keinen Eingriff in den Gewerbebetrieb, wenn bei einem Verkehrsunfall ein wichtiger Mitarbeiter des Betriebs getötet oder verletzt wird. Dagegen hat der BGH[54] in *Fall 56* eine Ersatzpflicht des S bejaht: Dieser wollte mit seiner Blockade ja gerade den Betrieb treffen.

Fall 57 (Die mangelhafte Sicherheitsbindung: Haftung bei Warentest)

Die verklagte Stiftung Warentest veröffentlichte im November1969 die Ergebnisse eines vergleichenden Tests von Ski-Sicherheitsbindungen. Dabei schnitten zwei Erzeugnisse des klagenden Herstellers mit „nicht zufriedenstellend" ab. Mit der Klage ist u. a. Schadensersatz verlangt worden.

---

[53] BGHZ 29, 65; 41, 123 (127), vgl. auch BGHZ 69, 128 (138f.).
[54] BGHZ 59, 30.

Hier muß man zunächst nach der passenden Anspruchsgrundlage fragen. Dafür kommt nämlich außer § 823 I (Gewerbebetrieb) auch der speziellere § 824 in Betracht: Die Veröffentlichung über den Test enthält ja Tatsachenbehauptungen, die den Erwerb des Klägers beeinträchtigen können. Nach § 824 II wäre die Beklagte dann möglicherweise nur bei Vorsatz ersatzpflichtig. Doch hat der *BGH*[55] die Anwendbarkeit von § 824 verneint: Bei der Veröffentlichung der Testergebnisse überwiege der Charakter der Wertung deutlich gegenüber der Tatsachenbehauptung. Wertungen aber gehörten nicht unter § 824.

Übrig blieb danach § 823 I. Und hier findet sich jetzt beim Gewerbebetrieb wieder, was schon oben bei *Fall 54* beim Allgemeinen Persönlichkeitsrecht begegnet ist: Auch die Verletzung eines Gewerbebetriebs kann vielfach erst durch eine Abwägung der widerstreitenden Interessen ermittelt werden. Das sind hier einerseits das Interesse des Klägers am ungestörten Absatz seiner Produkte und andererseits das Interesse der verklagten Stiftung an der satzungsgemäß wahrzunehmenden „Verbraucheraufklärung". Wegen dieser Notwendigkeit zur Abwägung werden auch das Allgemeine Persönlichkeitsrecht und das Recht am Gewerbebetrieb als bloße „Rahmenrechte" bezeichnet.

Der *BGH* hat dem Interesse an der Verbraucheraufklärung weithin den Vorrang eingeräumt: Es widerspreche den Erfordernissen einer solchen Aufklärung, wenn die im Rahmen eines Tests nötigen Prüfungen streng beurteilt würden. So müsse etwa das Erfordernis, jeweils mehrere Exemplare eines Artikels zu prüfen, damit der Test nicht durch vereinzelte „Ausreißer" bestimmt werde, die Prüfung erschweren und verteuern. Das hat der *BGH* nicht verlangt. Vielmehr brauche die Untersuchung nur neutral und sachkundig durchgeführt worden zu sein; zudem sei Objektivität nötig.[56] Für diese stehe aber nicht die Richtigkeit des Ergebnisses im Vordergrund, sondern nur das Bemühen um Richtigkeit: Die Art des Vorgehens und die gezogenen Schlüsse müßten als vertretbar („diskutabel") erscheinen. Mit dieser Begründung ist die Klage des Bindungsherstellers abgewiesen worden.

II. Zusammenfassung

1. Bei der *Gesundheitsverletzung* ergibt sich das Problem der Beeinträchtigung werdenden Lebens. Dabei steht es Ersatzansprüchen nicht entgegen, daß ein Kind schon bei der Geburt krank – also nie gesund – war. Dagegen hat ein krank geborenes Kind keine Ersatzansprüche, wenn durch das Verschulden des in Anspruch Genommenen nicht die Krankheit bewirkt worden ist, sondern die Geburt als Kranker. Ersatzansprüche sollen aber die Eltern haben, wenn die Geburt eines Kindes pflichtwidrig nicht verhindert worden ist.

---

[55] BGHZ 65, 325.
[56] BGHZ 65, 325 (334 f.).

2. Die *sonstigen Rechte* bei § 823 I müssen wenigstens regelmäßig *dem Eigentum ähneln*. Das trifft zu für die beschränkten dinglichen Rechte, die Anwartschaftsrechte auf den Erwerb eines dinglichen Rechts und für den mit einer Befugnis verbundenen Besitz. Dagegen fallen der Besitz ohne solche Befugnis, die Forderung und das Vermögen nicht unter § 823 I.

3. Eine gewisse Sonderstellung bei § 823 I nehmen die beiden *„Rahmenrechte"* ein: Allgemeines Persönlichkeitsrecht und Recht am eingerichteten und ausgeübten Gewerbebetrieb. Diesen Rechten fehlen die relativ bestimmten Konturen der „klassischen" Schutzgüter des § 823 I. Denn über die rechtswidrige Verletzung kann regelmäßig erst durch eine Abwägung der einander widerstreitenden Interessen entschieden werden. Speziell das Recht am Gewerbebetrieb wird durch das Erfordernis eines „unmittelbaren" oder „betriebsbezogenen" Eingriffs erheblich eingeschränkt.

4. Verletzungen des *Allgemeinen Persönlichkeitsrechts* führen entgegen § 253 I auch zu einem *Anspruch auf Geldentschädigung wegen eines Nichtvermögensschadens,* wenn die Beeinträchtigung schwer wiegt oder der Verletzer grob schuldhaft gehandelt hat. Damit sollen vor allem eine *Genugtuung* für den Verletzten sowie eine Prävention bewirkt werden.

§ 9. Verletzung eines Schutzgesetzes

I. Einzelprobleme

Fall 58 (Fahrlässige Körperverletzung: die beiden Absätze des § 823)

S verletzt fahrlässig den G. Grundlagen für Schadensersatzansprüche?

Daß G hier einen Ersatzanspruch aus § 823 I hat, ist schon oben in § 5 überall zugrunde gelegt worden (Körperverletzung). Hierzu tritt aber regelmäßig noch ein Ersatzanspruch aus § 823 II: Die Strafbestimmung gegen fahrlässige Körperverletzung (§ 230 StGB) ist nach allgemeiner Ansicht ein Schutzgesetz. Freilich bringt dieser zusätzliche Anspruch dem G nichts, was dieser nicht schon aus § 823 I verlangen könnte. Vielmehr sind die Voraussetzungen des Anspruchs aus §§ 823 II BGB, 230 StGB sogar erheblich strenger: Wie sich aus § 823 II 2 ergibt, muß bei § 823 II auch der subjektive Tatbestand des Schutzgesetzes erfüllt sein. Hierüber ist nach den Regeln desjenigen Rechtsgebiets zu entscheiden, dem das Schutzgesetz angehört, hier also des Strafrechts. Folglich kommt es bei Jugendlichen auf die Strafmündigkeit nach § 1 JGG und nicht auf die Deliktsfähigkeit nach § 828 an. Auch muß strafrechtliche Fahrlässigkeit im Sinne einer echten persönlichen Vorwerfbarkeit vorliegen und nicht bloß die mit Garantieelementen durchsetzte zivilrechtliche Fahrlässigkeit nach § 276 II.

§ 9. Verletzung eines Schutzgesetzes 49

In solchen Fällen, in denen der Anspruch aus § 823 II neben demjenigen aus § 823 I praktisch keine Bedeutung hat, braucht man ihn bei der Bearbeitung juristischer Aufgaben bloß kurz zu erwähnen. Doch sollte man sich dabei keineswegs zu unvorsichtigem Umgang mit dem Schutzgesetz hinreißen lassen. So findet sich immer wieder der Fehler, daß § 303 StGB im Rahmen von § 823 II bei bloß fahrlässiger Sachbeschädigung angewendet wird!

Fall 59 (Zu schnelles Fahren: verhaltensbezogenes Schutzgesetz)

S verletzt den G, indem er vorsätzlich in einer geschlossenen Ortschaft die Höchstgeschwindigkeit überschreitet. Ersatzansprüche gegen G?

Hier kommt für § 823 II als verletztes Schutzgesetz außer § 230 StGB auch § 3 III Nr. 1 StVO in Betracht. Und für dieses Schutzgesetz zeigen sich jetzt zwei Abweichungen gegenüber den Voraussetzungen des Anspruchs aus § 823 I wegen Körperverletzung: Erstens braucht sich das Verschulden jetzt bloß noch auf die Verletzung des § 3 III Nr. 1 StVO zu beziehen und nicht auch auf die daraus folgende Körperverletzung. Und zweitens liegt in Bezug auf dieses Schutzgesetz häufig sogar Vorsatz vor und nicht nur – wie hinsichtlich der Körperverletzung – Fahrlässigkeit.

Praktisch ist die Bedeutung dieser Unterschiede freilich geringer, als es auf den ersten Blick scheinen mag. Denn die Vorverlegung des Verschuldensbezugs wirkt beinahe nie: In aller Regel bedeutet die schuldhafte Verletzung eines Schutzgesetzes auch ein Verschulden hinsichtlich der Verletzung derjenigen Güter, die das Gesetz schützen soll. So wird etwa bei vorschriftswidrig schnellem Fahren die Verletzung eines Menschen fast immer voraussehbar und damit bei ihrem Eintritt auch verschuldet sein. Und der Verschuldensgrad – also ob Vorsatz vorliegt oder bloß Fahrlässigkeit – spielt im Zivilrecht – anders als im Strafrecht – eine bloß untergeordnete Rolle. Zudem soll in einigen wichtigen Fällen das Verschulden hinsichtlich des Verletzungserfolgs (also in *Fall 59* hinsichtlich der Körperverletzung) entscheiden und nicht dasjenige hinsichtlich der Pflichtverletzung: so bei §§ 61 VVG, §§ 104 ff. SGBVII.

Fall 60 (Der hinderliche Unfall: Schutzgesetz bei primären Vermögensschäden I)

S verursacht durch zu schnelles Fahren einen Unfall mit Stau. Hierdurch wird G über eine Stunde lang aufgehalten. Daher versäumt er ein Flugzeug und muß 200 Euro für eine Hotelübernachtung aufwenden. Ersatzansprüche gegen S?

Hier scheint jetzt § 823 II seine Eigenständigkeit gegenüber § 823 I beweisen zu können. Denn G ist bei dem Unfall nicht selbst an Körper oder Eigentum verletzt worden, und auch eine Freiheitsverletzung durch einen Stau wird vielfach verneint (freilich mit nicht sehr überzeugender Begründung). Folglich bedeuten die dem G entstandenen Mehrkosten bloß einen primären Vermögensschaden, und dieser wird von § 823 I nicht erfaßt. Insofern könnte § 823 II BGB mit § 3 III Nr. 1 StVO sinnvoll anwendbar sein.

Doch genügt es für einen Ersatzanspruch aus § 823 II nach allgemeiner Ansicht nicht, daß überhaupt ein Schutzgesetz verletzt worden ist. Vielmehr muß der Schutzzweck des Gesetzes auch gerade Verletzungen wie die wirklich eingetretene umfassen. Das bedeutet dreierlei:

(1) Der Verletzte muß sich im Schutzbereich des Gesetzes befinden;

(2) gleiches muß für das bei ihm betroffene Rechtsgut gelten;

(3) endlich muß auch die Art der Verletzung von dem Schutzgesetz erfaßt sein.

Auf *Fall 60* angewendet bedeutet das: § 3 III Nr. 1 StVO will – ebenso wie es auch die weiteren Vorschriften dieses Gesetzes wollen – die anderen Verkehrsteilnehmer schützen. Da *G* zu diesen gehört, wird er also vom persönlichen Schutzbereich im Sinne von oben (1) erfaßt. Dagegen läßt sich wohl kaum behaupten, die StVO wolle die Verkehrsteilnehmer auch vor primären Vermögensverletzungen bewahren und nicht bloß vor Körper- oder Eigentumsverletzungen. Ganz sicher aber dienen gerade die Vorschriften über Höchstgeschwindigkeiten nicht auch dem Vermögensschutz. Damit fehlt es von den oben genannten Voraussetzungen an (2) oder (3). *G* kann also für seinen Zeitverlust und die damit verbundenen Kosten von *S* keinen Ersatz verlangen.

Fall 61 (Der verzögerte Insolvenzantrag: Schutzgesetz bei primären Vermögensschäden)

S ist Geschäftsführer einer GmbH. Da die Geschäfte schlecht laufen, wachsen die Schulden über den Bestand der Aktiva hinaus. Aber statt ein Insolvenzverfahren zu beantragen (§§ 63, 64 GmbHG), vertröstet *S* den Hauptgläubiger *G* immer weiter. Schließlich sind die Aktiva ganz verbraucht; die Eröffnung des nun endlich von *S* beantragten Insolvenzverfahrens wird mangels Masse abgelehnt (vgl. § 26 InsO). Welche Ansprüche hat *G*?

Ansprüche gegen die vermögenslose GmbH nutzen hier nichts. Aber da *S* persönlich zu dem Insolvenzantrag verpflichtet war und § 64 I GmbHG ein Schutzgesetz für die Gläubiger darstellt, kommen nach § 823 II Ansprüche gegen *S* in Betracht. In *Fall 61* sind auch die drei oben bei *Fall 60* genannten Voraussetzungen erfüllt: § 64 IGmbHG will die Gläubiger vor primären Vermögensschäden aus der Verzögerung des Insolvenzantrags schützen. *G* kann also von *S* den Betrag ersetzt verlangen, den er bei rechtzeitiger Stellung des Konkursantrags aus der Masse der GmbH erhalten hätte.

Danach hat § 823 II in Verbindung mit denjenigen Schutzgesetzen, die das Vermögen schützen sollen, eine wichtige Funktion: Die hiermit erfaßten Fälle liegen außerhalb des § 823 I, und für einen Anspruch aus § 826 wäre der Nachweis von Vorsatz nötig (vgl. u. § 10 *Fall 63*). Ob man den § 823 II bei solchen Vermögensverletzungen wirklich braucht, ist freilich nur eine Frage der Gesetzestechnik: Im Gegensatz zu § 64 GmbHG hat das BGB für den rechtsfähigen Verein in § 42 II 2 (gilt nach § 86 S. 1 entsprechend bei der Stiftung) die Ersatzpflicht aus schuldhafter Verzögerung des Insolvenzantrags gleich selbst bestimmt. Dort braucht man den § 823 II nicht mehr.

Fall 61 kompliziert sich übrigens, wenn G erst nach Eintritt der Insolvenzreife Gläubiger der GmbH geworden ist (etwa durch die Gewährung eines Kredits). Denn dann gelangt man zu zwei weiteren Problemen: Erstens kann man zweifeln, ob der persönliche Schutzbereich von § 64 I GmbHG auch Personen erfaßt, die ihre Gläubigerstellung erst nach dem Eintritt der Insolvenzreife erlangt haben (sog. Neugläubiger). Das wird zutreffend bejaht: Die Insolvenzantragspflicht des Geschäftsführers dauert ja über den Eintritt der Konkursreife hinaus, so daß sie auch dem Schutz der Neugläubiger dienen soll. Und zweitens kann man zweifeln, worin der ersatzfähige Schaden des Neugläubigers besteht: in dem ganzen verlorenen Betrag des Kredits, oder aber nur in demjenigen Betrag, um den sich seine Insolvenzquote durch die weitere Verzögerung des Insolvenzantrags vermindert hat? Die Rechtsprechung hatte zunächst nur den eben an zweiter Stelle genannten *Quotenschaden*[57] zugebilligt. Jetzt[58] gewährt sie aber mit wohl besseren Gründen den vollen Ersatz: Der Neugläubiger ist also so zu stellen, wie er bei rechtzeitigem Insolvenzantrag stünde (§ 249 I), d.h. regelmäßig ohne die Kreditgewährung.

Fall 62 (Der nicht abgemeldete Kraftwagen: Voraussetzungen eines Schutzgesetzes)

Die über den Kraftwagen des S bestehende Haftpflichtversicherung ist abgelaufen. S versäumt jedoch, den Wagen – wie in § 29 d I 1 StVZO vorgeschrieben – bei der Zulassungsstelle abzumelden. Statt dessen veräußert S den Wagen an D, der den Abschluß einer Haftpflichtversicherung verspricht. Entgegen § 27 III 1 StVZO wird auch diese Veräußerung der Zulassungsstelle nicht angezeigt. Bevor D Versicherungsschutz hat, verursacht er mit dem Wagen einen Unfall, bei dem G schwer verletzt wird. D ist zahlungsunfähig; welche Ansprüche hat G gegen S?

Hier hat S den Wagen auf Dauer an D veräußert und damit seine Eigenschaft als Halter verloren (vgl. u. § 14 *Fall 84*). Eine Haftung des S aus § 7 StVG kommt also nicht in Betracht. Auch gibt es keinen Anhalt dafür, daß den S an der Verletzung des G ein Verschulden trifft; folglich scheidet § 823 I aus. Für § 826 endlich ist schon das Erfordernis eines Schädigungsvorsatzes nicht erfüllt. Daher bleibt nur § 823 II mit den genannten Vorschriften der StVZO.

Diese Vorschriften sollen auch vermeiden, daß Kraftfahrzeuge am Verkehr teilnehmen, für die keine Haftpflichtversicherung besteht. Und diese Zwangsversicherung für Kraftfahrzeughalter dient auch in erster Linie den Unfallopfern; das zeigt sich schon daran, daß diese nach § 3 Nr. 1 PflVG einen eigenen Anspruch gegen den Versicherer haben.

---

[57] Bsp. hierfür: Bei der Kreditgewährung deckt das Aktivvermögen der GmbH nur noch 50% der Schulden. Bei der Stellung des Insolvenzantrags ist diese Deckungsquote auf 20% gesunken: Der Quotenschaden beträgt dann 30% der Kreditsumme.
[58] BGHZ 126, 181, vgl. schon *BGH* NJW 1993, 2991.

52   2. Teil. Haftung aus unerlaubter schuldhafter Handlung

Trotzdem hat der *BGH*[59] in einem entsprechenden Fall einen Anspruch G – S aus § 823 II verneint: Ein Schutzgesetz liege nur dann vor, wenn die Interessen des Gläubigers nicht schon auf andere Weise ausreichend gesichert seien. Eine solche andere Sicherung hat der *BGH* hier bejaht: In bestimmten Fällen hafte der Versicherer oder die Zulassungsstelle, notfalls nach § 12 I 1 Nr. 2 PflVG auch der Fonds der Verkehrsopferhilfe.[60] Dabei halte ich zwar den Ausgangspunkt des *BGH* für überzeugend: Ein Schutzgesetz braucht man nicht anzunehmen, wo das zu sichernde Interesse schon anderweitig ausreichend geschützt ist. Ob hier ein solcher hinreichend umfassender Schutz wirklich vorlag, ist mir freilich zweifelhaft.

II. Zusammenfassung

1. Die Bedeutung des § 823 II hängt von der *Art des Schutzgesetzes* ab, mit dem sich die Vorschrift verbindet: Bei Gesetzen, die bloß die Verletzung der schon durch § 823 I geschützten Rechtsgüter betreffen (wie § 230 StGB), hat Abs. 2 neben Abs. 1 des § 823 keine selbständige Bedeutung. Bei Schutzgesetzen, die ein bestimmtes solche Rechtsgüter gefährdendes Verhalten verbieten (wie § 3 StVO), wird gegenüber § 823 I der Verschuldensbezug verändert. Doch ist auch insoweit die praktische Bedeutung eher gering. Gebraucht wird § 823 II dagegen vor allem, wenn das Schutzgesetz die durch § 823 I nicht erfaßten Vermögensinteressen sichert oder die Haftung aus einer Rechtsverletzung auf eine weitere Person (wie in Fall 41 den Geschäftsführer persönlich) erstreckt.

2. Die eigentliche Problematik des § 823 II liegt bei den Fragen, ob ein *Gesetz überhaupt ein Schutzgesetz* ist[61] sowie nach seinem *Schutzbereich*: Welche Personen und Rechtsgüter soll es gegen welche Arten von Schädigungen schützen? Hierüber ist durch Auslegung des Gesetzes zu entscheiden. Für den Charakter als Schutzgesetz hat u. a. Bedeutung, ob das verletzte Interesse nicht schon auf andere Weise ausreichend geschützt ist.

§ 10. Vorsätzliche sittenwidrige Schädigung

I. Einzelprobleme

Fall 63 (Das falsche Zeugnis: Vorsatz und Sittenwidrigkeit)

Der Arbeitnehmer D hat bei seinem Arbeitgeber S einen höheren Geldbetrag veruntreut. Als D das entdeckt, entläßt er den S fristlos; dieser wird auch angezeigt und zu

---

[59] *BGH* NJW 1980, 1792.
[60] Das ist eine in den §§ 12, 13 PflVG geregelte Anstalt des öffentlichen Rechts. Sie wird von den Haftpflichtversicherern finanziert und haftet nur höchst subsidiär.
[61] Dazu ausführlich *Canaris,* in: 2.Festschr. f. Larenz, 1983, S. 27 ff.

einer Bewährungsstrafe verurteilt. Trotzdem stellt S dem D auf Bitten von dessen Bewährungshelfer ein Zeugnis aus, das keine Beanstandung erkennen läßt: D habe seine Aufgaben stets einwandfrei erfüllt. Aufgrund dieses Zeugnisses wird D alsbald von G als Buchhalter eingestellt, wo er weitere Veruntreuungen begeht. Ersatzansprüche des G gegen S?

Hier hat S kein durch § 823 I geschütztes Rechtsgut des G verletzt. Auch gegen ein Schutzgesetz (§ 823 II) hat S nicht verstoßen: Die Ausstellung falscher Zeugnisse ist nicht gesetzlich verboten. § 824 kommt gleichfalls nicht in Betracht: Die von S behauptete falsche Tatsache (wenn man nicht überhaupt bloß eine Wertung annehmen will) hat sich nicht auf den geschädigten G bezogen, wie § 824 das nach richtiger Ansicht verlangt.

In Betracht kommt aber § 826. Bei dieser auf die römische *actio de dolo* zurückgehenden Vorschrift läßt sich ein objektiver Tatbestand nicht sinnvoll isolieren. Denn wenn man von der Schuldform (Vorsatz) und der Bewertung (als sittenwidrig) absieht, bliebe bloß die Schadenszufügung übrig. Diese aber ist ganz konturlos. Daher empfiehlt es sich bei § 826, alle Erfordernisse gemeinsam zu prüfen.

Eine Schadenszufügung im Verhältnis S – G ist sicher gegeben. Dagegen kann der Schädigungsvorsatz des S zweifelhaft sein: In erster Linie hat S wohl dem D gefällig sein wollen und gehofft, dieser werde keine weiteren Straftaten begehen. Doch genügt für § 826 bedingter Vorsatz *(dolus eventualis)*. Zudem braucht der Vorsatz nur die Art des Schadens und nicht auch dessen Einzelheiten zu umfassen. Trotzdem bleibt in solchen Fällen die Abgrenzung gegenüber der bewußten Fahrlässigkeit – die für § 826 nicht genügt – schwierig. Insbesondere genügt es für § 826 nicht, daß S bewußt Unwahres bescheinigt hat: Das allein bedeutet ja für G noch keinen Schaden. Insbesondere wird S geltend machen, er habe ebenso wie der Strafrichter bei der Gewährung der Strafaussetzung für die Zukunft ein straffreies Verhalten des D erwartet. Letztlich hängt daher in solchen Fällen die Entscheidung über den Vorsatz von der richterlichen Tatsachenfeststellung ab.[62] Die Bewertung des Verhaltens als sittenwidrig braucht vom Vorsatz jedenfalls nicht umfaßt zu werden.

Bejaht man den Vorsatz, so bleibt die Frage nach der Sittenwidrigkeit. Dabei wird zu unterscheiden sein: Wenn der Schädiger ein besonderes Recht ausübt (etwa ein Urteil vollstreckt), kommt Sittenwidrigkeit nur ausnahmsweise in Betracht. Dagegen liegt Sittenwidrigkeit eher vor, wenn sich der Schädiger nur auf die allgemeine Handlungsfreiheit berufen kann. Das zweite trifft für *Fall 63* zu. Zusätzlich spricht hier für Sittenwidrigkeit, daß das Zeugnis besonders weit von der Wahrheit abweicht. Im übrigen hat die Rechtsprechung für viele Fallgruppen konkrete Maßstäbe für die Sittenwidrigkeit entwickelt,[63] die prinzipiell

---

[62] Vgl. für einen ähnlichen Fall die Erwägungen in *BGH* NJW 1970, 2291.
[63] Übersichten etwa bei *Larenz/Canaris*, SchuldRII 2, § 78 IV; Palandt/*Sprau*, § 826 Rn. 15 ff.

in gleicher Weise wie für § 826 auch für § 138 gelten. Besonders markante Beispiele solcher aus der Sittenwidrigkeit entwickelten Verhaltensmaßstäbe finden sich bei der Kreditsicherung[64] und der Höhe des Zinses für Verbraucherkredite.[65]

Fall 64 (Der überredete Verkäufer: Eindringen in ein fremdes Schuldverhältnis)

V hat an G ein Grundstück notariell (§ 311 b I) verkauft. Die Auflassung (§ 925) oder die Eintragung einer Auflassungsvormerkung (§§ 883, 888) sind jedoch unterblieben. Nun taucht S als weiterer Interessent für das Grundstück auf: Er bietet dem V einen höheren Kaufpreis und verspricht ihm, ihn von allen Schadensersatzansprüchen des G freizustellen. Daraufhin verkauft und übereignet V das Grundstück an S. Ansprüche G – S?

Daß hier V dem G aus dem Kauf wegen vorsätzlich herbeigeführten Unvermögens haftet (§§ 280 III, 283, 275 I), ist sicher. Dagegen kommt für S eine kaufvertragliche Haftung nicht in Betracht. Auch § 823 hilft nicht: S hat den G nicht an einem der von Abs. 1 erfaßten Rechtsgüter verletzt, sondern an seinem Vermögen. Das Eindringen in fremde Schuldverhältnisse ist auch nicht gesetzlich verboten (Abs. 2). Folglich bleibt bloß § 826 übrig.

Allerdings hat S den G hier vorsätzlich geschädigt, und er hat das auch ohne besonderes Recht bloß in Ausübung der allgemeinen Handlungsfreiheit getan. Doch wirkt andererseits der Kaufvertrag nur zwischen Verkäufer und Käufer; auch die Sittenordnung hebt diese bloß relative Bindung „nicht auf die Ebene absoluter, gegen jedermann geschützter Rechtspositionen; grundsätzlich verpflichtet sie den außenstehenden Dritten nicht dazu, im Konfliktsfall die eigenen Interessen denen der Vertragspartner nachzusetzen".[66] Daher fällt nach der zutreffenden h.M. das Verleiten eines anderen (hier des V) zum Vertragsbruch nicht ohne weiteres unter § 826. Vielmehr wird Sittenwidrigkeit regelmäßig nur dann bejaht, wenn der Schädiger über die bloße Überredung hinaus besondere Mittel eingesetzt hat. So läge es etwa, wenn S dem V wahrheitswidrig vorgespiegelt hätte, G sei zahlungsunfähig. Aber auch in dem Versprechen der Freistellung von Ansprüchen des G kann ein solches Mittel wenigstens dann gesehen werden, wenn sich V wegen der wirtschaftlichen Stärke des S dadurch von jedem Risiko entlastet glauben darf.

Unter dieser Voraussetzung ist in *Fall 64* ein Schadensersatzanspruch G – S aus § 826 zu bejahen. Mit diesem Anspruch kann G übrigens wegen § 249 I als Herstellung (Naturalrestitution) die Übereignung des Grundstücks verlangen.

---

[64] Insbesondere für das Verhältnis Sicherungsglobalzession – verlängerter Eigentumsvorbehalt, vgl. *Baur/Stürner*, § 59 Rn. 56 ff.
[65] Grundsätzlich BGHZ 80, 153, vgl. *Medicus*, AT, Rn. 707 ff.
[66] *BGH* NJW 1981, 2184, 2185.

II. Zusammenfassung

1. Die Ersatzpflicht aus § 826 kann (vor allem bei Straftaten) mit einer Ersatzpflicht aus den beiden Absätzen des § 823 *zusammentreffen*. Dagegen hilft § 826 allein bei primären Vermögensschäden, die nicht unter ein Schutzgesetz fallen.
2. *Der Vorsatz* bei § 826 muß in groben Zügen den Schaden umfassen, jedoch nicht die Bewertung des Schädigerverhaltens als sittenwidrig.
3. Bei dieser Bewertung kann man danach unterscheiden, ob der Schädiger ein besonderes Recht ausübt oder bloß von der allgemeinen Handlungsfreiheit Gebrauch gemacht hat. Im zweiten Fall kommt *Sittenwidrigkeit* eher in Betracht. Doch ist auch hier die Relativität von Schuldverhältnissen zu beachten: Die bloße Überredung des Schuldners zum Vertragsbruch genügt daher nicht.

§ 11. Haftung aus vermutetem Verschulden

I. Haftung für Verrichtungsgehilfen

Fall 65 (Der schadenstiftende Gehilfe: Funktion des § 831)

Der Malermeister S schickt seinen Gehilfen D zu einem Kunden. Unterwegs zerbricht D durch unvorsichtigen Umgang mit einer Leiter, die er zu transportieren hat, bei G eine Fensterscheibe. Ersatzansprüche des G gegen S?

Gewiß haftet hier D dem G aus § 823 I wegen Eigentumsverletzung. Gewiß ist weiter, daß S wegen Schutzpflichtverletzung (§§ 241 II, 280 I) in Verbindung mit § 278 haften würde, wenn D eine Scheibe des Kunden zerbrochen hätte: Insoweit wäre D in die Erfüllung der vertraglichen Schutzpflicht des S eingeschaltet. Aber gegenüber einer verletzten Person, zu der S keine vertraglichen Beziehungen hat, besteht dieser Haftungsgrund nicht.

Man könnte an eine Haftung des S aus § 823 I denken: Immerhin hat ja S, indem er den D mit der Leiter losschickte, eine Ursache für das Zerbrechen der Scheibe gesetzt. Aber daraus hat sich die Verletzung nur mittelbar ergeben, so daß S gegen eine Verkehrspflicht verstoßen haben müßte (vgl. o. § 5 *Fall 26, 27*). Bei § 823 I käme man also zu der Frage, welche Verkehrspflichten bei der Beauftragung eines Gehilfen bestehen. Auch müßte G nach allgemeinen Regeln dem S ein Verschulden an dem Pflichtenverstoß nachweisen. Wenn es sich dabei – wie gewöhnlich – um Vorgänge handelt, die im Bereich des S liegen, kann dieser Nachweis auf unüberwindliche Schwierigkeiten stoßen.

Hier greift § 831 I mit doppelter Wirkung ein: Erstens stellt die Vorschrift klar, daß der Geschäftsherr bei der Auswahl eines Verrichtungsgehilfen sorgsam vorgehen muß. Ob noch weitere Verkehrspflichten bestehen, nämlich bei der Beschaffung von Vorrichtungen und Gerätschaften oder bei der Leitung des Gehilfen, läßt § 831 I offen (das kann man eben nicht allgemein entscheiden). Und zweitens kehrt § 831 I in zwei Punkten die Beweislast um: Die schuldhafte Verletzung der Pflicht zu sorgfältiger Auswahl (also eine *culpa in eligendo*) und der etwa sonst noch bestehenden Pflichten wird vermutet. Überdies wird die Kausalität der Pflichtverletzung für den eingetretenen Schaden vermutet. Der Geschäftsherr entgeht der Haftung aus § 831 also nur, wenn er eine dieser beiden Vermutungen durch den Beweis des Gegenteils widerlegt. Das nennt man häufig – ein wenig ungenau – die Exkulpation.

Für *Fall 65* bedeutet das: D hat dem G in Ausführung der ihm übertragenen Verrichtung widerrechtlich Schaden zugefügt, nämlich dessen Eigentum verletzt. Mehr braucht G bei einer Klage gegen S nicht zu beweisen. Demgegenüber muß S entweder nachweisen, daß er den D sorgsam ausgesucht und – sofern das nötig war – im Umgang mit der Leiter unterwiesen hat. Oder S muß nachweisen, der Schaden wäre auch durch einen sorgfältig ausgewählten und ggf. unterwiesenen Gehilfen entstanden. Dieser Nachweis des Fehlens der Kausalität kann insbesondere gelingen, wenn D den Schaden trotz Beachtung der verkehrserforderlichen Sorgfalt zugefügt hat.

Fall 66 (Der überforderte Gehilfe: Organisationsverschulden)

Wie *Fall 65*, doch möge ein einzelner Gehilfe mit dem Transport der unhandlichen Leiter durch die engen Straßen überfordert gewesen sein.

Hier paßt § 831 als Haftungsgrund nicht recht: Das für den Schaden kausale Verschulden des S liegt ja weder bei der Auswahl des D noch bei der Beschaffung von Geräten oder der Leitung. Vielmehr besteht der Fehler des S darin, daß er den D allein losgeschickt hat. Das wird als sog. *Organisationsverschulden* direkt unter § 823 I subsumiert. Hier ist übrigens denkbar, daß D selbst mangels eigenen Verschuldens dem G nicht aus § 823 I haftet.

Fall 67 (Der sorglose Taxifahrer: Abgrenzung des Verrichtungsgehilfen)

S läßt sich von dem Taxiunternehmer D zum Flughafen fahren. Unterwegs ist D unaufmerksam und verletzt den Passanten G. Hat dieser Ersatzansprüche auch gegen S?

Wenn man nur auf den Wortlaut des § 831 schaut, kann man die Vorschrift hier für anwendbar halten: S hat ja den D zu einer Verrichtung bestellt, und dieser hat in Ausführung der Verrichtung den G widerrechtlich verletzt. Doch hat § 831 nach seinem Sinn ein zusätzliches, ungeschriebenes Erfordernis. Man hat dieses früher als soziale Abhängigkeit bezeichnet (die hier für den selbständigen Unternehmer D im Verhältnis zu S fehlt). Jetzt spricht man häufig von *Weisungsgebunden-*

heit oder verwendet ähnliche Ausdrücke. Solche Gebundenheit kann man hier nicht ohne weiteres verneinen: Regelmäßig muß der Taxifahrer Weisungen des Fahrgastes befolgen, die sich im Rahmen des Vertrags und der Verkehrsvorschriften halten. Am treffendsten ist wohl die Formulierung, die auf die *Eingliederung des Gehilfen* in Haushalt oder Betrieb des Geschäftsherrn abstellt: Nur der derart Eingegliederte soll Verrichtungsgehilfe sein. Danach scheidet in *Fall 67 D* als Verrichtungsgehilfe des *S* aus; § 831 ist unanwendbar.

Fall 68 (Der alte Fahrer: Einzelheiten zur Exkulpation)

S hat den D vor zehn Jahren aufgrund tadelloser Zeugnisse als Fahrer eingestellt. Seitdem hat er sich nicht mehr um die Qualifikation des D gekümmert. Darum hat er nicht bemerkt, daß D inzwischen mehrfach wegen Trunkenheit im Straßenverkehr verurteilt worden ist. Jetzt verursacht D betrunken einen Unfall. Kann S sich gegenüber einer Klage des Geschädigten G exkulpieren?

Nach dem Wortlaut des § 831 I 2 müßte hier die Exkulpation gelingen. Denn „ausgewählt" worden ist *D* bei seiner Einstellung, und damals war alles in Ordnung. Doch läßt die h.M. mit Recht eine solche einmal angewendete Sorgfalt nicht genügen. Vielmehr muß besonders bei gefährlichen Tätigkeiten das Personal in angemessenen Zeitabständen daraufhin überprüft werden, ob die bei der Einstellung ermittelte Zuverlässigkeit fortbesteht.[67] Auch dies muß *S* also nachweisen; da er das in *Fall 68* nicht kann, haftet er dem *G* nach § 831.
Freilich kann sich das Prinzip einer zu wiederholenden Überprüfung auch *zugunsten* des Geschäftsherrn auswirken. Das tritt ein, wenn der Gehilfe zwar bei der Einstellung nicht „in Ordnung" war, aber sich inzwischen längere Zeit bewährt hat: Dann kann er im Zeitpunkt einer späteren Schädigung als ordnungsgemäß ausgewählt angesehen werden.

Fall 69 (Der betrunkene Hauswart: allgemeine Aufsichtspflicht)

S hat für sein Mietshaus den sorgfältig ausgewählten D als Hauswart angestellt. Dieser betrinkt sich am Faschingsdienstag zum ersten Mal und versäumt es daher am Morgen des folgenden Aschermittwoch, den Bürgersteig bei Glatteis zu streuen. G kommt zu Fall und verletzt sich. Hat er Ansprüche gegen S?

Nach § 831 könnte *S* sich hier entlasten: *D* war sorgfältig ausgewählt und hatte auch vorher nichts erkennen lassen, was gegen seine Pflichttreue sprach. Doch liegt hier eine Besonderheit vor: Die Verrichtung, zu der *S* den *D* bestellt hatte, betraf die Erfüllung einer den *S* als den Hauseigentümer treffenden Verkehrspflicht, nämlich der Streupflicht. Hier sagt man, *S* könne seine eigene Sicherungspflicht nicht befreiend auf den *D* übertragen. Auch werde diese Pflicht nicht schon durch die Bestellung eines ordentlich ausgesuchten Gehilfen erfüllt. Vielmehr verwandle sich die Verkehrpflicht des *S* durch die Bestellung des *D* in eine Auf-

---

[67] Etwa Palandt/*Sprau*, § 831 Rn. 14.

sichtspflicht. Danach braucht G jetzt zwar primär nicht mehr selbst zu streuen, aber er muß aufpassen, daß der Gehilfe D streut. Freilich ist die Abgrenzung dieser Fälle von § 831 nicht zweifelsfrei. Man kann nämlich auch formulieren, wo der Geschäftsherr durch den Gehilfen eine eigene Verkehrspflicht erfüllen wolle, sei er im Rahmen des § 831 aufsichtspflichtig. Jedenfalls aber bleibt immer auch an Verschulden und Kausalität zu denken. Wegen dieser Erfordernisse haftet S in *Fall 69* regelmäßig nicht für den Unfall des G: Auch die sorgfältigste Aufsicht kann nicht verhindern, daß ein Gehilfe einmal versagt.

II. Andere gesetzlich geregelte Fälle

Fall 70 (Der zündelnde Sohn: § 832)

Die Witwe S bewahrt ihre Zündhölzer im obersten Fach ihres Küchenschranks auf. Der 8jährige Sohn D holt sich heimlich eine Schachtel, indem er sich auf einen an den Schrank gerückten Stuhl steigt. Zunächst trägt D die Schachtel drei Tage lang in seiner Hosentasche herum. Dann spielt er mit den Zündhölzern in der Scheune des G. Diese brennt ab; hat G Ersatzansprüche gegen S?

Ob D selbst aus § 823 I für den Schaden haftet, hängt von seiner nach § 828 III zu beurteilenden Deliktsfähigkeit ab. Unabhängig von einer solchen Eigenhaftung regelt § 832 I die Haftung der kraft Gesetzes (§ 1626) aufsichtspflichtigen Eltern: Diese haften nicht schlechthin für ihre Kinder, sondern nur für eigenes Aufsichtsverschulden. Für dieses gilt aber Entsprechendes wie nach § 831 für das Auswahlverschulden des Geschäftsherrn: Es wird ebenso vermutet wie seine Kausalität für die rechtswidrige Schädigung.

Diese Beweislastverteilung beantwortet jedoch nicht die materiellrechtliche Vorfrage: Was umfaßt die Aufsichtspflicht der Eltern im einzelnen? Konkret: Durfte S den D unbeaufsichtigt lassen? Waren die Zündhölzer ausreichend verwahrt? Mußte S den Inhalt der Hosentaschen ihres Sohnes kontrollieren? Das BGB gibt auf diese Fragen keine Antwort. Der *BGH* stellt wenig aussagekräftig darauf ab, „was verständige Eltern nach vernünftigen Anforderungen unternehmen müssen, um die Schädigung Dritter durch ihr Kind zu verhindern".[68] Das bedeutet weitgehend eine Verweisung auf die Umstände des Einzelfalls.

Für *Fall 70* kann das etwa bedeuten: Eine unausgesetzte Beaufsichtigung von Kindern ist unmöglich; insoweit kann der S also kein Vorwurf gemacht werden. Ob die Verwahrung der Zündhölzer genügt hat, ist eher fraglich. Regelmäßig dürfte es aber ausreichen, wenn die Zündhölzer der Sicht und der normalen Reichweite des Kindes entzogen werden. Abweichendes würde freilich gelten, wenn D schon vorher durch das Spielen mit Zündhölzern aufgefallen wäre. Nur dann wäre wohl auch eine gelegentliche Kontrolle der Hosentaschen nötig gewesen.

---

[68] *BGH* NJW 1969, 2139, ähnlich 1993, 1003.

§ 11. Haftung aus vermutetem Verschulden

Fall 71 (Der schadhafte Weidezaun: §§ 833 S. 2, 834)

Der Bauer S hat seine Wiese mit einem elektrisch geladenen Weidezaun umgeben. Der Draht wird von einem Unbekannten zerrissen. Durch die Öffnung gelangt eine Kuh des S auf die nahe Autobahn. Dort kann G ihr nicht mehr ausweichen; sein Wagen wird schwer beschädigt. Hat G Ersatzansprüche gegen S?

Hier ist die Kuh ein Haustier, das dem Beruf des Tierhalters S dient. Daher besteht für sie nicht die Gefährdungshaftung nach § 833 S. 1 (vgl. u.§ 13 *Fall 82*), sondern nur eine Verschuldenshaftung. Freilich setzt § 833 S. 2 eine Aufsichtspflicht des Tierhalters voraus; vermutet werden wieder deren schuldhafte Verletzung und die Kausalität der Pflichtverletzung für den Schaden. Der Tierhalter S muß sich also ähnlich exkulpieren wie der Geschäftsherr bei § 831 und die Eltern bei § 832. Und auch bei § 833 S. 2 muß wieder nach den Umständen bestimmt werden, was die Aufsichtspflicht im einzelnen umfaßt.

Für *Fall 71* kann man zunächst fragen, ob ein funktionierender elektrischer Weidezaun überhaupt ausreicht. Das ist regelmäßig zu bejahen. Weiter muß man fragen, in welchen Zeitabständen S das Funktionieren des Zauns zu prüfen hatte. Dabei spielt außer der Nähe der Autobahn eine Rolle, ob der Zaun etwa schon vorher einmal versagt hat. Wenn S die Erfüllung der sich hiernach ergebenden Prüfungspflicht nicht nachzuweisen vermag, kommt es noch auf die Kausalität seines Versäumnisses für den Schaden an: Hätte dieser durch die Erfüllung der Pflicht vermieden werden können? Da auch diese Kausalität vermutet wird, wirkt sich eine Ungewißheit wieder zu Lasten des S aus. Das gilt vor allem, wenn sich nicht feststellen läßt, wann die Lücke in dem Zaun entstanden ist: Liegt dieser Zeitpunkt womöglich schon so lange vor dem Unfall, daß die Lücke bei pflichtgemäßer Kontrolle hätte festgestellt und beseitigt werden können, so haftet S.

Eine gleiche Haftung wie den Tierhalter nach § 833 S. 2 trifft übrigens auch den Tierhüter (Tieraufseher) nach § 834.

Fall 72 (Der schädliche Dachziegel: §§ 836–838)

S ist Eigentümer eines Hauses, das T gemietet hat. Bei einem heftigen Sturm fällt von dem Hausdach ein Ziegel auf den parkenden Kraftwagen des G; der Wagen wird beschädigt. Ersatzansprüche des G gegen S und T?

Nach § 823 I (Eigentumsverletzung) käme man wieder zu der Frage, ob S und T eine etwa hinsichtlich des Hauses bestehende Verkehrspflicht schuldhaft verletzt haben. Hierfür bringen die §§ 836–838 jedoch eine Spezialregelung, die außer Gebäuden auch andere „mit einem Grundstück verbundene Werke" (z. B. Strommasten, Baugerüste) umfaßt. Hier überall wird eine Aufsichtspflicht vorausgesetzt und ihre schuldhafte Verletzung vermutet; anders als bei den §§ 831–834 gibt es hier freilich keine Vermutung für die Kausalität. Dabei trifft die Pflicht regelmäßig den Eigenbesitzer (§ 872) des Grundstücks, § 836 I, III, unter Umständen sogar ein Jahr über die Besitzzeit hinaus, § 836 II. Neben dem Eigenbesitzer haften bestimmte Unterhaltungspflichtige, § 838, an seiner Stelle auch ein Teilbesitzer, § 837.

Konkret bedeutet das: S ist trotz der Vermietung (mittelbarer, § 868) Eigenbesitzer geblieben. Er haftet daher, wenn er nicht nachweist, er habe seine Pflicht erfüllt, also insbesondere in angemessenen Abständen das Dach auf lose Ziegel kontrolliert. Dagegen kommt eine Haftung des Mieters T nur nach § 838 in Betracht, nämlich wenn er über seine in den §§ 535 ff. bestimmten Mieterpflichten hinaus die Unterhaltung des Hauses übernommen hatte.

Fall 73 (Das unaufklärbare Verschulden des Fahrers: § 18 StVG)

Der Fahrzeughalter D verleiht seinen Kraftwagen an S. Dieser wird in einen Unfall verwickelt, bei dem G Verletzungen erleidet. Was kann G von S verlangen?

Hier geht es nicht um die verschuldensunabhängige Haftung des Halters D (§ 7 StVG, vgl. u. § 14), sondern um die Haftung des vom Halter verschiedenen Fahrers S. Dieser haftet nicht schon aus bloßer Gefährdung, sondern nur bei Verschulden. Für Ansprüche aus §§ 823 I, II BGB mit 230 StGB, 253 BGB muß der Geschädigte G dieses Verschulden nachweisen. Zusätzlich bestimmt jedoch § 18 StVG eine Haftung aus vermutetem Verschulden: Hier muß S also nachweisen, daß ihn kein Verschulden trifft; die Unaufklärbarkeit geht insoweit zu seinen Lasten. Freilich richtet sich diese Haftung in den Einzelheiten primär nicht nach dem BGB, sondern nach dem StVG und unterliegt daher beispielsweise der Verwirkung nach § 15 StVG.

III. Die Produzentenhaftung (Produkthaftung) und ähnliches

Fall 74 („Hühnerpest": Haftung für Eigentumsverletzung durch einen Produktmangel)

Der Tierarzt D impft auf der Hühnerfarm des G dessen Hühner gegen die Hühnerpest. Dazu verwendet D ein von dem Hersteller S bezogenes Serum. Weil dieses mangelhaft ist, erkranken die Hühner an der Pest, statt gegen sie immun zu werden. Ansprüche des G?

Dieser Fall hat zu einer berühmten und überaus folgenreichen Entscheidung des BGH[69] geführt, die alle Aspekte gründlich erörtert. Dieses Urteil sollte jeder Jurastudent gelesen haben. Hier seien nur die wichtigsten Aspekte angeführt.

Vorausgeschickt werden muß, daß Ersatzansprüche gegen den Tierarzt D nicht in Betracht kommen. Denn für Vertragsansprüche fehlt es an einem von D zu vertretenden Verschulden: Eigenes Verschulden kommt regelmäßig nicht in Betracht (anders aber etwa, wenn D das Serum gedankenlos weiterverwendet, nachdem es sich einmal als schädlich erwie-

---

[69] BGHZ 51, 91 v. 26. 11. 1968, VI ZR 212/66.

§ 11. Haftung aus vermutetem Verschulden 61

sen hat). Und für ein etwa vorliegendes Verschulden bei *S* hat *D* nicht nach § 278 einzustehen, weil *S* nicht Erfüllungsgehilfe des *D* ist: *D* schuldet ja nicht die Herstellung des Serums, so daß *S* in die Erfüllung dieser Pflicht des *D* eingeschaltet gewesen wäre. Für Deliktsansprüche gegen *D* fehlt es gleichfalls regelmäßig an einem Verschulden. Endlich scheitert auch eine Drittschadensliquidation (*D* macht gegenüber *S* den Schaden des *D* geltend, vgl. u. § 21 *Fall 134*).

Danach bleiben nur Ansprüche des *G* gegen den Produzenten *S*. Zwischen diesen beiden Personen besteht kein Vertrag. Der *BGH* hat es auch abgelehnt, Ansprüche des *G* aus dem zwischen *D* und *S* bestehenden Kaufvertrag über das Serum abzuleiten: *G* sei nicht in den Schutzbereich dieses Vertrags einbezogen (vgl. u. § 21 *Fall 135*). Danach blieb für eine Haftung des *S* nur noch eine deliktische Begründung übrig.

In dem entschiedenen Fall ließ sich nun aber nicht aufklären, wie es bei *S* zu dem Mangel des Serums gekommen war. Ein Anspruch *G* – *S* aus § 823 I (Eigentumsverletzung) schien also am Fehlen des Nachweises von Pflichtverletzung und Verschulden zu scheitern. Und die Beweislastumkehr nach § 831 I (vgl. o. *Fall 65*) nutzte dem *G* deshalb nichts, weil sein Schaden ja nicht auf einen Verrichtungsgehilfen des *S* zurückgehen mußte. Trotzdem hat der *BGH* eine Beweislastumkehr angenommen: Hinter den §§ 831–838 stehe überwiegend der Gedanke, „daß der Schädiger eher als der Geschädigte in der Lage ist, die für den Vorwurf der Fahrlässigkeit maßgeblichen Vorgänge aufzuklären". Daher sei es gerecht, den Schädiger das Risiko einer Unaufklärbarkeit tragen zu lassen. Das treffe auch für den Produzenten zu: Nur dieser überblicke die Produktionssphäre; er bestimme und organisiere den Herstellungsprozeß und die Auslieferungskontrolle der fertigen Produkte. Die verwickelte Organisation und die Größe der Betriebe mache es dem Geschädigten praktisch unmöglich, die Ursache des schadensstiftenden Fehlers aufzuklären. Daher brauche der Geschädigte regelmäßig nur nachzuweisen, „daß ein Schaden im Organisations- und Gefahrenbereich des Herstellers, und zwar durch einen objektiven Mangel oder Zustand der Verkehrswidrigkeit, ausgelöst worden" sei. Demgegenüber müsse sich der Hersteller dann entlasten, also seine Schuldlosigkeit an dem Fehler nachweisen. Die (häufig vorkommende) Unaufklärbarkeit geht folglich zu Lasten des Herstellers. Dessen Haftung ist durch diese Entscheidung einer verschuldensunabhängigen Gefährdungshaftung erheblich angenähert worden. Insbesondere hat in *Fall 74* der Hersteller des Serums Schadensersatz leisten müssen.

Fall 75 („Schwimmerschalter": Hersteller als Verkäufer; der „weiterfressende Schaden")

S stellt Reinigungs- und Entfettungsanlagen für Industrieerzeugnisse her. In den Geräten wird durch elektrisch erhitzte Drähte eine Chemikalie verdampft. Dabei soll ein Schwimmerschalter den Strom abstellen, wenn die Drähte nach dem Verdampfen der

Flüssigkeit freiliegen. G kauft eine solche Anlage. Weil der Schwimmerschalter versagt, gerät diese in Brand. Dabei entsteht Schaden an der Anlage selbst und an den Vorräten des G. Hat dieser deliktische Ersatzansprüche gegen S?

Im Gegensatz zu *Fall 74* besteht hier zwischen dem Hersteller S und dem Abnehmer G ein Vertrag; die etwa hieraus entstandenen Ansprüche waren aber nach § 477 aF (jetzt § 438) verjährt. Der *BGH*[70] mußte also zunächst entscheiden, ob die deliktische Produzentenhaftung, die für den Fall des Fehlens eines Vertrages zwischen dem Produzenten und dem Geschädigten entwickelt worden war, auch beim Vorliegen eines solchen Vertrages anwendbar sein sollte. Das hat der *BGH* bejaht: Zwischen Schadensersatzansprüchen aus Vertrag und solchen aus Delikt bestehe eine echte Anspruchskonkurrenz mit der Folge, daß der eine Anspruch unabhängig von dem anderen sei (vgl. o. § 2 *Fall 5*). Dieses Argument überzeugt freilich nicht ganz, weil es den ursprünglich bloß lückenfüllenden Charakter der Produzentenhaftung vernachlässigt; trotzdem hat es sich inzwischen durchgesetzt.

Fall 75 hat aber noch eine weitere Besonderheit: Ein wesentlicher Teil des Schadens war an der Kaufsache selbst entstanden und nicht an anderen Sachen des Geschädigten. Hier war also das (bloß aus Vertrag zu ersetzende) *Leistungsinteresse* des Käufers gegen dessen (aus Delikt zu ersetzendem) *Integritätsinteresse* abzugrenzen. Der *BGH* faßt unter das Integritätsinteresse auch den Fall, daß zunächst nur ein funktionell abgegrenzter Teil der Kaufsache mangelhaft ist (hier der Schwimmerschalter) und daß dieser Mangel dann zu Schäden an anderen Teilen der Anlage (oder auch im übrigen Vermögen des Käufers) führt. Später[71] hat der *BGH* das dahin präzisiert: Entscheidend sei, ob der ursprünglich vorhandene Mangel mit dem später hervorgetretenen Schaden „stoffgleich" sei (dann bloß Vertragsansprüche) oder nicht. Das letzte Wort ist aber auch mit dieser Formulierung gewiß noch nicht gesprochen; die Abgrenzung bleibt zweifelhaft.[72]

Fall 76 („Kupolofen": Erweiterung der Beweislastumkehr über die Produzentenhaftung hinaus)

S betreibt einen Kupolofen zum Einschmelzen von Roheisen und Rohstahl. G, der bei einer benachbarten Firma beschäftigt ist, pflegt seinen Pkw auf deren Parkplatz abzustellen. An Lack, Glas und Chrom des Wagens zeigen sich bald Schäden. G führt diese auf unzulässig starke Emissionen von Eisenoxyd durch S zurück und verlangt von diesem Schadensersatz. S bestreitet die übermäßigen Emissionen.

Hier geht es nicht um Produzentenhaftung, weil G nicht durch die Produkte des S geschädigt worden ist. Vielmehr hat der *BGH*[73] in diesem

---

[70] BGHZ 67, 359.
[71] In BGHZ 86, 256 (260f.); *BGH* VersR 1983, 346; Betrieb 1985, 1833.
[72] Dazu ausführlich und umfassend *Gsell,* Substanzverletzung und Herstellung (2003).
[73] BGHZ 92, 143 (147 ff.).

Fall die Behauptungs- und Beweislast analog § 906 II 1 beurteilt und sich dabei auf seine Rechtsprechung zur Produzentenhaftung bloß unterstützend berufen: So wie der Emittent gegenüber einem Unterlassungsanspruch (§ 1004, vgl. u. § 21 *Fall 136*) seines Nachbarn beweisen müsse, daß die Emission ortsüblich sei und durch zumutbare Maßnahmen nicht verhindert werden könne (§ 906 II 1), gelte das weithin auch gegenüber einem Schadensersatzanspruch aus § 823 I. Denn ebenso wie bei der Produzentenhaftung sei dem Geschädigten „die Einsicht in die Verhältnisse, unter denen der Emittent sein emittierendes Unternehmen betrieben hat, entzogen. Andererseits gehört es zur Verkehrssicherungspflicht des Emittenten, die erforderliche Kontrolle zur Einhaltung unschädlicher Emissionswerte zu schaffen." Mit dieser Begründung ist dem Geschädigten Ersatz unter der Voraussetzung zugesprochen worden, daß die Schäden an seinem Pkw nachweislich von den Emissionen des Kupolofens stammten.

Fall 77 („Apfelschorf": Unwirksamwerden des Produkts; Beobachtungspflicht)

G ist Obstbauer. Nachdem er seine Apfelbäume zunächst mit Kontaktfungiziden gegen Apfelschorf geschützt hat, verwendete er 1974 ein von S hergestelltes systemisches Fungizid. Dieses hatte zwar bisher gut gewirkt, doch verlor es 1974 seine Wirksamkeit: Es hatten sich nämlich resistente Stämme des Apfelschorf-Pilzes gebildet. G verlangt von S den Ersatz seiner Ernteverluste.

Auch hier geht es nicht um einen „einfachen" Fall der Haftung des Produzenten für schädliche Nebenfolgen seines Produkts wie in dem Hühnerpestfall (o. *Fall 74*). Vielmehr beruht der Schaden des G auf der Wirkungslosigkeit des Produkts. Diese allein betrifft das Leistungsinteresse und kann daher Rechtsfolgen bloß nach Kaufrecht auslösen (vgl. § 437: Rücktritt, Minderung, Schadensersatz statt der Leistung nach §§ 280, 281). Hier kommt aber noch hinzu, daß sich die Verletzung des Eigentums an den Äpfeln hätte vermeiden lassen, wenn G wieder die Kontaktfungizide verwendet hätte. Daher kann der objektive Tatbestand des § 823 I infolge des Unterlassens von Warnhinweisen durch S erfüllt sein. Doch wird nach allgemeinen Regeln damit zumindest die Rechtswidrigkeit noch nicht indiziert, weil es sich bloß um eine mittelbare Verletzung handelt (vgl. o. § 5 *Fall 26*).

Der *BGH*[74] hat zwar auch hier eine Verkehrspflicht des Produzenten bejaht, die über das bloße Unterlassen des weiteren Vertriebs der Ware hinausreicht: Der Produzent müsse sein Produkt fortlaufend beobachten und nötigenfalls die Verwender warnen (sog. Produktbeobachtungspflicht). Dazu müsse auch der Fortgang der Entwicklung von Wissenschaft und Technik verfolgt werden; ein Großunternehmen habe hierzu „das gesamte internationale Fachschrifttum" auszuwerten. In dem Prozeß sind unter diesem Gesichtspunkt denn auch australische, russische

---

[74] BGHZ 80, 186; 199 (zwei Entscheidungen!).

und japanische Veröffentlichungen erörtert worden.[75] Danach ließ sich aber nicht feststellen, S habe schon im Frühjahr1974 mit dem Unwirksamwerden seines Fungizids rechnen müssen. Und eine Umkehr der Beweislast für das Vorliegen eines Instruktionsfehlers hat der *BGH* abgelehnt. Daher sind Ersatzansprüche des G verneint worden.

Fall 78 („Honda": Erweiterte Produktbeobachtungs- und Warnpflicht)

Der Sohn des G war mit seinem Honda-Motorrad bei hoher Geschwindigkeit auf der Autobahn tödlich verunglückt. Grund hierfür war nicht ein Fehler des Motorrads selbst. Vielmehr war durch die von einem anderen Hersteller stammende Lenkradverkleidung, die der Vorbesitzer des Motorrads angebracht hatte, dieses instabil geworden und dann gegen die Leitplanke geraten. G verklagte Honda und deren Importeur auf Schadensersatz.

Verlangen kann G aus eigenem Recht[76] die Bestattungskosten (§ 844 I) und die ihm etwa entgehenden Unterhaltsleistungen des Sohnes (§ 844 II). Voraussetzung ist aber eine Verantwortlichkeit der Beklagten nach § 823 I[77], also nach der vom *BGH* entwickelten deliktischen Produzentenhaftung. Allerdings hatte das Motorrad selbst keinen Fehler; ursächlich für den Unfall wurde es erst durch die nicht von den Beklagten stammende Verkleidung. Der *BGH*[78] hat hier jedoch erstmals die Pflicht des Herstellers zur Produktbeobachtung (vgl. o. *Fall 77*) und zur Warnung der Benutzer auf fremde Produkte erstreckt, die „in größerem Umfang" mit dem eigenen Produkt verbunden zu werden pflegen. Das soll insbesondere gelten, wenn das eigene Produkt „auch ohne das Zubehör ... an der Grenze der Sicherheitserwartungen der Benutzer liegt". Auch eine Betriebserlaubnis nach der StVZO für die Lenktradverkleidung soll diese Produktbeobachtungspflicht nicht ausschließen. – Diese Entscheidung geht sehr weit.

Fall 79 („Hochzeitsessen": Produzentenhaftung bei Kleinbetrieben)

Die beiden *Kläger* feierten mit 54 Gästen ihre Hochzeit in der von den beklagten Eheleuten betriebenen Gaststätte. Nach dem Essen erkrankten die *Kläger* und ein Teil der Gäste an einer Salmonellenvergiftung. In dem Nachtisch hatten sich nämlich Salmonellen befunden; die *Beklagten* waren, wie sich später herausstellte, Salmonellenausscheider. Die *Kläger* verlangen die Rückzahlung der für das Essen bezahlten 3000 DM. Außerdem fordern sie je 1500 DM Schmerzensgeld sowie weitere 800 DM deshalb, weil sie wegen der Vergiftung ihre Hochzeitsreise um vier Tage hatten verschieben müssen.

Von diesen Ansprüchen ist derjenige auf die Preisrückzahlung von 3000 DM aus § 634 aF (jetzt §§ 634 Nr. 3, 638) begründet. Denn weil das

---

[75] BGHZ 80, 199 (204 f.).
[76] Als Erbe des Sohnes kann G weiter verlangen Ersatz der Behandlungskosten und der Kosten für die Reparatur des Motorrads (§ 249 II) sowie ein Schmerzensgeld (§ 253 II).
[77] Das ProdHaftG hatte zur Zeit des Unfalls noch nicht gegolten.
[78] BGHZ 99, 167, insbesondere 175.

§ 11. Haftung aus vermutetem Verschulden

krankmachende Essen insgesamt wertlos war und das Fest „geradezu zerstört" hatte[79], führt die Minderung hier zur vollen Preisrückzahlung. Dagegen ist der Anspruch auf 800 DM wegen der Verschiebung der Hochzeitsreise nach § 253 I unbegründet: Insoweit fehlt ein Vermögensschaden (vgl. u. § 19 *Fall 116*), und ein Anspruch aus § 651 f II kommt regelmäßig nur gegen einen Reiseveranstalter (§ 651 a I) in Betracht. Es bleibt der Anspruch auf Schmerzensgeld nach den §§ 823 I, 847 I aF (jetzt § 253 II). Insoweit hat der *BGH*[80] eine Haftung des *beklagten Ehemanns* für möglich gehalten: Dieser habe als Produzent zu beweisen, daß der Fehler des Essens nicht auf seinem Verschulden beruhe. Denn diese Beweislastumkehr beschränke sich nicht auf die „industriemäßige Produktion". Vielmehr gelte sie auch für Kleinbetriebe mit überschaubaren Herstellungsverfahren, weil auch hier der Produzent eher Einblick in den Produktionsvorgang habe als der Verbraucher. Dagegen sind Ansprüche gegen die *beklagte Ehefrau* verneint worden: Diese sei nicht (Mit)Inhaberin der Gaststätte und daher nicht Produzentin gewesen. Gegen sie gelte also die Beweislastumkehr nicht, so daß die verbliebene Ungewißheit über die Herkunft der Keime (womöglich auch aus den verwendeten Eiern) zu Lasten der *Kläger* gehe. Seit der Modernisierung des Schadensrechts kann das Schmerzensgeld (§ 253 II) auch wegen der Verletzung von Vertragspflichten der Beklagten (§ 280 I) verlangt werden.

IV. Zusammenfassung

1. Die in § 831 geregelte Haftung für *Verrichtungsgehilfen* erfaßt Fälle der mittelbaren Verletzung durch den Geschäftsherrn. Hierfür bestimmt § 831 als Minimum eine Verkehrspflicht des Geschäftsherrn zur sorgfältigen Auswahl seiner Gehilfen. Weitere Verkehrspflichten (etwa zur Anleitung) können sich aus den Umständen ergeben. Doch versteht die h. M. mit Recht auch die Pflicht zur Sorgfalt bei der Auswahl im Sinne einer Pflicht zu laufender Überwachung. Die schuldhafte Verletzung der danach bestehenden Verkehrspflichten und die Kausalität dieser Verletzung für den eingetretenen Schaden werden *vermutet*. Der Geschäftsherr muß sich entlasten („exkulpieren"), indem er eine dieser beiden Vermutungen widerlegt.
Die Haftung des Geschäftsherrn für ein *Organisationsverschulden* und für eine Verletzung der aus einer Verkehrspflicht entstandenen *allgemeinen Aufsichtspflicht* wird direkt aus § 823 I hergeleitet.
2. Die §§ 832, 833 S. 2, 834, 836–838 enthalten Regelungen, die denjenigen des § 831 ähneln; insbesondere muß sich auch hier ein Verkehrspflichtiger „exkulpieren".

---

[79] BGHZ 116, 104 (116).
[80] BGHZ 116, 104 (107 ff.).

3. Bei der *Fahrerhaftung* nach § 18 StVG geht es zwar regelmäßig nicht um mittelbare Verletzungen. Auch hier vermutet das Gesetz aber ein Verschulden. Aus diesem vermuteten Verschulden wird jedoch nur im Rahmen des StVG gehaftet. Deshalb bleibt daneben etwa der Verschuldensnachweis sinnvoll, um bei Eingreifen des § 15 StVG die Haftung des Fahrers auch aus § 823 I zu begründen.

4. Die Rechtsprechung hat die Beweislastumkehr nach den §§ 831 ff. auf *Ansprüche gegen den Produzenten* (oder den ihm gleichstehenden Importeur) erweitert, dessen mangelhaftes Produkt zu unter § 823 I fallenden Verletzungen geführt hat. Diese verschärfte Deliktshaftung soll auch dann gelten, wenn zwischen dem Produzenten und dem Geschädigten ein Vertrag besteht; sie soll sogar solche Schäden an dem Produkt selbst umfassen, die mit dem ursprünglichen Mangel nicht „stoffgleich" sind. Eine ähnlich wirkende Beweislastumkehr soll in Anlehnung an § 906 II 1 auch für Emissionen aus einem Produktionsvorgang gelten. Endlich verpflichtet der *BGH* den Produzenten zu einer fortlaufenden Beobachtung der Produkte und ggf. zu einer Warnung der Abnehmer; insoweit soll aber eine Pflichtverletzung nicht vermutet werden.

Zu der hier geschilderten, auf § 823 I gestützten Produzentenhaftung ist seit dem 1. 1. 1990 noch eine verschuldensunabhängige Haftung nach dem ProdHaftG getreten, vgl. u. § 15 I. Diese bleibt aber in mehrfacher Hinsicht (z.B. wegen der Bagatellgrenze nach § 15 ProdHaftG) hinter der Haftung aus § 823 I zurück und hat diese daher keineswegs überflüssig gemacht.

§ 12. Amtspflichtverletzung

I. Die Besonderheit der Amtsausübung

Fall 80 (Der unvorsichtige Polizist: Sonderregelung für Amtspflichtverletzungen)

Der Polizist *S* des Landes *T* gibt bei der Verfolgung eines Bankräubers einen Warnschuß ab. Dieser Schuß verletzt den Passanten *G*, den *S* fahrlässig nicht gesehen hatte.

Wenn es keine Sonderregelung gäbe, würde hier *S* ohne Einschränkung nach § 823 I und *T* mit der Exkulpationsmöglichkeit nach § 831 haften. Demgegenüber bestimmt § 839 bloß eine Eigenhaftung des schuldhaft seine Amtspflicht verletzenden Beamten. Dieser Rechtszustand ist aber aus zwei Gründen unbefriedigend: Erstens kann der Geschädigte nur auf den oft nicht sehr zahlungsfähigen Beamten greifen und nicht auf den Staat, mit dessen Aufgaben die Schädigung zusammenhängt. Der durch einen Beamten Verletzte stünde danach schlechter als jemand, den ein gewöhnlicher Verrichtungsgehilfe verletzt hat. Und zweitens muß der Beamte weitreichende Ersatzansprüche fürchten, was seine Amts-

§ 12. Amtspflichtverletzung

ausübung negativ im Sinne einer Tendenz zur Untätigkeit zu beeinflussen vermag: Er wird dann im Zweifel nicht schießen. Daß der fahrlässige Beamte nach § 839 I 2 bloß subsidiär haftet, nutzt ihm nichts, wenn der Geschädigte nicht anderweitig Ersatz erlangen kann.

Die in § 839 angeordnete Rechtslage hat nie unverändert gegolten. Denn schon 1900 beim Inkrafttreten des BGB haftete in einzelnen Ländern neben oder anstelle des Beamten der Staat (vgl. den landesrechtlichen Vorbehalt in Art. 77 EG BGB). Das gilt seit 1910 auch für Reichsbeamte und seit der Weimarer Reichsverfassung von 1919 allgemein. Heute findet sich die einschlägige öffentlich-rechtliche Norm in Art. 34 GG: Danach sollen der Staat oder die Körperschaft, in deren Diensten der Schadenstifter steht, grundsätzlich verantwortlich sein, wenn „jemand in Ausübung eines ihm anvertrauten öffentlichen Amtes die ihm einem Dritten gegenüber obliegende Amtspflicht" verletzt.

Dieser Art. 34 GG enthält aber keine vollständige Regelung. Das zeigt sich schon daran, daß dort das Verschuldenserfordernis nicht erwähnt wird. Art. 34 GG muß also zusammen mit § 839 gelesen werden. Dabei verändert der „stärkere" Art. 34 GG den „schwächeren" § 839 weithin: Es wird nicht bloß die in § 839 geregelte Eigenhaftung des Beamten durch die Haftung des Staates oder der Körperschaft ersetzt. Vielmehr umfaßt die „Ausübung eines öffentlichen Amtes" auch Aufgaben, die von Nichtbeamten erledigt werden. Daher ist durch das Zusammenwirken von Art. 34 GG und § 839 eine überaus komplizierte Rechtslage entstanden. Dazu treten noch ähnliche Ansprüche aus Enteignung, enteignungsgleichem Eingriff und Aufopferung. Dies alles wird in einem eigenen Band ausführlich behandelt[81], der aus dieser Reihe hervorgegangen ist, und soll daher hier nicht erörtert werden.

Fall 81 (Straßenausbesserung: Abgrenzung der Amtshaftung)
Bei Straßenausbesserungen durch das Land Baden-Württemberg wird ein von *T* gesteuerter Lastzug des Landes eingesetzt. Der Lastzug kommt, mit leeren Teerfässern beladen, von der Baustelle; zu dieser soll er, dann mit Schotter beladen, zurückfahren. Da *T* zu schnell fährt, stößt er mit *G* zusammen, der verletzt wird. Ansprüche des *G* gegen das Land?

Hier haftet das Land jedenfalls nach § 7 StVG als Halter des Lastzugs (diese Haftung besteht auch neben derjenigen aus § 839 BGB, Art. 34 GG). Die Einschränkungen dieser Gefährdungshaftung (insbesondere aus §§ 12, 12a, 15 StVG) lassen sich aber auf zwei anderen Wegen vermeiden: (1) Haftung des *T* nach § 823 I und des Landes nach § 831, also mit der Möglichkeit der Exkulpation; (2) Haftung des Landes nach § 839 BGB, Art. 34 GG; eine Eigenhaftung des *T* gegenüber *G* entfällt dann.

Die Wahl zwischen beiden Alternativen hängt davon ab, ob *T* bei dem Transport „in Ausübung eines ihm anvertrauten öffentlichen Amtes"

---
[81] *Ossenbühl*, Staatshaftungsrecht, 5. Aufl. (1998).

gehandelt hat: Nur dann passen die §§ 839, 253 II BGB, Art. 34 GG. In dem Prozeß war argumentiert worden, der Transport von leeren Teerfässern oder Schotter könne von jedem privaten Unternehmer ausgeführt werden und sei daher allein nach Privatrecht zu beurteilen. Der *BGH*[82] dagegen hat den konkreten Zweck der Tätigkeit berücksichtigt: Die Herstellung und Erhaltung der Verkehrswege bilde einen Teil der öffentlichen Verwaltung und stelle hoheitliche Tätigkeit dar. Daß dabei weithin kein Zwang eingesetzt, sondern im Rahmen der „schlichten Hoheitsverwaltung" vorgegangen werde, sei unerheblich. Auch Tätigkeiten, „die lediglich im inneren Dienstbereich der Vorbereitung der eigentlichen hoheitsrechtlichen Maßnahme dienten", bildeten mit dieser regelmäßig eine Einheit. Daher hat der *BGH* auch die der Straßenausbesserung dienenden Fahrten zur „Ausübung eines öffentlichen Amtes" gerechnet; gehaftet wird dem *G* also nach der Alternative (2).

II. Zusammenfassung

1. Die in § 839 BGB, Art. 34 GG geregelte Amtshaftung *verdrängt die Haftung nach allgemeinem Privatrecht weithin;* nicht verdrängt wird jedoch die Halterhaftung aus § 7 StVG.

2. Die Amtshaftung kann *durch jeden* (nicht bloß durch einen Beamten) *ausgelöst werden, der ein ihm anvertrautes öffentliches Amt ausübt.* Diese Amtsausübung umfaßt auch Maßnahmen der schlichten Hoheitsverwaltung einschließlich der vorbereitenden Tätigkeiten. Daß diese ebensogut privatrechtlich wahrgenommen werden könnten, spielt keine Rolle.

---

[82] *BGH* NJW 1967, 796.

3. Teil. Haftung aus Gefährdung

§ 13. Die Tierhalterhaftung

I. Einzelprobleme

Fall 82 (Der bissige Hund: Luxustiere, Umfang der Tierhalterhaftung)

G besucht seinen Freund S in dessen Einfamilienhaus. Als G nach dem Klingeln an der Eingangstür wartet, wird er von dem Hund des S angegriffen und verletzt. Ansprüche des G gegen S?

Hier kommt schon nach dem oben § 11 zu *Fall 71* Gesagten eine Haftung des S nach § 833 S. 2 aus vermutetem Verschulden in Betracht: S haftet allemal, wenn er nicht nachweist, daß er den Hund ordentlich beaufsichtigt hat oder daß der Schaden auch bei ordentlicher Aufsicht entstanden wäre.

Diese Haftung aus bloß vermutetem Verschulden gilt für Haustiere, die dem Beruf, dem Erwerb oder dem Unterhalt des Tierhalters dienen. Auf den Hund des S träfe das etwa dann zu, wenn S in seinem Haus mit wertvollen Antiquitäten handelte und der Hund als Wachhund gehalten würde. Wenn der Hund dagegen keinem solchen privilegierten Zweck dient, ist die Haftung nach § 833 S. 1 schärfer: Sie setzt dann kein (auch bloß vermutetes) Verschulden voraus, ja nicht einmal Rechtswidrigkeit. Vielmehr knüpft sie sich allein an diejenige Gefährdung, die mit der Haltung eines Luxustieres oder eines Tieres, das kein Haustier darstellt, verbunden ist. Die Rechtsordnung erlaubt eine solche gefährliche Tierhaltung gleichsam nur um den Preis einer Haftung ohne weitere Voraussetzungen.

Dabei ist die Tierhalterhaftung in den Einzelheiten schärfer als andere Gefährdungshaftungen: Erstens ist sie nämlich ziffernmäßig unbegrenzt (vgl. u. § 14 *Fall 87*). Zweitens kennt sie keine spezielle Verwirkung. Drittens endlich gilt bei ihr auch die Ersatzberechtigung Dritter nach § 845 BGB, die in den anderen Fällen der Gefährdungshaftung nicht vorkommt.

Fall 83 (Reiterstolz: Schutzzweck der Tierhalterhaftung)

S übt mit seinem Pferd das „Angaloppieren im Außengalopp", das jedoch nicht recht klappt. G, ein erfahrener Turnierreiter, der das Pferd zudem von früher kennt, beobachtet die Bemühungen des S etwa eine Viertelstunde lang. Dann ruft er dem S zu: „Laß mich mal". Daraufhin überläßt S das Pferd dem G; dieser wird beim Aufsteigen von dem Tier verletzt. Ersatzansprüche des G gegen S?

Der bloße Wortlaut des § 833 S. 1 läßt keinen Grund erkennen, dessentwegen S hier nicht zu haften bräuchte. Insbesondere enthält die Vorschrift – anders als das StVG in § 8 Alt. 2 – keine Ausnahme zu Lasten von Personen, die „bei dem Betrieb tätig" waren. Es bedeutete auch eine Unterstellung, hier einen zwischen G und S stillschweigend (konkludent) vereinbarten Haftungsausschluß anzunehmen. Endlich liegt zwischen G und S auch keine Leihe des Pferdes vor, so daß die Haftungsmilderung nach §§ 599, 600 womöglich auch den Anspruch aus § 833 S. 1 verdrängen könnte (vgl. o. § 2 *Fall 6*). Vielmehr bildet die Überlassung hier bloß eine außervertragliche (und zudem wohl auch eigennützige) Gefälligkeit.[1]

Dennoch hat der *BGH*[2] in einem solchen Fall die Tierhalterhaftung verneint: G habe die Herrschaft über das Pferd vorwiegend im eigenen Interesse (nämlich um seine überlegenen Reitkünste zu beweisen) und in Kenntnis der damit verbundenen Tiergefahr übernommen. Dieses eigene Interesse kompensiere den Nutzen, den der Tierhalter von dem Tier habe und der die Gefährdungshaftung rechtfertige. Daher treffe hier der Schutzzweck des § 833 S. 1 nicht mehr zu. Doch läßt sich diese Erwägung nicht etwa auf alle Fälle der Benutzung eines fremden Tieres übertragen; prinzipiell begünstigt die Tierhalterhaftung also auch den Reiter.

II. Zusammenfassung

1. § 833 S. 1 begründet für alle Tiere, die nicht Haustiere sind oder nicht dem Beruf, Erwerb oder Unterhalt des Halters dienen, eine von Rechtswidrigkeit und Verschulden unabhängige *Haftung des Halters*. Diese stellt den Ausgleich dafür dar, daß die Rechtsordnung die besonders gefährliche (kein Haustier) oder sozial unnötige (Luxustier) Tierhaltung erlaubt.

2. Die Haftung aus § 833 S. 1 ist *strenger als andere Gefährdungshaftungen*: Sie kennt keine Höchstbeträge und keine Verwirkung, zudem umfaßt sie auch eine Haftung nach § 845.

3. Gehaftet wird grundsätzlich *auch dem Benutzer* des Tieres. Ausnahmsweise kann die Haftung aber durch ein besonderes Eigeninteresse des Benutzers ausgeschlossen werden.

---

[1] Ob hierfür die §§ 599, 600 wenigstens *analog* gelten, läßt *BGH* NJW 1974, 234, 235 ausdrücklich offen.
[2] *BGH* NJW 1974, 234.

§ 14. Die Haftung des Kraftfahrzeughalters

I. Einzelprobleme

Fall 84 (Der Kurzschluß: Grundzüge der Halterhaftung)
S fährt mit seinem Pkw nachts über die Landstraße. Plötzlich kommt es zu einem Kurzschluß in der elektrischen Anlage; der Wagen bleibt stehen. S holt sofort das Warndreieck hervor, um es hinter dem unbeleuchteten Wagen aufzustellen. Doch bevor das gelingt, fährt G mit seinem Wagen auf das Hindernis. Dabei wird G verletzt, sein Wagen wird beschädigt. Ersatzansprüche des G?

Für einen Ersatzanspruch aus § 823 I (Körper- und Eigentumsverletzung) ist ein Verschulden des S nötig. Ein solches kann vorliegen, etwa wenn S die elektrische Anlage seines Wagens nicht ausreichend gepflegt hatte. Aber es wäre kaum angemessen, die Haftung des S von einem solchen womöglich auch schwer nachweisbaren Verschulden abhängig zu machen. Denn der Grundgedanke der Tierhalterhaftung trifft auch für Kraftfahrzeuge zu: Wer zu seinem Nutzen eine besondere Gefahr für andere schafft, soll die hieraus folgenden Schäden Dritter an Leben, Körper, Gesundheit und Eigentum verschuldensunabhängig ersetzen müssen.

Die Einzelheiten regelt für Kraftfahrzeuge (das sind durch Maschinenkraft bewegte, nicht an Schienen gebundene Landfahrzeuge, § 1 II StVG) der praktisch überaus wichtige § 7 StVG: Grundsätzlich haftet der Halter (Abs. 1). Eine Ausnahme hat bis zum 31. 7. 2002 gegolten bei Vorliegen eines unabwendbaren Ereignisses (Abs. 2 S. 1 am Anfang, S. 2, jeweils aF). Davon bestand aber eine Unterausnahme, wenn das Ereignis „auf einem Fehler in der Beschaffenheit des Fahrzeugs (oder) auf einem Versagen seiner Verrichtungen beruht" (Abs. 2 S. 1 am Ende). Seit dem 1. 8. 2002 ist die Haftung jedoch strenger geworden: Sie wird nach dem neuen § 7 II StVG nur noch durch „höhere Gewalt" ausgeschlossen (vgl. u. *Fall 91*).

In *Fall 84* konnte man zwar, wenn S den Wagen ordentlich gewartet hatte, an ein unabwendbares Ereignis denken. Aber dieses traf jedenfalls mit einem Versagen der Verrichtungen des Fahrzeugs zusammen: S haftete also. „Höhere Gewalt" im Sinne des neuen § 7 II StVG liegt sogar keinesfalls vor, weil ein Kurzschluß zum typischen Betriebsrisiko gehört. Allerdings ist die Halterhaftung nach den §§ 12, 12a StVG ziffernmäßig begrenzt (vgl. u. *Fall 87*); zudem umfaßt sie keine Drittansprüche nach § 845. Daher bleiben auch die womöglich nach § 16 StVG konkurrierenden Ansprüche aus allgemeinem Deliktsrecht (insbesondere aus §§ 823 I, zudem Drittansprüche nach § 845) interessant.

Fall 85 (Der haltende Lkw: Betriebsbegriff)
S hat seinen Lkw im Winter vor einer Baustelle angehalten, um dort Baumaterial abzuladen. Da es neblig ist, sieht der rasch mit seinem Wagen kommende G das Hinder-

nis nicht rechtzeitig und fährt auf. Ersatzansprüche des *G* wegen seines bei dem Aufprall entstandenen Körper- und Eigentumsschadens gegen *S*?

Im Augenblick des Unfalls war hier das Fahrzeug des *S* nicht in Bewegung, ja der Motor lief nicht einmal. Daher könnte man § 7 StVG für unpassend halten, weil sich nicht das eigenartige Risiko eines Kraftfahrzeugs verwirklicht hat, sondern nur dasjenige eines unbewegten Hindernisses. Eine solche „maschinentechnische" Auffassung ginge aber an den Bedürfnissen des modernen Straßenverkehrs vorbei: In diesem kann nämlich ein stehendes Hindernis gefährlicher sein als ein Fahrzeug, das sich mit der normalen Geschwindigkeit bewegt. Daher wird das Erfordernis des § 7 StVG, die Verletzung müsse sich „bei dem Betrieb" eines Kraftfahrzeugs ereignet haben, mit Recht weit verstanden: Zu diesem Betrieb rechnen regelmäßig auch Zeiten, in denen das Fahrzeug zwar stillsteht (vielleicht wegen einer Panne auch gar nicht fahren kann),[3] aber für den Verkehr gefährlich geblieben ist. Das trifft auch für den Lkw des *S* in *Fall 85* zu. Dagegen wäre der Betrieb beendet, wenn *S* den Wagen zum Entladen auf ein privates Grundstück gefahren hätte.

Fall 86 (Das fremde Auto: Grenzen der Halterhaftung)

S überläßt seinen Wagen seinem Freund *G* zu einer Wochenendfahrt. Dieser nimmt seine Freundin *H* mit. Unterwegs kommt es zu einem Unfall, weil die Bremsen des Wagens versagen. *G* und *H* werden verletzt; haben sie Ersatzansprüche gegen *S*?

Hier kommt ähnlich wie in *Fall 84* eine Haftung des *S* aus § 823 I in Betracht, wenn dieser den schlechten Zustand des Wagens hätte kennen müssen (allerdings möglicherweise mit der Haftungsmilderung aus §§ 599, 600).[4] Daneben scheint die Halterhaftung des *S* aus § 7 StVG zu stehen: Das Versagen der Bremsen bedeutet ja ein typisches Betriebsrisiko und kommt daher nicht als höhere Gewalt (§ 7 II StVG) in Betracht.

Doch gibt es hier zwei andere Gründe für die Haftungsbefreiung: Dem *G* haftet *S* nach § 8 StVG nicht, weil *S* bei dem Betrieb des Fahrzeugs tätig war. Wer in solcher Weise an dem Risiko des Fahrzeugs teilnimmt, soll keinen verschuldensunabhängigen Ersatzanspruch haben. Nach altem Recht war zudem die Halterhaftung gegenüber der *H* nach § 8a I 1 StVG aF ausgeschlossen, weil auch sie Vorteile aus dem gefährlichen Fahrzeug hatte. Diese Ausnahme gilt freilich seit dem 1. 8. 2002 nicht mehr; in dem neuen § 8a StVG wird (ebenso wie früher) nur noch die Unabdingbarkeit der Haftung bei entgeltlicher, geschäftsmäßiger Personenbeförderung (vor allem durch Bus oder Taxi) angeordnet. Weil eine solche nicht vorlag, hätte *S* seine Haftung also durch eine Vereinbarung mit *H* ausschließen können.

---

[3] So im Fall von BGHZ 29, 163.
[4] Vgl. dazu o. § 13 Fn. 1.

§ 14. Die Haftung des Kraftfahrzeughalters

Fall 87 (Der schwere Unfall: Höchstbeträge der Halterhaftung)

Am Lkw des S versagen die Bremsen; deshalb rammt der Lkw auf einer Gefällstrecke den vollbesetzten Autobus des T. Dabei werden 25 Insassen des Busses teils schwer verletzt; es entstehen Heilungskosten und Verdienstausfall von insgesamt 2 Mio Euro. Welche Ersatzansprüche haben die Verletzten?

S unterliegt hier jedenfalls der Halterhaftung, weil keine höhere Gewalt vorlag, § 7 II StVG. Diese Haftung war jedoch bis zum 31. 7. 2002 nach § 12 I Nr. 2 StVG aF auf insgesamt 750 000 Euro beschränkt. Da hier der Gesamtschaden höher liegt, wurden nach § 12 II StVG die einzelnen Ersatzansprüche verhältnismäßig herabgesetzt. Die Verletzten erhielten also von S aus § 7 StVG nur jeweils 37,5% ihres Schadens ersetzt. Ansprüche auf den Rest ließen sich nur bei Verschulden des S begründen (aus §§ 823 I, 847 aF, ggf. auch § 831). Seit dem 1. 8. 2002 ist der (vorher unzulängliche) Höchstbetrag in § 12 I Nr. 2 StVG wesentlich erhöht worden, nämlich auf 3 Mio Euro; er genügt in *Fall 87* also zur vollen Befriedigung aller Ansprüche.

Allerdings kann man zusätzlich noch an eine Halterhaftung des T denken: Der Unfall hat sich ja nicht bloß beim Betrieb des Lkw ereignet, sondern ebenso beim Betrieb des Autobusses. Diese Haftung ist, wenn es sich um eine entgeltliche geschäftsmäßige Personenbeförderung handelt, auch nicht nach § 12 I Nr. 2 StVG ziffernmäßig beschränkt (vgl. den Schluß der Vorschrift). Trotzdem ist die Haftung von T fraglich: Nach altem Recht wäre zwar ein unabwendbares Ereignis anzunehmen gewesen, weil man sich gegen das Auffahren eines ungebremsten Lkw auch mit größter Sorgfalt nicht schützen kann. Dagegen dürfte nach neuem Recht die jetzt nötige höhere Gewalt zu verneinen sein, weil Auffahrunfälle zu den typischen Risiken des Straßenverkehrs gehören.

Fall 88 (Der gestohlene Autoschlüssel: Haftung bei Schwarzfahrt)

S stellt seinen Sportwagen auf den Parkplatz einer Bar und steckt die Autoschlüssel in die Manteltasche. Den Mantel hängt er an die Garderobe. Das hat T beobachtet. Da er gern mit einem schnellen Wagen „rasen" möchte, besorgt er sich heimlich die Schlüssel aus der Tasche und startet den Wagen. Bald darauf verursacht T einen Unfall, bei dem G verletzt wird. Welche Ersatzansprüche hat dieser?

Wenn es keine Sondervorschrift gäbe, müßte man überlegen, ob es für den Halter höhere Gewalt nach § 7 II StVG darstellt, wenn ein Unbefugter das Fahrzeug benutzt. Doch ist die sog. Schwarzfahrt in § 7 III StVG eigens geregelt: Der Schwarzfahrer (also T) haftet allemal verschuldensunabhängig. Ob daneben auch der Halter (also S) haftet, hängt davon ab, ob er die unbefugte Benutzung schuldhaft ermöglicht hat. In *Fall 88* entscheidet also über die Haftung des S, ob dessen Umgang mit den Fahrzeugschlüsseln eine schuldhafte Nachlässigkeit bedeutet. Das wird man nicht allgemein sagen können. Wesentlich sind vielmehr die Umstände, insbesondere ob S damit rechnen mußte, sein Umgang mit den Schlüsseln sei beobachtet worden, und inwieweit er seinen Mantel im Auge behielt. Regelmäßig jedoch wird in solchen Fällen Fahrlässigkeit zu bejahen sein.

II. Zusammenfassung

1. Nach § 7 StVG haftet der Halter für Personen- und Sachschäden, die beim Betrieb seines Kraftfahrzeugs entstanden sind, verschuldensunabhängig. Dabei wird der *Betriebsbegriff weit* verstanden; insbesondere kann er auch das unbewegte Fahrzeug umfassen.
2. Eine *sachliche Ausnahme* von dieser Halterhaftung besteht nur für höhere Gewalt, § 7 II StVG. Das vorher maßgebliche „unabwendbare Ereignis" kommt jetzt nur mehr für den Ausgleich zwischen mehreren Haltern nach § 17 StVG vor.
3. *Persönliche Ausnahmen* von der Halterhaftung bestehen zu Lasten des *beim Fahrzeugbetrieb Tätigen* (insbesondere des Fahrers), § 8 StVG. Für die entgeltliche geschäftsmäßige Personenbeförderung ist die (hier nicht durch Höchstbeträge beschränkte) Halterhaftung gegenüber den Fahrgästen sogar unabdingbar, § 8 a StVG.
4. Die allgemeine Halterhaftung ist durch die *Höchstbeträge* des § 12 StVG begrenzt. Daher ist es wichtig, daß nach § 16 StVG die BGB-Verschuldenshaftung unberührt bleibt.
5. *Bei Schwarzfahrten* haftet jedenfalls der Schwarzfahrer, während der Halter regelmäßig nur bei Verschulden haftet, § 7 III StVG.

§ 15. Weitere Fälle der Gefährdungshaftung

I. Überblick

Weitere Fälle einer verschuldensunabhängigen Haftung betreffen die Risiken aus Luftfahrzeugen (§§ 33 ff. LVG), radioaktivem Material (§§ 25 ff. AtomG), Anlagen mit nachteiliger Einwirkung auf Gewässer (§ 22 II WHG), dem Inverkehrbringen von Arzneimitteln (§ 84 ArzneimittelG) und gentechnisch verändertem Material (§ 32 GentechnikG). Außerdem gibt es weitere verschuldensunabhängige Haftungen für den Umgang mit Wasser (§ 22 I WHG), den rechtmäßigen Eingriff in fremde Rechte (§ 904 S. 2) und für Immissionen (§ 14 BImSchG, § 906 II 2) sowie für unberechtigte Selbsthilfe (§ 231) und unberechtigte Zwangsvollstreckung (§§ 302 IV 3, 600 II, 717 II, 945, 1065 II 2 ZPO).

Neu hinzugekommen sind noch die §§ 1 UmweltHG und 1 ProdhaftG. Hiervon regelt § 1 UmweltHG Verletzungen „durch eine Umwelteinwirkung", die von einer gefährlichen Anlage ausgehen. Die praktische Bedeutung liegt hier aber weniger in der Verschuldensunabhängigkeit der Haftung als in Beweiserleichterungen für den Verletzten (§§ 6–9

UmweltHG). § 1 ProdhaftG ergänzt die vom *BGH* entwickelte deliktische Produzentenhaftung (vgl. o. § 11 *Fall 74ff.*) durch eine verschuldensunabhängige Haftung des Herstellers und in Sonderfällen (§ 6 II und III ProdhaftG) auch des Importeurs und des Lieferanten. Doch hat diese Haftung so viele Einschränkungen (etwa §§ 1 I 2, 11 ProdhaftG), daß daneben § 823 I unentbehrlich und praktisch sogar wichtiger bleibt. Davon soll hier nicht weiter gesprochen werden. Am ehesten examenswichtig dürfte derzeit noch die „klassische" Gefährdungshaftung nach dem Haftpflichtgesetz sein.

II. Einzelprobleme des Haftpflichtgesetzes

Fall 89 (Das eilige Umsteigen: „Betrieb" einer Eisenbahn)

G hat zum Umsteigen in Köln Hauptbahnhof nach dem Fahrplan 10 Minuten Zeit. Da der von G zuvor benutzte Zug jedoch mit 6 Minuten Verspätung ankommt, läuft G eilig die Treppe hinunter, um auf denjenigen Bahnsteig zu gelangen, von dem sein Anschlußzug abfährt. Dabei stürzt G auf der Treppe und wird verletzt. Hat er Ersatzansprüche gegen den Bahnbetreiber?

Wenn hier keine schuldhafte Pflichtverletzung des Bahnbetreibers insbesondere bezüglich des Zustands der Treppe vorliegt, scheiden § 823 I und der Beförderungsvertrag als Anspruchsgrundlage aus. Zu denken ist aber an die Gefährdungshaftung des Betriebsunternehmers einer Schienenbahn nach § 1 HPflG: Dieser haftet (ähnlich wie nach § 7 StVG der Kraftfahrzeughalter) für die beim Betrieb der Bahn entstandenen Personen- und Sachverletzungen verschuldensunabhängig. Dabei ist der „Betrieb" in § 1 HPflG noch weiter zu verstehen als bei § 7 StVG: Es geht ja bei der Eisenbahn nicht um den Betrieb eines einzelnen Fahrzeugs, sondern um den Bahnbetrieb im ganzen. Dahin kann man das Umsteigen zwischen zwei Zügen wenigstens dann rechnen, wenn die durch den Bahnbetrieb bedingte Eile gefahrerhöhend wirkt. Keine Rolle spielt jedenfalls, daß der Unfall nicht auf direkter Berührung mit einem sich bewegenden Bahnfahrzeug beruht.

Danach ist in *Fall 89* ein Schadensersatzanspruch des G gegen den Bahnbetreiber dem Grunde nach gegeben (aber womöglich §§ 4 HPflG, 254 BGB).

Fall 90 (Der einsame Fahrgast: nochmals der „Betrieb")

G sitzt nachts allein in einem Abteil 1. Klasse. D nutzt die Einsamkeit des G aus und ermordet diesen. Hat die Witwe Ersatzansprüche gegen den Bahnbetreiber?

Auch hier kommt wieder nur die verschuldensunabhängige Haftung nach § 1 HPflG in Betracht. Der nötige Zusammenhang mit dem Betrieb der Bahn scheint sich daraus zu ergeben, daß *D* die Hilflosigkeit des *G* in dem fahrenden Zug ausgenutzt hat. Trotzdem hat das *RG*[5] in

---

[5] *RGZ* 69, 357.

76   3. Teil. Haftung aus Gefährdung

einem solchen Fall die Haftung des Bahnunternehmers verneint: Eine gleiche Gefahr finde sich auch sonst an einsamen Orten; sie sei keine Eigenart des Bahnbetriebs.

Fall 91 (Der Felssturz: höhere Gewalt; Haftungsbegrenzung)
Eine Bahnstrecke führt an einer Felswand vorbei. Der Nachtfrost hat das Gestein gelockert, so daß große Felsbrocken auf die Schienen fallen. Der Steuerwagen eines Wendezugs fährt auf das Hindernis und entgleist. Dabei wird der Kaufmann G so schwer verletzt, daß er arbeitsunfähig bleibt; sein Verdienstausfall beträgt 100000 Euro jährlich. Welche Ersatzansprüche hat G gegen den Bahnbetreiber?

Hier ist der Anspruch aus § 1 HPflG nicht schon deshalb ausgeschlossen, weil der Unfall auf einem Naturereignis beruht. Vielmehr verlangt § 1 II 1 HPflG für den Ausschluß der Gefährdungshaftung „höhere Gewalt". Und dafür genügt es nicht, daß der Unfall selbst mit äußerster Sorgfalt nicht verhindert werden konnte. Vielmehr muß die Unfallursache auch derart außergewöhnlich sein, daß man sie nicht mehr zu dem kalkulierbaren Betriebsrisiko der Bahn rechnen kann. Das würde etwa für Zugentgleisungen wegen eines Erdbebens zutreffen. Aber Gesteinsabbrüche von einer Felswand sind häufiger; zudem lassen sie sich oft durch entsprechende Baumaßnahmen verhindern. Überdies ist die Gefahr hier dadurch erhöht worden, daß an der Spitze des Zuges nicht eine schwere Lokomotive lief, sondern der weitaus leichtere Steuerwagen. Daher würde ich eine Haftung der Bahn hier bejahen.

Dem Umfang nach ist diese Haftung aus § 1 HPflG allerdings kümmerlich: Nach § 9 HPflG bekommt G nicht den vollen Verdienstausfall ersetzt, sondern derzeit höchstens 36000 Euro jährlich. Darum ist es wichtig, daß (wie nach § 16 StVG) nach § 12 HPflG die weiterreichende Verschuldenshaftung aus dem Beförderungsvertrag und nach §§ 823, 831 unberührt bleibt. Wenn der Bahnbetreiber eine Verkehrspflicht hinsichtlich der Strecke schuldhaft verletzt hat, steht dem G also ein unbegrenzter Ersatzanspruch zu.

Fall 92 (Der „Jahrhundertsturm": Haftung für Leitungen)
Ein besonders heftiger Sturm, wie er alle hundert Jahre nur einmal vorkommt, hat folgendes angerichtet:
(1) Eine Telephonleitung der Telekom ist abgerissen worden; G stürzt mit seinem Motorrad über das Hindernis und wird verletzt;
(2) eine Starkstromleitung des örtlichen Energieversorgungsunternehmens ist von den Isolatoren abgerissen worden und hängt wenig über dem Erdboden; der Motorradfahrer H berührt die Leitung und stirbt an einem Stromschlag;
(3) ein Mast der Starkstromleitung ist umgebrochen; J fährt mit seinem Pkw gegen das Hindernis; dieser wird beschädigt.

In der Alternative (1) gibt es nach § 2 II HPflG keine verschuldensunabhängige Haftung: Fernmeldeleitungen mit ihren geringen Strömen sind eben nicht gefährlicher als andere Bauwerke auch. Darum haftet die

§ 15. Weitere Fälle der Gefährdungshaftung 77

Telekom hier nur nach § 836; der dort vorgesehene Exkulpationsbeweis (vgl. o. § 11 *Fall 72*) dürfte gegenüber den Folgen eines „Jahrhundertsturms" regelmäßig gelingen.

In der Alternative (2) paßt § 2 I 1 HPflG: *H* ist ja nicht mechanisch durch den Draht, sondern durch die Wirkung der Elektrizität getötet worden. Ausgeschlossen sein könnte die Haftung nur nach § 2 III Nr. 3 HPflG, wenn der Jahrhundertsturm als „höhere Gewalt" zu werten ist. Doch greift hier die Unterausnahme der Vorschrift ein, nämlich das „Herabfallen von Leitungsdrähten": Daher bekommen die Hinterbliebenen des *H* (§ 5 HPflG) in dieser Alternative jedenfalls einen (freilich durch § 9 HPflG begrenzten) Ersatz.

In der Alternative (3) endlich paßt § 2 I 2 HPflG: Hier ist der Schaden bloß mechanisch und nicht elektrisch verursacht worden. Diese Haftung tritt dann nicht ein, wenn sich die Anlage bei der Schädigung in ordnungsmäßigem Zustand befand. Aber daran fehlt es hier, weil der Mast durch den Sturm umgebrochen war (vgl. § 2 I 3 HPflG: „unversehrt"). Daher bleibt nur die Ausnahme der „höheren Gewalt" von § 2 III Nr. 3 HPflG zu bedenken, die hier durch keine Unterausnahme durchbrochen wird. Wenn es sich wirklich um einen „Jahrhundertsturm" gehandelt hat, dürfte „höhere Gewalt" regelmäßig zu bejahen sein; *J* erhält dann keinen Ersatz.

III. Zusammenfassung zu II

1. Das Haftpflichtgesetz enthält *zwei* verschiedene *Gefährdungshaftungen:* Die eine betrifft Eisen- und Schwebebahnen (§ 1 HPflG), die andere Energieanlagen und bestimmte Leitungen (§ 2 HPflG).
2. Sachlich sind von der Haftung regelmäßig die Fälle der *höheren Gewalt* ausgenommen.
3. Die Haftung ist *betragsmäßig begrenzt* (§§ 9, 10 HPflG). Doch bleibt die weiterreichende Verschuldenshaftung nach dem BGB unberührt, § 12 HPflG.

4. Teil. Allgemeine Probleme des Schadensrechts

Bisher ist hauptsächlich der Grund von Schadensersatzansprüchen behandelt worden. Von Art und Umfang des geschuldeten Ersatzes war dagegen nur die Rede, soweit die Probleme mit einem bestimmten Ersatzanspruch zusammenhängen (vor allem o. § 4 Tötung, o. § 5 Körperverletzung, o. § 7 Eigentumsverletzung, o. §§ 14, 15 Haftungsbegrenzung). Hier bleiben jetzt noch Fragen des allgemeinen Schadensrechts zu besprechen, die unabhängig von der Art der Anspruchsgrundlage auftreten können.

§ 16. Probleme der Zurechnung

I. Adäquanz und Schutzbereich der Norm

Fall 93 (Die verklemmten Schiffe: Adäquanztheorie)

Die Kammer der Schleuse Datteln des Lippe-Seitenkanals verengte sich nach unten konisch. Daher verringerte sich der lichte Abstand zwischen den Kammerwänden von 12,77 m bei Oberwasser auf 12,31 m bei Unterwasser. Deshalb fragte das Schleusenpersonal nach der Breite der bei Oberwasser einfahrenden Schiffe. G gab die Breite seines Schiffes richtig mit 6,67 m an, S nannte für sein Schiff unrichtig 5 m statt 5,87 m. Der Schleusengehilfe D übernahm – was er nicht durfte – bei Abwesenheit des Schleusenmeisters die Schleusung und legte dafür beide Schiffe nebeneinander. Beim Absenken des Wasserspiegels verklemmten sich die Schiffe jedoch miteinander und mit den Schleusenwänden. D wollte – wie es schon vielfach geschehen war – diese Verklemmung durch das Anheben des Wasserspiegels beseitigen. Dabei schwammen die Schiffe jedoch nicht gleichmäßig auf, sondern sie hoben sich nur dachförmig längs ihrer gemeinsamen Berührungsfläche. Das Schiff des G drohte, durch die Schräglage voll Wasser zu laufen. D wollte jetzt den Wasserzufluß stoppen, doch gelang ihm das wegen eines Stromausfalls nicht; daher sank das Schiff des G. Dieser verlangt von S Schadensersatz.

Anspruchsgrundlage ist hier § 823 I; die schuldhafte Pflichtverletzung des S liegt in der falschen Angabe über die Breite seines Schiffs. Daß diese falsche Angabe zu dem Nebeneinanderlegen beider Schiffe und dieses zu der Verklemmung führen konnte, war ziemlich wahrscheinlich. Das allein bedeutete jedoch noch keine dringende Gefahr, weil eine solche Verklemmung früher mehrfach ohne bleibenden Schaden hatte beseitigt werden können. Für den Schadenseintritt mußten vielmehr noch die folgenden unglücklichen Umstände hinzukommen: Der Gehilfe G handelte eigenmächtig und ohne die nötige Erfahrung; der Wasserspiegel wurde zu schnell angehoben; schließlich hinderte der Stromausfall die Beendigung des weiteren Wasserzulaufs. Man muß also fragen, ob der

§ 16. Probleme der Zurechnung

erst durch den Hinzutritt dieser weiteren Umstände ermöglichte Schaden dem S noch zugerechnet werden kann.

Das wäre zu bejahen, wenn man jeden Umstand, der nicht hinweggedacht zu werden vermag, ohne daß auch der Schaden entfiele, im Rechtssinn als Ursache auffassen wollte. Man nennt einen solchen Umstand eine *conditio sine qua non* („Bedingung ohne die nicht", nämlich der Schaden eingetreten wäre). Die Lehre von der Gleichsetzung und rechtlichen Anerkennung aller dieser Bedingungen heißt die Äquivalenztheorie. Nach ihr müßte S deshalb haften, weil der zum Untergang des anderen Schiffs hinführende Ablauf ohne die unrichtige Breitenangabe nicht in Bewegung gekommen wäre.

Mit dieser Äquivalenztheorie gelangt man jedoch im Zivilrecht (wo sich anders als im Strafrecht das Verschulden regelmäßig nicht auf den Schaden zu beziehen braucht) zu einer unbrauchbar weiten Zurechnung von Schadensfolgen. Daher ist viele Jahrzehnte lang eine Korrektur unter Gesichtspunkten der Wahrscheinlichkeit diskutiert worden: Ganz unwahrscheinliche Folgen sollten von der Zurechnung ausgeschlossen werden; zivilrechtlich zu verantworten sein sollten bloß die einigermaßen naheliegenden („adäquaten") Folgen (deshalb „Adäquanztheorie"). Hierfür mußte freilich das Maß der zu fordernden Wahrscheinlichkeit möglichst genau angegeben werden.

In dem Schleusenfall hat der *BGH*[1] im Anschluß an *Traeger*[2] hierfür die folgende Formulierung gewählt: Eine Begebenheit sei adäquate Bedingung eines Erfolges, wenn sie die objektive Möglichkeit eines Erfolges von der Art des eingetretenen generell in nicht unerheblicher Weise erhöht habe. Bei der dahin zielenden Würdigung seien lediglich zu berücksichtigen

(1) alle zur Zeit des Eintritts der Begebenheit dem optimalen Beobachter erkennbaren Umstände, sowie

(2) die dem Urheber der Bedingung noch darüber hinaus bekannten Umstände.

Auf der Grundlage dieser Formel hat der *BGH* in *Fall 93* ein Fehlen der Adäquanz für denkbar gehalten und die Sache zur weiteren tatsächlichen Aufklärung an die Vorinstanz zurückverwiesen (§ 565 I ZPO). Freilich hat die Adäquanzformel trotz aller Präzision des Ausdrucks zwei wunde Punkte: Das ist einmal die Kunstfigur des „optimalen Beobachters" und zum andern die Floskel, der Schaden müsse „in nicht unerheblicher Weise" wahrscheinlicher geworden sein. Mit diesen Formulierungen hätte man in *Fall 93* die Adäquanz auch bejahen können: Man braucht bloß anzunehmen, der optimale Beobachter habe die Ungeschicklichkeit des Schleusengehilfen und seine Neigung zur Eigen-

---

[1] BGHZ 3, 261 (266f.).
[2] Kausalbegriff im Zivil- und Strafrecht, 1904, S. 159.

mächtigkeit gekannt. Diese hatte nämlich womöglich auch zu dem Stromausfall geführt, weil dieser vielleicht auf das Durchbrennen einer Sicherung wegen Überlastung eines Elektromotors zurückging. Wirklich hat denn auch die Adäquanztheorie in der Rechtsprechung nur ganz selten zu einer Freistellung des Schädigers geführt. Das hat die Suche nach einem anderen, besser wirkenden Kriterium zur Begrenzung der Verantwortlichkeit veranlaßt.

Fall 94 (Ersatz von Verteidigungskosten: Schutzbereich des § 823 I)

G und S waren mit ihren Kraftfahrzeugen zusammengestoßen. Dabei war an beiden Fahrzeugen Schaden entstanden; G war auch verletzt worden. Gegen beide ergingen Strafbefehle. G erreichte schließlich die Aufhebung des gegen ihn wegen zu schnellen Fahrens gerichteten Strafbefehls mangels Beweises. Hierdurch entstanden ihm Verteidigungskosten von rund 700 DM, die er von S ersetzt verlangt.

Die Entscheidung dieses Falles durch den *BGH*[3] gehört zu der Suche nach einem über die Adäquanztheorie hinausreichenden Kriterium der Schadensbegrenzung. Der *BGH* hat dieses im „Schutzbereich des Gesetzes" finden wollen: Zu ersetzen seien bloß die Schäden aus der Verletzung desjenigen Rechtsguts, zu dessen Schutz das Gesetz erlassen worden sei. Dieses Gesetz ist hier in § 823 I gesehen worden (Folgeschaden aus der Verletzung von Körper und Eigentum des *G*): Diese Vorschrift wolle, so hat der *BGH* argumentiert, nicht Aufwendungen für ein Strafverfahren verhindern.

Diese Begründung und damit auch die geschilderte Anwendung der Lehre vom Schutzbereich der Norm verfehlt aber das Problem: Aus § 823 I konnte G überhaupt nur den Ersatz derjenigen Schäden verlangen, die sich aus der Verletzung *seines* Körpers und *seines* Eigentums ergaben. Das die fraglichen Aufwendungen verursachende Strafverfahren gegen G war aber nicht eingeleitet worden, weil dieser selbst verletzt worden war, sondern weil er im Verdacht stand, zu schnell gefahren zu sein. Die Verletzungen des G bildeten also keine *conditiones sine quae non* für den geltend gemachten Schaden. Daher hätte ein Ersatzanspruch schon mangels einfacher (äquivalenter) Kausalität verneint werden müssen; die Berufung auf einen beschränkten Schutzbereich des § 823 I ging hier ins Leere.

Fall 95 („Panik im Schweinestall": Schutzbereich des § 7 StVG)

S stieß mit seinem Pkw in die Seite eines kreuzenden anderen Kraftwagens. Dabei entstand ein lauter Knall. G hatte seinen Hof nahe der Unfallstelle. In dem Stall kam es unter den Schweinen wegen des Unfallgeräuschs zu einer Panik; mehrere Tiere verendeten. Kann G von S Ersatz verlangen?

Der *BGH*[4] hat einen Ersatzanspruch vor allem aus § 7 StVG geprüft und verneint: Zwar sei dort das Tatbestandsmerkmal „bei dem Betrieb

---

[3] BGHZ 27, 137.
[4] BGHZ 115, 84.

§ 16. Probleme der Zurechnung 81

eines Kraftfahrzeugs" weit auszulegen, da die Gefahren des Verkehrs mit Kraftfahrzeugen immer größer würden. Aber hier habe sich in erster Linie das Risiko verwirklicht, daß G selbst die Schweine durch die Haltung in einer modernen Intensivzucht für Geräusche besonders anfällig gemacht habe bis hin zu der hier eingetretenen Panikreaktion. Das sei „die entscheidende Schadensursache"[5]. Die Schäden aus der Panik der Schweine seien „bei wertender Betrachtung der Preis, den der Züchter für die gewählte Art der Schweinehaltung zahlen muß". Hier gehe es also nicht mehr um ein Risiko aus der Duldung des Kraftfahrzeugbetriebs, das § 7 StVG dem Verletzten abnehmen wolle.

Fall 96 (Der kranke Beamte: Schutzbereich der Norm)

Durch einen von S verschuldeten Unfall wird der Beamte G schwer verletzt. Bei der folgenden Krankenhausbehandlung stellen die Ärzte eine Hirnarteriosklerose fest. Wegen dieser – von dem Unfall unabhängigen – Krankheit wird G vorzeitig pensioniert. Er verlangt von S unter anderem den Unterschied zwischen seinen Dienstbezügen und dem (geringeren) Ruhegehalt ersetzt. Mit Recht?

Hier liegt die äquivalente Kausalität vor: Ohne den Unfall wäre G nicht ins Krankenhaus gekommen und daher auch die Krankheit zumindest einstweilen nicht entdeckt worden. Folglich wäre auch die Frühpensionierung unterblieben. Sogar Adäquanz kann zu bejahen sein: Eine längere Krankenhausbehandlung fördert generell in nicht unerheblichem Maß die Entdeckung weiterer Krankheiten. Trotzdem ist hier ein auf § 823 I oder § 823 II BGB mit § 230 StGB (oder auch auf § 7 StVG) gestützter Schadensersatzanspruch wegen der Besoldungsdifferenz zu verneinen:[6] Diese Normen sollen nicht davor schützen, daß eine schon vorhandene Krankheit entdeckt wird, auch wenn diese Entdeckung für den Verletzten Vermögensnachteile bewirkt.

Dieser Fall zeigt, daß die Lehre vom Schutzbereich der Norm bei § 823 I (ebenso wie bei § 823 II, vgl. o. § 9 *Fall 60*) durchaus ein sinnvolles Anwendungsgebiet hat. Allerdings ist dieses bei § 823 I erheblich kleiner als bei § 823 II: Das allgemeine Verbot der Verletzung von Leben, Körper usw. ist eben hinsichtlich des Schutzbereichs viel farbloser, als es gegen ein bestimmtes Verhalten gerichtete Schutzgesetze zu sein pflegen.

Fall 97 (Die schädliche Verzögerung: Verhältnis von Adäquanztheorie und Schutzbereich der Norm)

Durch einen von S verschuldeten Verkehrsunfall entsteht am Auto des G leichter Sachschaden. Außerdem wird G durch die polizeiliche Unfallaufnahme eine Stunde lang aufgehalten. Hierdurch gerät G bei der Weiterfahrt in einen Massenunfall, bei dem sein Auto zerstört und er selbst schwer verletzt wird. Muß S auch diesen weiteren Schaden ersetzen?

---

[5] BGHZ 115, 84 (88) unter Hinweis auf *RGZ* 158, 34 (Silberfuchszucht).
[6] *BGH* NJW 1968, 2287 (wo mit dem „allgemeinen Lebensrisiko" argumentiert wird).

Hier ist der erste Unfall äquivalente Ursache *(conditio sine qua non)* dafür, daß G in den viel schlimmeren zweiten Unfall verwickelt wurde. Trotzdem ist eine Ersatzpflicht des S insoweit zu verneinen. Zu begründen vermag man das sowohl mit der Adäquanztheorie als auch mit der Lehre vom Schutzbereich der Norm. Denn einerseits kann man sagen: Eine zeitliche Verzögerung erhöht die Wahrscheinlichkeit weiterer Unfälle nicht generell (ebensogut hätte dem G ja auch die Verwicklung in einen weiteren Unfall erspart bleiben können); selbst ein optimaler Beobachter konnte bei dem ersten Unfall den zweiten nicht voraussehen. Andererseits läßt sich aber auch argumentieren, § 823 I (oder auch § 7 StVG) wolle nicht vor einer Verzögerung der Weiterfahrt (und den daraus etwa folgenden weiteren Unfällen) schützen.

Daß beide Lehren hier zum selben Ergebnis führen, ist kein Zufall: Letztlich wird eben ein Gesetz kaum einmal im Hinblick auf ganz unwahrscheinliche Folgen erlassen. Daher liegt das ganz Unwahrscheinliche dann auch häufig nicht mehr im Schutzbereich der Norm.

II. Die Herausforderungsfälle

Fall 98 (Die wilde Verfolgung: Herausforderung I)

Eine Polizeistreife will den von S gefahrenen Kraftwagen anhalten, weil die Beleuchtung des hinteren Kennzeichens defekt ist. S hat aber keine Fahrerlaubnis und flüchtet daher mit weit überhöhter Geschwindigkeit. Die Polizisten nehmen die Verfolgung auf und verunglücken dabei. Muß S für den hierdurch entstandenen Schaden aufkommen?

Hier hat S unzweifelhaft eine Ursache für die eingetretene Körper- und Eigentumsverletzung gesetzt, § 823 I. Auch hat er durch die überhöhte Geschwindigkeit und das Fahren ohne Fahrerlaubnis Schutzgesetze verletzt, die andere Verkehrsteilnehmer vor Körper- und Eigentumsschäden bewahren wollen, § 823 II (wobei allerdings fraglich sein kann, ob hierunter auch Verfolgungsschäden fallen; diese Frage läßt sich aber aus den genannten Normen kaum beantworten). Endlich ist auch die Adäquanz kaum zu verneinen: Daß Polizisten einen flüchtenden Kraftfahrer verfolgen, gehört zu ihren Dienstpflichten, und wenn der Verfolgte zu schnell fährt, liegt die Gefahr eines Unfalls der Verfolger nahe.

Dennoch kann man hier an einer Ersatzpflicht des S zweifeln: Die Verfolgung mit gefährlich überhöhter Geschwindigkeit beruht ja auch auf einer eigenen Entscheidung der Polizisten; darf man den Verfolgten auch dafür noch verantwortlich machen? Der *BGH*[7] hat eine solche durch die Psyche des Geschädigten vermittelte Kausalität im Anschluß an *Larenz* bejaht, wenn der Verfolgte das Verhalten des Verfolgers „herausgefordert" hatte. Diese Formulierung soll es wohl ermöglichen, den Entschluß zur Verfolgung auf seine Vernünftigkeit zu prüfen. Danach kann

---

[7] Etwa BGHZ 57, 25; 63, 189; Entscheidung des *Falles 98* in *BGH* JZ1967, 639.

eine Ersatzpflicht insbesondere dann verneint werden, wenn die erkennbaren Gefahren der Verfolgung im Verhältnis zu deren Anlaß als unverhältnismäßig groß erscheinen mußten. Eine Ersatzpflicht kann aber umgekehrt auch scheitern, wenn der Unfall nur als recht unwahrscheinliche Folge einer kaum gefährlichen Verfolgung eingetreten ist.

Fall 99 (Der beschädigte Straßenrand: Herausforderung II)
Durch einen von S zu verantwortenden Unfall wird eine vielbefahrene Straße für einige Zeit gesperrt. Aus dem rasch sich bildenden Stau umfahren einzelne Kraftfahrer die Unfallstelle über den Rad- und Gehweg. Dabei entstehen dort erhebliche Beschädigungen. Die Stadt als Wegeeigentümerin verlangt die nötigen Ausbesserungskosten von S ersetzt.

Hier kommt als Anspruchsgrundlage wenigstens § 823 I (Eigentumsverletzung, mit § 249 II) in Betracht. Man kann auch die Adäquanz nicht leugnen: Bei einer Straßensperrung ohne geeignete Umleitung ist es nicht unwahrscheinlich, daß ungeduldige Verkehrsteilnehmer das Hindernis ohne Rücksicht auf fremdes Eigentum umfahren. Doch steht hier zwischen der von S zu verantwortenden Schadensursache (der Sperrung) und dem Schaden (der Beschädigung des Rad- und Gehwegs) der freie Entschluß der ungeduldigen Kraftfahrer: Können dessen Folgen dem S gleichwohl zugerechnet werden?

Der BGH[8] hat eine solche Zurechnung nicht schon deshalb verneint, weil der Entschluß rechtswidrig und vorsätzlich gewesen ist. Für entscheidend hat das Gericht es vielmehr gehalten, daß S das Verhalten der ungeduldigen Kraftfahrer nicht „herausgefordert" hätte; „Herr" des schadenstiftenden Geschehens sei nicht S gewesen, sondern die Herrschaft habe allein bei den ungeduldigen Fahrern gelegen.

Für sehr überzeugend halte ich das nicht. Denn eine in ihrer Dauer ungewisse Straßensperrung fordert wohl ungeduldige Reaktionen der wartenden Fahrer geradezu heraus. Und daß S nicht mehr „Herr" des sich aus der Sperrung entwickelnden Geschehens ist, hat in vergleichbaren Fällen keinen Einfluß auf die Ersatzpflicht. Man denke nur an den vorhin (o. *Fall 93*) erörterten Schleusenfall oder an

Fall 100 (Die gestohlenen Rinder: Herausforderung III)
Durch Manöverstreitkräfte wird ein Weidezaun des G beschädigt. Durch das Loch entweichen Rinder. Zwei von ihnen können nicht wieder eingefangen werden; offenbar sind sie von Dritten unterschlagen worden. Ersatzansprüche des G?

Hier hatte sich die verklagte Bundesrepublik Deutschland auf die zu o. *Fall 99* behandelte Entscheidung des BGH berufen: Ob frei herumlaufende Rinder ihre Unterschlagung „herausforderten", könne man gewiß bezweifeln. Auch waren die Manöverstreitkräfte, nachdem die Rinder einmal entkommen waren, nicht mehr Herren des weiteren Ge-

---
[8] BGHZ 58, 163.

schehens. Trotzdem hat der *BGH*⁹ mit Recht dem G Ersatz für die Rinder zugesprochen: Der zerstörte Zaun habe gerade vor dem Verlust der Rinder schützen sollen. Aber auch der gesperrte Fahrdamm von *Fall 99* sollte den schweren Fahrverkehr aufnehmen und diesen dadurch von anderen Straßenteilen fernhalten.

Insgesamt sind also die „Herausforderungsfälle" noch nicht wirklich überzeugend entschieden worden.

III. Schockschäden und Neurosen

Fall 101 (Die entsetzte Witwe: Ersatzfähigkeit von Schockschäden)

S verschuldet den Tod des Ehemanns G. Die so zur Witwe gewordene Frau G erleidet durch die Todesnachricht einen Schock. Kann Frau G auch hierfür Schadensersatz verlangen?

In Betracht kommt eine Haftung des S wegen Verletzung der Gesundheit der Frau G, § 823 I. Daß S die Verletzte nicht körperlich berührt hat, sondern daß die Verletzung durch die Psyche der Frau G vermittelt worden ist, steht dem Ersatzanspruch nicht entgegen. Wohl aber hat der *BGH*¹⁰ mit Recht auf einen anderen, die Ersatzpflicht einschränkenden Gesichtspunkt hingewiesen: Das deutsche Recht kennt im Gegensatz zu mehreren ausländischen Rechten keine generelle Ersatzpflicht für den Verlust naher Angehöriger (rechtspolitisch stehen einer solchen Ersatzpflicht auch schon die Schwierigkeiten bei der Bezifferung des Anspruchs entgegen). In den meisten Fällen wird aber die Nachricht vom plötzlichen Tod naher Angehöriger die Gesundheit irgendwie beeinträchtigen, z. B. zu Schlafstörungen führen. Solche Beeinträchtigungen sind in dem regelmäßig zu erwartenden Umfang ersatzlos hinzunehmen, insbesondere kommt ein Schmerzensgeld (§ 253 II) nicht in Betracht. Erst wenn die Beeinträchtigungen dieses Maß übersteigen, kann – unabhängig von der medizinischen Bewertung – eine zum Schadensersatz verpflichtende Gesundheitsverletzung angenommen werden.

Fall 102 (Die Kopfverletzung: Rentenneurose)

Bei einem von S verschuldeten Unfall erleidet G eine Kopfverletzung. Obwohl die Folgen nach medizinischem Urteil inzwischen ausgeheilt sind, glaubt G sich weiter arbeitsunfähig und kämpft um eine zeitlich unbegrenzte Unfallrente (§ 843).

Verletzungen können außer zu körperlich-organischen auch zu seelischen Störungen führen. Für diese hat der Verletzer regelmäßig ebenso aufzukommen wie für die körperlichen Schäden. Eine Besonderheit besteht aber gerade bei der sog. Rentenneurose: Bei dieser steht einer Hei-

---

⁹ *BGH* VersR 1978, 1161.
¹⁰ BGHZ 56, 163.

§ 16. Probleme der Zurechnung   85

lung der zwanghafte Wunsch nach der Rente entgegen. Wenn die Rente
gewährt wird, kann der Wunsch nach deren Fortdauer die Heilung geradezu verhindern. Das *RG* hatte in solchen Fällen gleichwohl die Rente
zugesprochen. Der *BGH*[11] hat das mit folgender Begründung aufgegeben: Der Schadensersatz solle die Heilung des Verletzten fördern. Dem
widerspräche es, wenn durch die Schadensersatzleistung die Krankheit
verewigt und damit die Heilung verhindert würde.
Dem kann man zustimmen. Freilich macht es erhebliche Schwierigkeiten, solche echten Rentenneurosen zu erkennen und von anderen unfallbedingten psychischen Störungen zu unterscheiden. In Zweifelsfällen
muß die Ersatzpflicht bejaht werden.

IV. Hypothetische Kausalität und rechtmäßiges Alternativverhalten

Fall 103 (Direktorenfall: Schadensanlage für Verdienstausfall)

G war seit 1926 Direktor einer Zuckerfabrik. 1944 bewirkte S, der als Ortsgruppenleiter der NSDAP Einfluß hatte, durch Verleumdungen die Entlassung des G. Später
verlangt dieser von S Ersatz für seinen Verdienstausfall. S wendet ein, G sei selbst alter
Parteigenosse gewesen und wäre daher 1945 ohnehin entlassen worden.

Hier steht als Grundlage für Schadensersatzansprüche § 823 II BGB mit
§ 187 StGB zur Verfügung, überdies § 826 und möglicherweise (nämlich
bei Tatsachenbehauptungen des *S*) auch § 824. Das Problem liegt beim
Schaden: Der von *S* real bewirkte Schaden wäre in ähnlicher Weise auch
aus einem anderen Grund (einer „Reserveursache") eingetreten: Diese
hat nur deshalb nicht wirken können, weil ihr die erste Ursache zuvorgekommen ist. Man spricht hier von hypothetischer Kausalität, weil die
Reserveursache bloß hypothetisch geblieben ist. Für einen Teil der Fälle
paßt auch die Bezeichnung „überholende Kausalität": Dort ist eine
schon laufende, zum Schaden hinführende Ursachenkette durch eine
andere überholt worden; die erste Ursachenkette wirkt bloß hypothetisch, die zweite wirkt real. Hierhin kann man auch *Fall 103* rechnen:
Spätestens mit den alliierten Kriegserfolgen seit 1943 mag man den Beginn einer Kausalreihe annehmen, die zur Verdrängung alter Parteigenossen aus führenden Positionen hinwirkte; sie ist dann durch die
schneller wirkenden Verleumdungen des *S* überholt worden.

Vergleichbar ist der Unfalltod eines Unterhaltspflichtigen, der schon an
einer tödlichen Krankheit litt. In solchen Fällen stellt § 844 II 1 für die
Rente der Hinterbliebenen (vgl. o. § 4 *Fall 13*) auf die „mutmaßliche
Dauer seines Lebens" (des Unterhaltspflichtigen) ab. Die Krankheit
wird hier also schadensmindernd berücksichtigt: Die Hinterbliebenen
erhalten die Rente nur bis zu dem vermutlichen Krankheitstod ihres Er-

---

[11] BGHZ 20, 137, doch vgl. zu Einzelheiten Palandt/*Heinrichs*, Vorb. § 249 Rn. 70.

nährers. Entsprechend hat der *BGH*[12] auch in *Fall 103* Ansprüche des G seit 1945 verneint. Daß S hier gleichfalls Nazi war und sich übel verhalten hat, kann das Ergebnis nicht ändern: Das Schadensersatzrecht eignet sich nicht zur Bestrafung von Nazis. Schließlich kommt bei § 844 II 1 auch dem Mörder eine tödliche Krankheit seines Opfers schadensmindernd zugute (strafrechtlich mag sie dagegen ohne Einfluß bleiben).

Fall 104 (Brandgassenfall: Schadensanlage bei Sachschäden)

Im Jahre 1944 wurden in die vom Luftkrieg bedrohten deutschen Städte sog. „Brandgassen" gelegt, die eine Ausbreitung von Feuer verhindern sollten; in diesen Gassen stehende Gebäude wurden abgerissen. Im Rahmen dieser Aktion wurde dem G mitgeteilt, auf seinem Grundstück würden die auf dem beiliegenden Lageplan rot umrandeten Gebäude abgerissen. Rot umrandet war nur das Vorderhaus; das Hinterhaus war irrtümlich als nicht mehr bestehend gekennzeichnet. Trotzdem ist auch das Hinterhaus abgerissen worden. G verlangt wegen Amtspflichtverletzung Schadensersatz.

Der *BGH*[13] hat diesen Schadensersatz verweigert: Das Hinterhaus sei wegen seiner Lage in der freizumachenden „Brandgasse" im Zeitpunkt des Abrisses bereits wertlos gewesen. Denn diese Lage würde mit Sicherheit binnen kurzem zu einer den Abbruch anordnenden Verfügung und daher zum tatsächlichen Abbruch geführt haben. Der *BGH* hat seine Entscheidung aber ausdrücklich auf die bereits vorhandene Schadensanlage beschränkt. Spätere Entscheidungen[14] ergeben, daß dieses Kriterium für den sofort eintretenden (sich nicht erst im Laufe der Zeit entwickelnden) Schaden wesentlich sein soll. Hier ist also eine Reserveursache nur zu berücksichtigen, wenn sie beim Wirksamwerden der realen Ursache schon als Schadensanlage vorhanden war.

Fall 105 (Schleswig-Holsteinischer Metallarbeiterstreik: rechtmäßiges Alternativverhalten)

Zwischen dem 24. 10. 1956 und dem 14. 2. 1957 fand in Schleswig-Holstein ein großer Metallarbeiterstreik statt. Der entsprechende Streikbeschluß der IG Metall war schon vor dem Ende der tarifvertraglich vereinbarten Friedenspflicht gefaßt worden. Die Arbeitgeberverbände verlangten Schadensersatz. Die Gewerkschaft wollte allenfalls den „Verfrühungsschaden" ersetzen, der durch Streikmaßnahmen vor dem Ablauf der Friedenspflicht entstanden war: Danach hätte sie den Streik rechtmäßig beschließen können und mit Sicherheit auch beschlossen.

Das *BAG*[15] hat hier Schadensersatz für die volle Dauer des Streiks zugesprochen (das Urteil ist dann freilich später nicht vollstreckt worden). Dabei geht es um ein Problem, das man ansatzweise auch schon in *Fall 104* finden konnte: Derjenige, der rechtswidrig Schaden zugefügt hat, macht geltend, er hätte diesen Schaden auch rechtmäßig herbeiführen können. Ob ein solches rechtmäßiges Alternativverhalten den Schä-

---

[12] BGHZ 10, 6.
[13] BGHZ 20, 275, vgl. auch BGHZ 78, 209 (213 f.).
[14] Etwa BGHZ 29, 207 (215); *BGH* Betrieb 1979, 352.
[15] *BAG* NJW 1959, 356; 908 (dieselbe Entscheidung).

diger zu entlasten vermag, hat das *BAG* zutreffend nach dem Schutzzweck der verletzten Norm beurteilt. Verletzt war in *Fall 105* die Friedenspflicht. Es kommt also darauf an, ob diese Friedenspflicht nur den Streikbeginn hinausschieben oder den Streik nach Möglichkeit ganz verhindern will (etwa weil die Parteien sich doch noch einigen). Das *BAG*[16] hat mit guten Gründen das zweite angenommen; daraus ergab sich dann die volle Ersatzpflicht. Einen weiteren Anwendungsfall für das rechtmäßige Alternativverhalten bildet der *Fall 24* von o. § 5: Der wegen eines Aufklärungsfehlers belangte Arzt macht geltend, der Patient würde der gefährlichen Behandlung auch bei vollständiger Aufklärung zugestimmt haben.

V. Zusammenfassung

1. Grundlage für die zivilrechtliche Zurechnung schädlicher Folgen ist der *logische Zusammenhang:* Der Schädiger hat regelmäßig für alle Folgen einzustehen, die entfielen, wenn sein zum Ersatz verpflichtendes Verhalten oder ein anderer von ihm zu vertretender Umstand nicht stattgefunden hätte.

2. Diese weite Folgenzurechnung wird jedoch unter mehreren Gesichtspunkten eingeschränkt:

a) Ganz unwahrscheinliche Schadensfolgen sind nach der *Adäquanztheorie* nicht zu ersetzen.

b) Gleichfalls nicht zu ersetzen sind Schadensfolgen außerhalb des *Schutzzwecks der vom Schädiger verletzten Norm.* Dieser Gesichtspunkt ist allerdings bei § 823 II (und § 839) ergiebiger als bei § 823 I; bei § 7 StVG wird er dadurch verdeutlicht, daß die Verletzung „bei dem Betrieb" des Fahrzeugs entstanden sein muß.

c) Zurückhaltend wird die Folgenzurechnung auch gehandhabt, wenn zwischen dem zum Ersatz verpflichtenden Umstand und der Schadensfolge *der freie Entschluß des Geschädigten oder eines Dritten* steht. Bei einer solchen psychisch vermittelten Kausalität wird für die Zurechnung häufig darauf abgestellt, ob der Schädiger diesen Entschluß „herausgefordert" hat. Doch gibt es dabei noch beträchtliche Unklarheiten.

d) Der Ersatz von *Schockschäden* darf nicht zu einem (im BGB abgelehnten) Schmerzensgeld für die regelmäßigen Gesundheitsstörungen aus dem Verlust naher Angehöriger führen.

e) Endlich ist der Ersatz bei *Rentenneurosen* zu versagen, wo er sinnwidrig die Heilung verhindern würde.

3. Eine *Reserveursache* entlastet den Schädiger, soweit sie bei seiner Verletzungshandlung schon real als Schadensanlage wirksam war. Im übrigen wirken Reserveursachen wohl nur auf den im Lauf der Zeit sich

---

[16] Insoweit NJW 1959, 908, 909.

entwickelnden Schaden, also insbesondere beim Ersatz für Unterhalts- und Verdienstausfall.

4. Ob die *Möglichkeit zu rechtmäßigem Alternativverhalten* den Schädiger entlastet, ist nach dem Schutzzweck der verletzten Norm oder Pflicht zu beurteilen.

§ 17. Insbesondere die Mehrheit von Schädigern

I. Einzelprobleme

Fall 106 (Die untreuen Geschäftsführer: strafrechtlicher Teil des § 830; Verhältnis zu § 840)

S und T sind Geschäftsführer der GmbH G. Beide unterschlagen dort gemeinsam 100 000 Euro. Während T mit 80 000 Euro nach Südamerika entkommt, wird S gefaßt. Welchen Betrag kann G von S als Schadensersatz verlangen?

Ein (etwa auf § 985 gestützter) *Herausgabeanspruch* des G gegen S könnte sich nur auf die 20 000 Euro richten, die S noch hat. Anders ist es bei einem auf Deliktsrecht (§§ 823, 826) oder Vertragsverletzung gestützten *Schadensersatzanspruch:* Dieser geht nicht auf das, was S unrechtmäßig hat, sondern auf das, was dem G aus einem von S zu vertretenden Grund fehlt. Das sind hier ohne weiteres die vollen 100 000 Euro (nebst Zinsen und etwa entstandenen Folgeschäden), wenn die Unterschlagung ohne die Mitwirkung des S überhaupt nicht hätte stattfinden können: Dann ist ja das pflichtwidrige Verhalten des S für den vollen Schaden kausal. Dagegen läßt sich mit dieser einfachen Kausalität nicht mehr argumentieren, wenn T die Unterschlagung auch allein durchgeführt hätte: Dann bildet die Mitwirkung des S keine *conditio sine qua non.*

Hier greift aber § 830 ein, und zwar mit seinem strafrechtlichen Teil: Bei Mittätern soll nach Abs. 1 S. 1 jeder für den (ganzen) Schaden verantwortlich sein, und gleiches soll nach Abs. 2 für Anstifter und Gehilfen gelten. Diesen im strafrechtlichen Sinn beteiligten Personen wird also der volle Schaden ohne Rücksicht auf die konkrete Kausalität ihres Tatbeitrags zugerechnet. Daher wäre in *Fall 106* S als Mittäter, Anstifter oder Gehilfe selbst dann wegen der ganzen 100 000 Euro verantwortlich, wenn er von der Beute keinen Cent erhalten hätte.

Aus § 830 folgt also die Ersatzpflicht mehrerer Personen wegen desselben Schadens. Das soll aber nicht zu einer mehrfachen Entschädigung des Geschädigten führen. Bei Fehlen weiterer Vorschriften könnte man an die Anwendung von § 420 denken: Da der geschuldete Schadensersatz regelmäßig in Geld und daher in einer teilbaren Leistung besteht, scheint jeder Schädiger nur zu „einem gleichen Anteile" verpflichtet zu sein. Danach würde S in *Fall 106* nur 50 000 Euro schulden; den Rest

§ 17. Insbesondere die Mehrheit von Schädigern

müßte G von T fordern und damit das Risiko tragen, daß T unerreichbar oder zahlungsunfähig ist. Das ändert zugunsten des Geschädigten § 840 I: Mehrere für ein Delikt Verantwortliche sollen als Gesamtschuldner haften. Jeder schuldet also nach § 421 zunächst den vollen Betrag, doch wird er dem Geschädigten gegenüber durch Leistungen eines Mitschuldners entlastet, § 422. Diese Regelung verlagert das Risiko der Unerreichbarkeit oder Zahlungsunfähigkeit einzelner Mitschädiger auf die übrigen: Diese haften dem Geschädigten voll und scheitern später bei der Durchsetzung des ihnen nach § 426 an sich gegen die Mitschädiger zustehenden Rückgriffs (vgl. u. *Fall 111*).

Fall 107 (Der zweifache Unfall: zivilrechtlicher Teil des § 830)
Durch einen von S verschuldeten Unfall wird G verletzt. Alsbald bringt ihn ein Krankenwagen zum Krankenhaus. Auf dem Weg dorthin stößt der Krankenwagen jedoch mit dem die Vorfahrt mißachtenden T zusammen; G wird erneut verletzt. Welche Verletzungen aus dem ersten und welche aus dem zweiten Unfall stammen, läßt sich nicht ermitteln.

Hier hilft der oben bei *Fall 106* erörterte strafrechtliche Teil des § 830 dem G nicht: S und T haben nicht strafrechtlich zusammengewirkt, sondern unabhängig voneinander gehandelt. Doch greift § 830 I 2 ein: Es läßt sich ja nicht ermitteln, wer welchen Schadensteil verursacht hat. Darüber hinaus verlangt § 830 I 2 nur, daß es sich um mehrere „Beteiligte" handelt. Dafür soll nach dem *BGH*[17] genügen, daß wegen des Zusammenhangs der mehreren Verletzungshandlungen deren konkrete Kausalität für bestimmte Schadensteile nicht mehr festgestellt werden kann. Das trifft in *Fall 107* zu, weil wegen des kurzen zeitlichen Abstandes zwischen den beiden Unfällen die Folgen des ersten noch nicht ermittelt waren, als der zweite hinzukam. G kann also nach §§ 830 I 2, 840 S und T als Gesamtschuldner in Anspruch nehmen.[18]

Fall 108 (Das hilflose Unfallopfer: Grenzen des § 830 I 2)
S fährt mit seinem Wagen den Mofafahrer G an, so daß dieser auf die Fahrbahn stürzt. Noch ehe G weggeschafft werden kann, wird er auch von T überfahren. G stirbt an seinen Verletzungen; inwieweit diese von S oder von T stammen, läßt sich nicht mehr feststellen. Ersatzansprüche der Witwe des G?

Auf den ersten Blick scheint hier kein wesentlicher Unterschied zu *Fall 107* zu bestehen: Zwei Personen haben kurz hintereinander derart zu einem Gesamtschaden beigetragen, daß sich die Verursachungsteile nicht mehr ermitteln lassen. Aber es gibt doch eine Abweichung bei *Fall 108:* Bei *Fall 107* hatte der erste Unfall die Wahrscheinlichkeit des zweiten nicht wesentlich erhöht; der zweite Unfall ist daher wohl keine

---
[17] BGHZ 55, 86.
[18] Jedenfalls wenn man mit dem gleich zu *Fall 108* Gesagten den zweiten Unfall für keine adäquate Folge des ersten hält.

adäquate Folge des ersten. Dagegen machte es in *Fall 108* das Liegen auf der Fahrbahn einigermaßen wahrscheinlich, daß dem G ein weiterer Unfall zustieß. Daher haftet hier S auch für die Folgen des zweiten Unfalls, und zwar ohne daß dies aus § 830 I 2 begründet werden müßte: Auch der zweite Unfall ist ja eine adäquate Folge des von S zu verantwortenden ersten. Dann ist aber nach der zutreffenden h. M.[19] § 830 I 2 unanwendbar, weil der Geschädigte wenigstens von *einer* Person vollen Schadensersatz verlangen kann. Hieran würde sich übrigens selbst dann nichts ändern, wenn der Anspruch gegen den ErstschädigerS aus irgendeinem Grund nicht durchsetzbar wäre: § 830 I 2 will dem Geschädigten nur einen voll leistungs*pflichtigen* Schuldner verschaffen, dagegen nicht unbedingt einen voll leistungsfähigen.

Fall 109 (Hausbesetzung: psychische Beihilfe bei § 830)

Am 11. 12. 1971 hatten in Hannover mehrere hundert Personen ein leerstehendes Bürogebäude besetzt, um es zu einem Jugendzentrum „umzufunktionieren". Am frühen Morgen des 14. 12. forderte die Polizei mehrfach zur Räumung auf und vollzog diese schließlich zwangsweise. Dabei wurden die Polizisten vom Dach mit Steinen und Flaschen beworfen; mehrere Polizisten wurden verletzt, Polizeifahrzeuge wurden beschädigt. Dem S ist nicht nachzuweisen, daß er selbst geworfen hat; trotzdem verlangt das Land Niedersachsen von ihm Schadensersatz.

Der *BGH*[20] hat den S zum Schadensersatz verurteilt: Wie für die Beihilfe im Strafrecht genüge psychische Unterstützung auch für § 830. Solche habe S geleistet, indem er durch Bekundung seiner „Verbundenheit mit der sich auf einen Kampf gegen die Polizei einrichtenden Menge ... den eigentlichen Akteuren jedenfalls das Gefühl vermittelt habe, den offenen Rechtsbruch in der Anonymität der Masse ungeahndet begehen zu können, und ihm die Planung und Ausführung des aktiven Widerstands psychisch erleichtert habe". Allerdings möge das Risiko einer Haftung über § 830 von der Teilnahme an Demonstrationen abhalten. Doch knüpfe sich diese Haftung keinesfalls schon an die bloße Teilnahme; der Wille des Teilnehmers müsse vielmehr auch die Tätlichkeiten umfassen. Zudem – so ist hinzuzufügen – schützt Art. 8 I GG ausdrücklich nur die Freiheit zu *friedlichen* Versammlungen.

Fall 110 (Grohnde: § 830 bei gewaltsamer Großdemonstration)

Am 19. 3. 1977 beteiligten sich an einer Großdemonstration gegen das Kernkraftwerk Grohnde 10–20 000 Menschen. Dabei kam es zu erheblicher rechtswidriger Gewaltanwendung durch die Demonstranten. 18 von ihnen sind ermittelt und auf Ersatz des entstandenen Schadens verklagt worden.

Hier hatten sich die Vorinstanzen auf die zu oben *Fall 109* mitgeteilte *BGH*-Entscheidung bezogen und viele der Beklagten verurteilt, weil sie die Gewalttaten wenigstens in ihren Willen aufgenommen hätten. Der

---

[19] BGHZ 72, 355.
[20] BGHZ 63, 124.

BGH[21] hat das jedoch nicht gebilligt und die Besonderheiten einer Großdemonstration hervorgehoben: Dort bildeten die Teilnehmer regelmäßig keine homogene Gruppe mit gleichen Vorstellungen über Durchführung und Ablauf. Auch könnten die Motive zur Teilnahme an Gewalttätigkeiten ganz verschieden sein. Daher dürfe man eine für den einzelnen nicht überschaubare Großdemonstration nicht in dem Sinne als Einheit ansehen, daß jedem psychischen Teilnehmer jede Gewalttat zugerechnet werde. Auch § 830 I 2 passe nicht: Diese Vorschrift könne nicht Zweifel daran überwinden, ob der Beklagte überhaupt an der unerlaubten Handlung teilgenommen habe. Daher hat der *BGH* teils die Klagen abgewiesen und teils die Sache zur (wenig aussichtsreichen) weiteren Aufklärung zurückverwiesen.

Fall 111 (Der zweifache Unfall: Regreß bei Schädigermehrheit)

In *Fall 107* möge S den G voll entschädigt haben; wie kann er gegen T Regreß nehmen?

S mußte als Gesamtschuldner den G voll entschädigen, wenn dieser das verlangte, §§ 840, 421. Doch wäre es offenbar ungerecht, wenn es bei der so von G willkürlich geschaffenen Schadensverteilung bliebe. Daher sieht § 426 unter den Gesamtschuldnern einen weiteren Ausgleich vor: Soweit nicht ein anderes bestimmt ist, soll jeder Gesamtschuldner einen gleichen Anteil tragen. Danach könnte S von T die Hälfte des an G zu zahlenden Betrages verlangen.

Gerade für die Gesamtschuld aus unerlaubter Handlung gibt es aber zwei wichtige Abweichungen von dieser Gleichverteilungsregel: Erstens ist in §§ 840 II, III, 841 angeordnet, daß bestimmte Personen gegenüber ihren Mitschuldnern den Schaden allein tragen müssen. Und zweitens wird nach allgemeiner Ansicht § 254 bei § 426 entsprechend angewendet: Unter den an einer Schadenszufügung Beteiligten soll der Schaden nach Maßgabe ihres Verursachungs- und Verschuldensbeitrags verteilt werden (vgl. u. § 20 *Fall 120*). Dieser zweite Gedanke paßt möglicherweise auch für *Fall 111*: Es kommt vor allem auf die Wahrscheinlichkeit an, mit der S und T zu dem Gesamtschaden beigetragen haben. War z. B. der Anprall bei dem ersten Unfall stärker als bei dem zweiten, so muß der für diesen ersten Unfall verantwortliche S einen höheren Anteil tragen als T.

II. Zusammenfassung

1. § 830 erweitert die Schadenszurechnung über die konkret vorhandene oder feststellbare Kausalität hinaus auf den gesamten Schaden. Diese Erweiterung gilt

---

[21] BGHZ 89, 383, ausführlicher VersR 1984, 359, dazu *Stürner*, JZ 1984, 525 ff.

a) für die *im strafrechtlichen Sinn Beteiligten* (Mittäter, Anstifter, Gehilfen), § 830 I 1, II; dabei genügt auch psychische Mitwirkung;

b) auch für *jeden anderen Beteiligten,* wenn wegen dieser Beteiligung die *individuellen Verantwortlichkeitsbeiträge nicht mehr zu ermitteln* sind, § 830 I 2.

2. Demgegenüber bestimmt *§ 840 I,* in welcher Art mehrere für den Schaden Verantwortliche haften: *als Gesamtschuldner,* §§ 421 ff.

3. Für den *internen Schadensausgleich* wird die Gleichverteilungsregel von *§ 426 I 1* durch zwei Sonderregeln überlagert: Die §§ 840 II, III, 841 ordnen für bestimmte Personen eine interne Alleinverantwortlichkeit an; im übrigen ist der Schaden entsprechend § 254 nach den Verursachungs- und Verschuldensanteilen zu verteilen.

§ 18. Positives und negatives Interesse

I. Die Unterscheidung

Fall 112 (Der Irrtum: die beiden Schadensarten)

S hat sich beim Abschluß eines Vertrages mit G geirrt und weigert sich mit dieser Begründung, den Vertrag zu erfüllen. Wie ist der Schadensersatz zu berechnen, der dem G zusteht, wenn dieser Schadensersatz und nicht mehr Erfüllung haben will?

Die Antwort hängt von der Art des Irrtums ab, auf den S sich beruft: Ist es ein nach §§ 119, 120 beachtlicher Irrtum (Inhalts-, Erklärungs-, Eigenschafts-, Übermittlungsirrtum),[22] so kann man in dem Verhalten des S eine wirksame Anfechtung sehen. Durch diese wird nach § 142 I der Vertrag von Anfang an vernichtet. S braucht also nicht zu erfüllen. Vielmehr trifft ihn nur die Schadensersatzpflicht aus § 122. Danach muß S den Schaden ersetzen, den G durch das Vertrauen auf die Gültigkeit der Erklärung des S (und damit des Vertrages) erlitten hat. Das ist das sog. negative Interesse (Vertrauensinteresse). Es umfaßt vor allem Aufwendungen, die G im Vertrauen auf die Wirksamkeit des Vertrages gemacht hat, die sich nun als sinnlos erweisen. Vielleicht hätte G auch einen anderen Vertrag geschlossen, wenn er die Unwirksamkeit seiner Vereinbarung mit S gekannt hätte: Dann ist auch der entgangene Gewinn aus diesem hypothetischen Vertrag zu ersetzen (zur Grenze vgl. u. *Fall 113*).

Fällt dagegen der von S angeführte Irrtum nicht unter die §§ 119, 120 oder hat S die Ausschlußfrist von § 121 versäumt, so liegt keine wirksame Anfechtung vor. Folglich ist der Vertrag noch wirksam. Dann bildet die Erklärung des S möglicherweise eine Erfüllungsverweigerung (Vertragsaufsage).[23] Diese macht das sonst bei einer Leistungsverzögerung

---

[22] Vgl. dazu *Löwich/Neumann,* Rn. 251 ff.; *Bork* Rn. 826 ff.; *Medicus,* AT Rn. 744 ff.

[23] Vgl. dazu jetzt §§ 281 II Alt. 1; 286 II Nr. 3; 323 II Nr. 1.

geltende Verfahren von §§ 286, 281 (Mahnung und Nachfristsetzung) überflüssig. Vielmehr kann G dann sofort vom Vertrag zurücktreten und zusätzlich Schadensersatz statt der Leistung (§ 325!) verlangen. Das ist das positive Interesse (Erfüllungsinteresse): Mit ihm sollen nicht – wie mit dem negativen Interesse – die Folgen eines unwirksamen Vertrags beseitigt werden. Vielmehr wird beim positiven Interesse der Vertrag sozusagen ernst genommen: G kann statt der Erfüllung deren Gegenwert in Geld verlangen. Das umfaßt insbesondere den Gewinn, den G aus dem Vertrag mit S (und nicht aus einem hypothetischen anderen Vertrag) hätte ziehen können.

Durch das SMG ist freilich mit § 284 für den Gläubiger eine weitere Wahlmöglichkeit geschaffen worden: Dieser kann anstelle des Anspruchs auf Schadensersatz statt der Leistung Ersatz der im Vertrauen auf die Vertragserfüllung gemachten Aufwendungen verlangen. Ganz grob kann man sagen: Der Gläubiger darf statt des positiven Interesses einen Teil des negativen verlangen. Das geht noch über die von der Rechtsprechung schon früh entwickelten *Rentabilitätsvermutung* hinaus: Der Anspruch aus § 284 kann nicht durch den Nachweis entkräftet werden, die Aufwendungen würden sich nicht rentiert haben; es spielt nicht einmal eine Rolle, ob sie sich überhaupt rentieren sollten.

Fall 113 (Die verpaßte Gelegenheit: Obergrenze des negativen Interesses)

G hat für 200 000 Euro von S ein Grundstück gekauft. Kurz danach wird dem G ein gleichwertiges Grundstück für nur 150 000 Euro angeboten. G ärgert sich zwar über seinen Abschluß mit S, schlägt aber, weil er sich schon gebunden weiß, das neue Angebot aus. Jetzt bemerkt S einen rechtserheblichen Irrtum bei seinem Verkauf an G und ficht unverzüglich an. Das günstige Grundstück ist inzwischen anderweitig verkauft; G muß jetzt eines für 220 000 Euro kaufen. Schadensersatzansprüche des G?

Nach § 122 kann G hier das negative Interesse ersetzt verlangen. Durch das Vertrauen auf die fortdauernde Wirksamkeit des Vertrages mit S ist dem G der günstige Abschluß zu 150 000 Euro entgangen. Da er sich jetzt für 220 000 Euro eindecken muß, beträgt sein negatives Interesse – Gleichwertigkeit aller drei Grundstücke vorausgesetzt und von den Vertragskosten (§ 311 b I!) abgesehen – 70 000 Euro.

Dürfte G diesen Betrag wirklich voll ersetzt verlangen, so bedeutete der Irrtum des S für G geradezu einen Glücksfall: G könnte sich ja jetzt das günstigste Angebot zu 150 000 Euro noch zunutze machen, das für ihn wegen des Abschlusses mit S versäumt zu sein schien. Umgekehrt hätte S aus seiner Anfechtung letztlich erheblichen Schaden. Das will der Schlußteil von § 122 I in Grenzen halten: Das negative Interesse soll nicht über den Betrag des positiven hinaus ersetzt werden (denn das ist das Interesse, das G an der Gültigkeit der Erklärung des S hatte). Eine gleiche Begrenzung findet sich auch in § 179 II. Danach kann G in

Fall 113 von S – abgesehen von den Vertragskosten – bloß 20 000 Euro verlangen.

Fall 114 (Der verletzte Taxifahrgast: Anwendungsgrenzen der Unterscheidung zwischen positivem und negativem Interesse)

G ist in dem Taxi des S durch dessen unvorsichtiges Fahren verletzt worden. Kann G Ersatz dieses Körperschadens als positives oder als negatives Interesse verlangen?

Wenn S den Beförderungsvertrag ordentlich erfüllt hätte, wäre G jetzt unverletzt (positives Interesse). Ebenso unverletzt wäre G aber auch, wenn er den Vertrag mit S nicht abgeschlossen hätte (negatives Interesse). Für den hier erfragten Körperschaden gibt die Unterscheidung zwischen den beiden Arten des Interesses also keinen rechten Sinn. Vollends sinnlos ist die Unterscheidung bei reinen Deliktsschäden, also wo ein Rechtsgeschäft keine Rolle spielt. Darum spricht das BGB vom negativen Interesse nur im Zusammenhang mit (mißglückten) Rechtsgeschäften (§§ 122, 179 II), und „Schadensersatz statt der Leistung" kommt gleichfalls vorwiegend bei rechtsgeschäftlich begründeten Schuldverhältnissen vor; allemal, insbesondere in den §§ 281 ff., bezeichnet er den Ersatz für die Erfüllung. Die Begleitschäden aus schlechter Leistung, unter die in *Fall 114* der Körperschaden des G fällt, stehen also außerhalb des Gegensatzes der Interessearten: Dieser Gegensatz knüpft eben bei der Wirksamkeit oder Unwirksamkeit des Geschäfts an und nicht an seine mangelhafte Ausführung. Denn ausgeführt werden kann ein Geschäft unabhängig davon, ob es wirksam zustande gekommen ist oder nicht.

II. Zusammenfassung

1. Das BGB unterscheidet zwischen *positivem Interesse* (Schadensersatz statt der Leistung) und *negativem Interesse* (Vertrauensschaden). Der Ersatz des negativen Interesses hängt zusammen mit nicht oder nicht wirksam zustande gekommenen Rechtsgeschäften (vor allem §§ 122, 179 II): Eine Partei soll von den Nachteilen aus ihrem enttäuschten Vertrauen auf die Wirksamkeit des Geschäfts entlastet werden. Einen Sonderfall bildet § 284. Dagegen soll das positive Interesse ein Äquivalent für die unterbleibende oder sonstwie nicht pflichtgemäße Erfüllung bieten: Der Gläubiger wird vermögensmäßig so gestellt, als sei ordentlich erfüllt worden.

2. In den gesetzlich geregelten Fällen wird der *Ersatz des negativen Interesses durch den Betrag des positiven begrenzt*, doch ist das keine allgemein geltende Regel.

3. *Begleitschäden* aus schlechter Leistung und Schäden aus Delikt stehen außerhalb des Gegensatzes der beiden Interessearten.

§ 19. Vermögens- und Nichtvermögensschaden

I. Das Problem

Nach § 253 I wird Nichtvermögensschaden nur ausnahmsweise, nämlich in den gesetzlich bestimmten Fällen, in Geld ersetzt. Der wichtigste solche Fall ist das Schmerzensgeld bei Körperverletzungen nach § 253 II (vgl. o. § 5 *Fall 15*). Im übrigen dagegen scheitert ein Ersatz für Nichtvermögensschäden an § 253 I, wenn die (auch bei solchen Schäden primär geschuldete) Herstellung unmöglich ist.

Dieses Prinzip ist für den Fall der Verletzung des Allgemeinen Persönlichkeitsrechts durchbrochen worden; davon war schon ausführlich die Rede (o. § 8 *Fall 52/53*). Und in den Grenzbereich zwischen Vermögens- und Nichtvermögensschaden führte die abstrakte Nutzungsentschädigung für den Nutzungsentgang bei Kraftfahrzeugen (o. § 7 *Fall 42*): Dort ließ sich ja auch die Ansicht vertreten, wenn der Geschädigte sich ohne einen Mietwagen beholfen habe, seien ihm eben typischerweise nur nichtvermögenswerte Unbequemlichkeiten entstanden. Doch ergeben sich Abgrenzungsprobleme auch bei weiteren Fallgruppen, insbesondere im Zusammenhang mit Urlaub und Freizeit.

II. Der gestörte Urlaub

Fall 115 (Schiffsgepäckfall: Kommerzialisierung)

Das Ehepaar G hatte für 1800 DM eine achtzehntägige Seereise zu den Kanarischen Inseln gebucht. Infolge eines Verschuldens der deutschen Zollverwaltung kam das Gepäck nicht an Bord. Daher konnten die Eheleute „nicht in gewohnter und angemessener Weise Wäsche und Kleidung wechseln". Ersatzpflicht der Bundesrepublik Deutschland (§ 839 BGB, Art. 34 GG)?

Auch hier liegt wieder die Ansicht nahe, der Schaden der Eheleute beschränke sich auf nichtvermögensrechtliche Unbequemlichkeiten und Unannehmlichkeiten; da Herstellung unmöglich sei, scheitere ein Ersatzanspruch also an § 253 I. Der *BGH*[24] hat jedoch anders entschieden: Der Vertrag mit der Reederei habe den Eheleuten „die Möglichkeit zum ungestörten und erholsamen Genuß einer Seereise geben" sollen. Diese Möglichkeit sei durch den Preis der Seereise erkauft und daher „in gewissem Umfang" kommerzialisiert. Eine Beeinträchtigung des Reisegenusses beeinträchtige folglich auch das mit dem Reisepreis erstrebte Äquivalent. Der Wert dieser Beeinträchtigung lasse sich für den Ehemann auf 100 DM und für die Ehefrau auf 200 DM schätzen.

---

[24] NJW 1956, 1234. Der Fall ist auch heute noch aktuell, da die Reederei mangels Verschuldens nicht nach § 651 f haften würde.

Ich halte diese Entscheidung für unrichtig. Denn erstens ist schon der Ansatz der Argumentation bei der Kommerzialisierung bedenklich: Es gibt heute kaum etwas, das man nicht für Geld kaufen könnte. In Konsequenz des Kommerzialisierungsgedankens würde also § 253 I seine Bedeutung weitgehend einbüßen. Vollends darf man den Vermögenswert eines Gutes nicht ohne weiteres nach dem Preis bemessen, den der Geschädigte dafür bezahlt hat: Sonst könnte dieser mit seiner eigenen Einschätzung den Betrag des ihm zu ersetzenden Schadens bestimmen. Und zweitens hat der *BGH* den Kommerzialisierungsgedanken auch nicht konsequent zu Ende geführt: Es gibt für Seereisen keine verschiedenen Preise je nachdem, ob Gepäck mitgenommen wird oder nicht; die Mitnahme von Gepäck selbst ist also nicht kommerzialisiert. Vollends unterscheidet eine solche Preisdifferenzierung nicht nach Geschlechtern.

Danach wäre den Eheleuten in *Fall 115* ein Geldersatz nur für die wirklich entstandenen Kosten (z. B. für die Herbeischaffung des Gepäcks oder für die Anschaffung von Ersatzwäsche) zuzusprechen gewesen.

Fall 116 (Grado oder Herdecke: gestörte Urlaubspläne)

G wollte mit Frau und Kind mit seinem Wohnwagen zum Camping nach Grado fahren. Kurz vor dem geplanten Abfahrtermin wurde der Pkw des G durch ein Verschulden des S schwer beschädigt. Da eine Verschiebung des Urlaubs unmöglich war, mußte G diesen da verbringen, wo der Wohnwagen stand, nämlich in Herdecke. G verlangt von S 500 DM wegen „entgangener Urlaubsfreude".

Der *BGH*[25] hat diese Entschädigung mit Recht verweigert: Der von G durch seine Arbeitsleistung „erkaufte" Urlaub war nicht verdorben (erholen kann man sich auch in Herdecke!). Vereitelt war lediglich eine bestimmte Gestaltung dieses Urlaubs. Hierfür hatte G aber noch keine finanziellen Aufwendungen gemacht (etwa für die Vorbestellung bei einem Campingplatz). Daher hat der *BGH* einen Vermögensschaden verneint: Die Verhinderung der beabsichtigten Urlaubsgestaltung habe sich „unter keinerlei Gesichtspunkten in der Vermögenslage (des G) negativ niedergeschlagen".

Fall 117 (Schwarzmeerküste: verdorbener Urlaub)

Im Jahr 1971 buchte G für sich und seine Familie bei dem Reiseveranstalter S eine zweiwöchige Pauschalreise zur rumänischen Schwarzmeerküste. Der Aufenthalt dort wurde durch schwere Mängel des Urlaubsquartiers erheblich beeinträchtigt. G verlangt von S u. a. 1500 DM für nutzlos aufgewendete Urlaubszeit. Mit Recht?

Hier muß man zwei Fragen unterscheiden:

(1) Weil die von S selbst zu erbringende Leistung mangelhaft war, kann G den als Gegenleistung vereinbarten Reisepreis mindern und in Extremfällen (bei völliger Wertlosigkeit der Reise) auch ganz zurückverlan-

---

[25] BGHZ 60, 214.

gen. Das ergibt sich heute (seit Einführung der §§ 651a ff.) aus § 651d; früher folgte es aus § 634 aF (jetzt § 638).

(2) Diese Minderung läßt aber unberücksichtigt, daß G für die im Ergebnis unerquickliche Reise als Unselbständiger seinen Jahresurlaub aufgewendet oder als Selbständiger auf Einnahmen verzichtet bzw. Kosten für einen Vertreter aufgewendet hat. Anhänger des Kommerzialisierungsgedankens können also dem Urlaub einen Vermögenswert zumessen, weil der Urlaub durch geldwerte Aufwendungen erkauft worden ist. Wenn man den Urlaub mit seinem Zweck (Erholung) gleichsetzt, erscheint die Beeinträchtigung dieser Erholung als Beeinträchtigung eines Vermögensguts, mithin als Vermögensschaden. Dessen Höhe bemißt sich dann nach den Aufwendungen für die den Urlaub ermöglichende Freistellung von der Berufsarbeit.

Der *BGH*[26] ist dieser Auffassung in dem Schwarzmeerküstenfall beigetreten. Daraus folgte freilich, daß eine Entschädigung wegen verdorbenen Urlaubs nur für Berufstätige begründet werden konnte und an die Höhe des Arbeitsverdienstes geknüpft ist.

Fall 118 (Schwarzmeerküste heute: Reisevertragsrecht)

Wie o. *Fall 117*, nur möge sich die Beeinträchtigung des Urlaubs nach dem Inkrafttreten der §§ 651a ff. (1. 10. 1979) ereignet haben.

Da S dem G eine „Gesamtheit von Reiseleistungen" schuldete, liegt nach § 651a ein Reisevertrag vor. Hierfür ist der Schadensersatzanspruch des Reisenden „wegen nutzlos aufgewendeter Urlaubszeit" in § 651f II geregelt: Der Reisende soll eine „angemessene Entschädigung in Geld" verlangen können, wenn wegen eines von dem Reiseveranstalter zu vertretenden Umstands die Reise „vereitelt oder erheblich beeinträchtigt" ist.

Aus § 651f II wird nicht ganz deutlich, ob der Gesetzgeber hier nur die *BGH*-Entscheidung zur Schwarzmeerküste übernehmen oder eine eigenständige Regelung treffen wollte. Die heute h.M.[27] nimmt mit guten Gründen das letztere an. Danach braucht der verdorbene Urlaub nicht mehr mittels des Kommerzialisierungsarguments als Vermögensschaden begründet zu werden. Vielmehr kann man § 651f II als weitere gesetzliche Ausnahme von § 253 I auffassen, nämlich als weiteren Fall des Geldersatzes für einen Nichtvermögensschaden. Folglich ist der Ersatzanspruch aus § 651f II nicht mehr auf Berufstätige beschränkt; Ersatz verlangen können also etwa auch Hausfrauen, Schüler und Rentner. Unterschiede mögen sich freilich bei der Feststellung ergeben, ob eine Reise „vereitelt oder erheblich beeinträchtigt" worden ist: Hier können (etwa bei Lärm) für den erschöpften Familienvater andere Maßstäbe gelten als für den erlebnishungrigen Sohn.

---

[26] BGHZ 63, 98.
[27] Vgl. etwa *Medicus*, SBT Rn. 401.

Fall 119 (Die falsche Steuermahnung: verdorbene Freizeit)

Durch ein Verschulden seines Finanzamts erhält der berufstätige G eine sachlich unrichtige Mahnung wegen in Wahrheit längst bezahlter Steuern. G benötigt ein ganzes Wochenende, um die Belege für die pünktlichen Zahlungen herauszusuchen. Kann er deshalb von dem für das Finanzamt zuständigen Bundesland Geldersatz wegen des verdorbenen Wochenendes fordern (§ 839 BGB, Art. 34 GG)?

Vom Kommerzialisierungsgedanken her (vgl. o. *Fall 117* bei 2) gibt es wohl keinen wesentlichen Unterschied zwischen dem Urlaub und dem arbeitsfreien Wochenende. Insbesondere soll auch dieses der Erholung dienen. Daher müßte konsequenterweise eine Geldentschädigung auch wegen verdorbener Wochenenden in Betracht gezogen werden.

Das ist aber bisher fast nie geschehen. Im Ergebnis erscheint mir diese Verneinung auch richtig. Doch dürfte eine tragfähige Begründung nur gelingen, wenn man von dem Gedanken einer Kommerzialisierung der arbeitsfreien Zeit und damit von BGHZ 63, 98 überhaupt Abschied nimmt.

III. Zusammenfassung

1. Beim *Naturalersatz* (Herstellung, § 249 I) gelten für Nichtvermögensschäden keine Besonderheiten. Dagegen beschränkt § *253 I* den Geldersatz (§ 251) auf die gesetzlich bestimmten Fälle. Solche Fälle regelt vor allem § 253 II und nach h. M. auch § 651 f II.

2. Die Grenze zwischen Vermögens- und Nichtvermögensschaden ist bisweilen durch das *Kommerzialisierungsargument* verschoben worden. Danach soll ein Vermögensschaden schon dann vorliegen, wenn der Geschädigte das beeinträchtigte Gut durch Vermögensaufwendungen erkauft hat. Dieses Argument allein überzeugt aber nicht. Daher bedeuten insbesondere Beeinträchtigungen von Urlaub oder Freizeit nach richtiger Ansicht keinen Vermögensschaden.

§ 20. Die Mitwirkung des Geschädigten

Schon in manchen der bisher behandelten Fälle war der Schädiger nicht allemal allein an dem Schaden „schuld". So kommt bei der Verfolgung des flüchtenden Kraftfahrers durch die Polizeistreife (o. § 16 *Fall 98*) in Betracht, daß der Unfall des Streifenwagens auch auf den Übereifer oder eine riskante Fahrweise der verfolgenden Polizisten zurückging. In solchen Fällen wäre es wenig sachgerecht, wenn der Schädiger trotz der Mitwirkung des Geschädigten allein für den ganzen Schaden aufkommen müßte. Andererseits wäre es aber auch unbillig, wenn diese Mitwirkung den Ersatzanspruch völlig wegfallen ließe. Daher bietet sich als Ausweg eine Schadensteilung an. Sie ist in § 254 und einigen verwandten Vorschriften angeordnet.

I. Einzelprobleme

Fall 120 (Der unvorsichtige Fußgänger: Pflichtenverstoß des Geschädigten; Maßstäbe der Schadensteilung)

G benutzt als Fußgänger den Gehweg. Da ihm andere Personen entgegenkommen, weicht er auf den neben dem Gehweg verlaufenden Radweg aus. Der von hinten kommende Radfahrer S fährt den G an und verletzt ihn. Schadensersatzansprüche des G gegen den S?

Als Anspruchsgrundlage kommt hier vor allem § 823 I (Körperverletzung) in Betracht. Zweifelhaft kann dabei jedoch das Verschulden des S sein: Wenn G unmittelbar und plötzlich vor dem herankommenden S auf den Radweg gewechselt ist, kann dem S ein Ausweichen oder rechtzeitiges Bremsen unmöglich gewesen sein. Dann scheidet ein Ersatzanspruch des G schon dem Grunde nach mangels Verschuldens aus.

Denkbar ist aber auch, daß S bei Beachtung der erforderlichen Sorgfalt (§ 276 II) den Unfall hätte vermeiden können. Dann ist ihm Fahrlässigkeit vorzuwerfen, so daß ein Ersatzanspruch dem Grunde nach in Betracht kommt. Doch ist hier nach § 254 I weiter zu fragen, ob bei der Schadensentstehung ein Verschulden des geschädigten G mitgewirkt hat. Das dürfte typischerweise zu bejahen sein: Nach § 25 I 1 StVO sind Fußgänger regelmäßig auf die Benutzung der Gehwege beschränkt. Gegen diese Rechtspflicht hat G hier womöglich verstoßen. Vor allem aber hätte G sich vor dem Betreten des Radwegs vergewissern müssen, daß dieser frei ist. Gegen diese schon aus § 1 StVO folgende Pflicht hat G verstoßen, und zwar regelmäßig fahrlässig. Daher hängen nach § 254 I die Ersatzpflicht des S und deren Umfang „von den Umständen ab, insbesondere davon, inwieweit der Schaden vorwiegend von dem einen oder dem anderen Teile verursacht worden ist".

§ 254 I geht also davon aus, daß die Ursächlichkeit graduell unterschieden werden kann. Dafür eignet sich in erster Linie der Maßstab der Wahrscheinlichkeit: Entscheidend ist, in welchem Maß der Schaden durch das Verhalten des Schädigers oder durch dasjenige des Geschädigten wahrscheinlich geworden ist. So spielt es in *Fall 120* eine wesentliche Rolle, wie stark die von G und S benutzte Straße befahren war: Je mehr Verkehr dort herrsche, umso wahrscheinlicher wurde ein Unfall durch das plötzliche Überwechseln des G auf den Radweg. Weiter hat die Geschwindigkeit des S Bedeutung: Je schneller S fuhr, umso weniger konnte er auf ein plötzlich auftauchendes Hindernis reagieren.

Nach dieser an der Ursächlichkeit ausgerichteten Betrachtung bleibt noch das Ausmaß des Verschuldens zu berücksichtigen. Doch wird sich hierbei regelmäßig keine wesentliche Verschiebung ergeben: In *Fall 120* etwa wiegt die Fahrlässigkeit des G umso schwerer, je mehr er sein Verhalten wegen des starken Verkehrs als gefährlich ansehen mußte.

Der Verursachungs- und Verschuldensbeitrag des G ist gegenüber demjenigen des S abzuwägen. Auch bei S kommen ja „Umstände" in Betracht, nach denen Mitwirkung und Verschulden bewertet werden können. Wesentlich ist hier etwa, wieweit S noch von G entfernt war, als dieser auf den Radweg trat, ob die Bremsen des S in Ordnung waren und ob dieser das Hindernis sehen konnte, dessentwegen G auf den Radweg auswich.

Diese Abwägung der beiderseitigen Verursachungs- und Verschuldensanteile kann nicht mathematisch exakt sein. Vielmehr kommt man über eine grobe Abschätzung kaum hinaus. Daher pflegt in der Praxis der Schaden bloß in „runden" Zahlenverhältnissen geteilt zu werden (etwa 10, 20, 30% usw.). In besonderen Fällen kann die Abwägung auch dahin führen, daß der Schädiger (etwa bei Vorsatz) oder der Geschädigte (etwa bei eigener grober Nachlässigkeit gegenüber einem geringen Versehen des Schädigers) den ganzen Schaden allein tragen müssen.

Fall 121 (Der unnötige Mietwagen: Obliegenheitsverletzung)

Bei einem von S verschuldeten Unfall ist der Pkw des G erheblich beschädigt worden. Während der Reparaturzeit von drei Wochen nimmt G einen Mietwagen, obwohl er in dieser Zeit nur insgesamt 20 km zurücklegt. Muß S trotzdem die Mietwagenkosten ersetzen?

Anders als in o. *Fall 120* hat der geschädigte G hier nicht gegen eine Rechtspflicht verstoßen: Keine Norm verbietet das Mieten eines Wagens. Trotzdem kommt § 254 auch hier in Betracht, wie dessen Abs. 2 zeigt: Dort werden ausdrücklich die Fälle erwähnt, daß der Geschädigte die Warnung vor einem besonders hohen Schaden oder die Abwendung oder Minderung des Schadens unterlassen hat. Man spricht hier von einem Verstoß gegen „Obliegenheiten" oder „Gebote des eigenen Interesses". Auf die Einhaltung dieser Obliegenheiten oder Gebote gibt es zwar – anders als regelmäßig bei echten Rechtspflichten – keinen Erfüllungsanspruch. Jedoch wird die zu vertretende Nichteinhaltung anders sanktioniert: etwa in § 254 durch Minderung oder Wegfall des Ersatzanspruchs.

In *Fall 121* kommt ein Obliegenheitsverstoß des G in Betracht: Wenn dieser seinen geringen Fahrbedarf voraussehen konnte, hätte er regelmäßig auf das Mieten eines Ersatzwagens verzichten müssen und nötigenfalls ein Taxi nehmen können. Mehr als der für ein Taxi nötige Betrag wird daher dem G nicht ersetzt.

Fall 122 (Die sorglosen Eltern I: Anrechnung von Verschulden des gesetzlichen Vertreters)

Der von seinen Eltern mangelhaft beaufsichtigte dreijährige G läuft unachtsam auf eine verkehrsreiche Straße. Dort wird er von dem Radfahrer S angefahren und verletzt. Die dabei entstandene Wunde bedarf ärztlicher Behandlung. Die Eltern des G verzögern diese jedoch, so daß G schließlich sogar ins Krankenhaus muß. Inwieweit hat S dem G die Behandlungskosten zu ersetzen?

§ 20. Die Mitwirkung des Geschädigten

Hier kann man zunächst fragen, ob § 254 auf den Ersatzanspruch des *G* wegen dessen *eigenen Fehlverhaltens* anzuwenden ist. Die ganz h.M. lehnt das ab: Sie wendet nämlich bei § 254 die §§ 827, 828 entsprechend an (obwohl § 254 – anders als § 276 I 2 – die Anwendung dieser Vorschriften nicht ausdrücklich anordnet). Danach bleibt die eigene Mitwirkung des *G* an dem Unfall außer Betracht, weil *G* nach § 828 I deliktsunfähig ist. Selbst wenn *G* schon neun Jahre alt gewesen wäre, träfe ihn nach § 828 II für eine fahrlässige Schädigung bei Verkehrsunfällen keine Verantwortung.

Zu fragen bleibt aber weiter, ob *G* sich nicht die schuldhafte *Mitwirkung seiner Eltern* schadensmindernd anrechnen lassen muß. Auf den ersten Blick möchte man das bejahen, weil § 254 II 2 die entsprechende Anwendung des § 278 anordnet, und nach dieser Vorschrift wird auch ein Verschulden des gesetzlichen Vertreters zugerechnet.

Diese Anwendung des § 278 paßt auch zweifelsfrei für ein Verschulden der Eltern *nach dem Schadenseintritt* (konkret: für die Verzögerung der ärztlichen Behandlung). Denn mit dem Schadenseintritt war zwischen *G* und *S* ein gesetzliches (§ 823 I), auf Schadensersatzleistung gerichtetes Schuldverhältnis entstanden. Umgekehrt traf den *G* die Obliegenheit zur Geringhaltung des zu ersetzenden Schadens, und diese Obliegenheit wurde für *G* durch dessen Eltern wahrgenommen. Deren hierbei unterlaufenes Verschulden fällt also nach den §§ 254 II 2, 278 dem *G* zur Last.

Anders liegt es dagegen für die – nicht den Schaden vergrößernde, sondern seinen Eintritt überhaupt erst ermöglichende – Sorglosigkeit der Eltern *bei Schadenseintritt*, also für die mangelhafte Beaufsichtigung des *G*. Denn zu diesem Zeitpunkt bestand zwischen *G* und *S* noch keine Sonderverbindung. Daher hätte auch der Schädiger *S* für die auf seiner Seite etwa tätigen gesetzlichen Vertreter und Erfüllungsgehilfen[28] nicht nach § 278 einzustehen brauchen. Vor allem die in der Rechtsprechung überwiegende Meinung[29] überträgt das auf den Geschädigten *G:* Auch er soll außerhalb einer schon bestehenden Sonderverbindung ein Verschulden seiner gesetzlichen Vertreter oder Gehilfen nicht nach § 278 zu vertreten haben. Konsequenterweise werden dann aber die für den Schädiger geltenden weiteren Zurechnungsnormen, nämlich die §§ 31, 831, auch auf den Geschädigten bei § 254 entsprechend angewendet. Doch passen auch diese Normen nicht auf die Eltern, so daß deren Verschulden bei der Beaufsichtigung dem *G* überhaupt nicht zugerechnet wird. Insgesamt gilt danach für die Ansprüche des *G* gegen *S* in *Fall 122:* Daß die Eltern zur Entstehung des Schadens beigetragen haben, mindert die-

---

[28] Das Wort paßt hier nicht recht, weil es außerhalb einer Sonderverbindung noch nichts zu erfüllen gibt.
[29] Etwa BGHZ 1, 249; 73, 190, 192. Die vor allem in der Literatur vertretene Gegenansicht wendet § 278 bei § 254 ohne Rücksicht auf eine Sonderverbindung an, vgl. etwa *Larenz*, SchuldR I, § 31 Id (für Gehilfen, nicht für gesetzliche Vertreter).

se Ansprüche nicht, wohl aber wirkt anspruchsmindernd das schadensvergrößernde spätere Verschulden der Eltern.

Fall 123 (Die sorglosen Eltern II: schadensverursachendes Mitverschulden innerhalb einer Sonderverbindung)
Der von seinen Eltern nicht ausreichend beaufsichtigte fünfjährige G fällt bei einer Eisenbahnfahrt aus dem Zug, weil er statt der Tür zur Toilette die nach außen führende Wagentür geöffnet hat.[30] G wird schwer verletzt; welche Ansprüche hat er gegen die Bundesbahn?

Als Anspruchsgrundlage kommt hier nur § 1 I HPflG in Betracht. Dabei ergibt sich zunächst die Frage nach dem Vorliegen höherer Gewalt; § 1 II 2 HPflG nennt ja als Beispiel ausdrücklich das „Verhalten des Geschädigten". Das kann man hier verneinen, wenn man solche Kinderunfälle noch zum kalkulierbaren Betriebsrisiko rechnet, vgl. o. § 15 *Fall 91*. Dann greift aber wenigstens die Verweisung von § 4 HPflG auf § 254 ein: Zwischen G und der Bundesbahn bestand durch den Beförderungsvertrag schon beim Schadenseintritt eine Sonderverbindung; G muß sich daher das für den Unfall mitursächliche Aufsichtsverschulden seiner Eltern über §§ 254 II 2, 278 zurechnen lassen.

Fall 124 (Der verhängnisvolle Bahnübergang: Anrechnung von Betriebsgefahr)
An einem unbeschrankten, also nur durch Blinklicht gesicherten Bahnübergang wird das Auto des G von einer Lokomotive erfaßt und völlig zertrümmert (technischer Totalschaden, vgl. o. § 7 *Fall 37*). Die Lokomotive wird nur leicht beschädigt. G hatte das funktionierende Blinklicht wegen eines tief herabhängenden Astes erst im letzten Augenblick sehen können. Wie steht es wechselseitig mit Schadensersatzansprüchen?

(1) Ansprüche des G gegen die Bundesbahn ergeben sich hier jedenfalls aus § 1 IHPflG; von höherer Gewalt kann keine Rede sein, weil die Blinkanlage verdeckt war. Wenn sich insoweit ein Verschulden der Bundesbahn nachweisen läßt, kommt als Anspruchsgrundlage auch § 823 I hinzu.

Diese Ansprüche sind aber nach § 254 (direkt oder über § 4 HPflG anwendbar) gemindert. Dabei paßt § 254 seinem Wortlaut nach, soweit den G ein Verschulden trifft, etwa weil er zu schnell an den Bahnübergang herangefahren ist (vgl. § 19 I 2 StVO) oder mit der verkehrserforderlichen Sorgfalt das Blinklicht trotz des Astes hätte sehen können: Dann hat nämlich „bei der Entstehung des Schadens ein Verschulden des Beschädigten mitgewirkt". Wenn G schuldlos ist, paßt der Wortlaut des § 254 zwar nicht. Aber die dem § 254 entsprechende Vorschrift im StVG, nämlich § 17, spricht im Unterschied zu § 254 nicht von einem

---

[30] Inzwischen sollte ein solcher Unfall freilich wegen einer automatisch wirkenden Türverriegelung während der Fahrt nicht mehr vorkommen.

Verschulden, sondern nur von Verursachung. Daraus folgt für einen Unfall zweier Kraftfahrzeuge, daß für die Schadensverteilung auch die *unverschuldete Betriebsgefahr* berücksichtigt wird. Danach muß ein Fahrzeughalter u. U. einen Teil seines Schadens wegen der ihm zuzurechnenden Betriebsgefahr selbst dann tragen, wenn nur der andere Beteiligte an dem Unfall schuld war. Gleiches gilt, wie § 17 II StVG nahelegt, auch im Verhältnis Kraftfahrzeug – Eisenbahn. Auch bei § 254 wird also ein dem Geschädigten zuzurechnendes haftbarmachendes Risiko (etwa auch die Tierhaltergefahr) schadensmindernd berücksichtigt. Danach muß sich G außer seinem Verschulden auch die Betriebsgefahr seines Kraftwagens auf seinen Ersatzanspruch gegen die Bundesbahn anrechnen lassen.

(2) Ansprüche der Bundesbahn gegen G gründen sich auf § 7 StVG (Kosten der Reparatur der beschädigten Lokomotive). Daß auch hier wegen der gerade an unbeschrankten Bahnübergängen wesentlich ins Gewicht fallenden Betriebsgefahr der Bundesbahn eine Kürzung stattfindet, folgt direkt aus § 17 StVG.

Fall 125 (Der unvorsichtige Ehemann: § 846 BGB)

Ein Ehemann tritt unvorsichtig auf die Fahrbahn und wird von dem gleichfalls unvorsichtigen Radfahrer S angefahren. Der Ehemann stürzt so unglücklich, daß er einen Schädelbruch erleidet und wenig später stirbt. Seine Witwe und Alleinerbin G verlangt von S die bis zum Tode aufgewendeten Behandlungskosten, ein Schmerzensgeld, die Bestattungskosten sowie Ersatz ihres Unterhaltsschadens (§ 844 II). Mit Recht?

Der Anspruch wegen der Behandlungskosten ergibt sich aus §§ 823 I, 249 II und derjenige wegen eines Schmerzensgeldes aus §§ 823 I, 253 II (vgl. o. § 4 *Fall 12*). Diese Ansprüche sind noch in der Person des Ehemanns selbst entstanden. Daher wird er durch das Mitverschulden des Ehemanns an der Schadensentstehung ohne weiteres nach § 254 gemindert.

Dagegen handelt es sich bei den Bestattungskosten und dem entgangenen Unterhalt um einen eigenen Schaden der Witwe G; der Ersatzanspruch stammt insoweit nicht aus § 823 I, sondern aus § 844 (vgl. o. § 4 *Fall 13*). § 254 paßt also nicht direkt, weil an der Entstehung dieser Schäden kein Mitverschulden „des Beschädigten" (nämlich der G) mitgewirkt hat. Es wäre aber ungereimt, wenn S den Eigenschaden der G in größerem Umfang ersetzen müßte als den Schaden des von ihm angefahrenen Ehemanns. Diese Lücke füllt § 846: Auf den Anspruch der G soll § 254 ebenso anwendbar sein wie auf den Anspruch des Ehemanns selbst. Dessen Mitverschulden wird also bei allen Schadensposten in gleicher Weise berücksichtigt.

Gleiches würde übrigens auch gelten, wenn S nicht Radfahrer gewesen wäre, sondern der Halter eines den Unfall verursachenden Kraftfahrzeugs: Daß § 846 bei §§ 7 ff. StVG entsprechend anzuwenden ist, steht zwar nicht ausdrücklich in § 10 StVG, doch muß es so sein: Die Gefährdungshaftung nach dem StVG darf keinen weiteren Umfang haben als die Verschuldenshaftung nach dem BGB.

II. Zusammenfassung

1. Ein *mitwirkendes Verschulden* des Geschädigten an dem Eintritt oder dem Umfang des Schadens *mindert* nach § 254 regelmäßig den Ersatzanspruch. Dabei braucht der Geschädigte nicht gegen Rechtspflichten verstoßen zu haben; es genügt schon ein Verstoß gegen die sog. Gebote des eigenen Interesses (Obliegenheiten).

2. § *846* läßt für die Ersatzansprüche aus §§ 844, 845 ein mitwirkendes Verschulden des von dem Delikt direkt Betroffenen genügen.

3. Die Minderung des Ersatzanspruchs ist in erster Linie durch eine *Abwägung der Verursachungsanteile* von Schädiger und Geschädigtem festzustellen. Den Maßstab hierfür bildet die *Wahrscheinlichkeit,* mit der diese Anteile den Schadenseintritt gefördert haben. Ergänzt wird diese Abwägung durch einen *Vergleich des beiderseitigen Verschuldens.* Bei einer weit überwiegenden Beteiligung kann die Abwägung auch dahin führen, daß Schädiger oder Geschädigter den Schaden allein zu tragen haben.

4. Für die *Mitwirkung eines gesetzlichen Vertreters oder Gehilfen* des Geschädigten an der Entstehung oder Ausweitung des Schadens bestimmt § 254 II 2 die entsprechende Anwendung des § 278. Nach einer Ansicht soll danach der Geschädigte das mitwirkende Verschulden dieser Personen oder wenigstens dasjenige von Gehilfen ohne weiteres zu vertreten haben. Dagegen verlangt die überwiegende Ansicht in der Rechtsprechung für die entsprechende Anwendung des § 278 das Vorliegen einer Sonderverbindung zwischen Schädiger und Geschädigtem; § 254 II 2 bedeutet danach keine *Rechtsgrund-,* sondern eine *Rechtsfolgeverweisung.* Dafür soll der durch den Schadenseintritt geschaffene Schadensersatzanspruch genügen. Bei Fehlen einer Sonderverbindung werden wenigstens die §§ 831, 31 entsprechend angewendet.

5. Dem Geschädigten wird auch eine von ihm zu verantwortende, bei der Schädigung ursächlich gewordene *Betriebsgefahr* angerechnet. Das ergibt sich direkt aus § 17 StVG und in den dort nicht geregelten Fällen analog aus § 254.

6. *Für Übungsarbeiten* ist hinzuzufügen: Die Angaben der Aufgabentexte erlauben es häufig nicht, bestimmte Quoten für die Schadensteilung zu ermitteln. Auch dann sollte aber die Anwendbarkeit des § 254 erörtert werden (was häufig versäumt wird); bisweilen kann gerade bei dieser Frage (insbesondere bei §§ 254 II 2, 278) ein Schwerpunkt der Aufgabe liegen.

§ 21. Weitere Probleme

I. Die Vorteilsausgleichung (-anrechnung)

Fall 126 (Der Krankenhausaufenthalt: ersparte Aufwendungen)
Bei einem von S zu verantwortenden Unfall wird G schwer verletzt und muß drei Monate im Krankenhaus zubringen. S will die Krankenhauskosten nicht voll ersetzen, sondern abziehen (1) die Kosten der von G ersparten häuslichen Verpflegung, (2) die Kosten des Benzins, das der leidenschaftliche Motorradfahrer G während des Krankenhausaufenthalts nicht verfahren hat. Mit Recht?

Nicht selten bringen das schädigende Ereignis oder die Schadensersatzleistung dem Geschädigten auch Vorteile. Wann diese auf den geschuldeten Ersatz anzurechnen sind, ist eine vom BGB nicht beantwortete und auch bisher nicht allgemein geklärte Frage. *Fall 126* läßt sich aber klar entscheiden:

(1) Die ersparte häusliche Verpflegung wird regelmäßig angerechnet; gleiches gilt etwa auch für den Wert der ersparten Abnutzung des eigenen Fahrzeugs gegenüber dem Anspruch auf Ersatz von Mietwagenkosten (vgl. o. § 7 *Fall 41*). Beide Fälle ähneln der Problematik des Abzugs neu für alt (vgl. o. § 7 *Fall 36*): Die Schadensersatzleistung soll zwar den ganzen Schaden ausgleichen, aber nicht zu einer den Schaden übersteigenden Bereicherung des Geschädigten führen. Eine solche Bereicherung muß daher durch Vorteilsausgleichung vermieden werden.

(2) Dagegen ist für das ersparte Benzin nichts abzuziehen. Denn dieses bildet sozusagen einen Teil des Preises für die Annehmlichkeiten des Motorradfahrens. Da G während seines Krankenhausaufenthalts diese Annehmlichkeiten nicht gehabt hat, darf er auch nicht mit deren Preis belastet werden.

Fall 127 (Der unfallbedingte Erbfall: Anrechnung von erbrechtlichem Erwerb)
Bei einem von S zu verantwortenden Unfall wird der wohlhabende Familienvater G getötet. Seine Witwe und seine Kinder verlangen den Unterhaltsschaden nach § 844 II ersetzt. S verweist demgegenüber auf den wertvollen Nachlaß des G, Witwe und Kinder als gesetzliche Erben erhalten. Mit Recht?

Hier zeigt sich, daß die Vorteilsausgleichung nicht auf kleine Beträge beschränkt zu sein braucht, sondern u.U. viele Millionen umfassen kann. Bei der Erbschaft kommt allerdings ein besonderer Gesichtspunkt hinzu: Zumindest die Kinder als Angehörige der nächsten Generation hätten ihren Vater wahrscheinlich überlebt und wären dann ohnehin dessen Erben geworden (§ 1924). Aber auch Ehefrauen (§ 1931) überleben nach der Statistik zu etwa 80% ihre Männer.[31] Wenn man die Erbschaft voll

---

[31] Denn die statistische Lebenserwartung für Frauen liegt um etwa fünf Jahre höher; zudem sind Frauen bei der Hochzeit oft etwas jünger.

auf den Schadensersatzanspruch anrechnete, entzöge man sie insoweit also praktisch den ersatzberechtigten Hinterbliebenen.

Daher hat sich die Rechtsprechung mit Unterschieden im einzelnen auf folgende Linie eingependelt:[32] Angerechnet werden soll nur der Vorteil, der den Erben daraus entsteht, daß sie den Nachlaß durch den vorzeitigen Tod ihres Erblassers früher erhalten haben (sozusagen den Verfrühungsvorteil). Das umfaßt vor allem diejenigen Beträge, die der Erblasser ohne den vorzeitigen Tod von seinem Vermögen (dem Nachlaß) noch verbraucht hätte. Hierfür muß festgestellt werden, wie lange der Erblasser ohne das Schadensereignis wahrscheinlich noch gelebt und was er in dieser Zeit mit seinem Vermögen gemacht hätte. Nicht selten führt das nur zur Anrechnung der Zinsen (die der Erblasser verbraucht hätte), nicht dagegen auch des Vermögensstamms. Bisweilen kann es aber auch anders sein (z.B. wenn der Erblasser als nicht rentenberechtigter Freiberufler vom Stamm seines Vermögens leben wollte). Dies alles ist oft schwierig und nur mit großen Unsicherheiten zu ermitteln.

Schon das muß Bedenken gegen die schadensmindernde Berücksichtigung der durch das Erbrecht mit einem Delikt zusammenhängenden Vorteile erwecken. In dieselbe Richtung zielen noch weitere Argumente: Die Ansammlung von vererblichem Vermögen bezweckt regelmäßig (auch) eine Fürsorge des Erblassers für seine Hinterbliebenen; es leuchtet wenig ein, warum diese Fürsorge dem Schädiger nützen soll (vgl. sofort bei *Fall 128*). Zudem können umgekehrt die Erben keinen Ersatz der Nachteile verlangen, die dem Nachlaß durch den vorzeitigen Tod des Erblassers entstanden sind (vgl. o. § 4 *Fall 14*); warum sollen sie sich dann die Vorteile aus diesem Tod anrechnen lassen müssen? Endlich hat der *BGH* selbst seinen Ansatz nicht durchgehalten:[33] Ausnahmsweise hat er auch einer Mutter die Erbschaft ihres bei einem Unfall getöteten Sohnes nicht angerechnet, obwohl die Mutter den Sohn sonst wahrscheinlich nicht beerbt hätte.

Daher meine ich, erbrechtliche Vorteile sollten ganz unberücksichtigt bleiben. Dafür spricht auch die Entscheidung des *BGH* in dem folgenden

Fall 128 (Der versicherte Erblasser: Anrechnung bei Lebensversicherung)

Bei einem von S zu verantwortenden Unfall wird G getötet. S will den Hinterbliebenen auf die nach § 844 II geschuldete Entschädigung anrechnen, was diese aus einer von G abgeschlossenen Lebensversicherung erhalten haben. Mit Recht?

Bei der Lebensversicherung gibt es verschiedene Gestaltungen: Die *Risikolebensversicherung* deckt nur das Risiko, daß der Versicherte (ggf. binnen einer bestimmten Zeit) stirbt; die Versicherungsleistung wird

---

[32] Etwa *BGH* NJW 1974, 1236.
[33] *BGH* VersR 1967, 1154.

dann an den im Versicherungsvertrag genannten Bezugsberechtigten (meist die Ehefrau) oder an die Erben ausbezahlt. Dagegen soll bei der sog. *Sparversicherung* die Versicherungsleistung (Kapital oder Rente) in erster Linie an den Versicherten selbst fließen, wenn dieser ein bestimmtes Alter erreicht hat (meist beim Ausscheiden aus dem Beruf); diese Leistung dient dann typischerweise der Altersversorgung. Zu einer Zahlung an die Hinterbliebenen kommt es hier nur, wenn der Versicherte vor Erreichen dieses Alters stirbt.

Der *BGH* hat diese beiden Versicherungsarten zunächst schadensrechtlich unterschieden: Die Vorteile aus einer Risikolebensversicherung sollten nicht auszugleichen sein, sondern nur diejenigen aus einer Sparversicherung.[34] Später[35] hat der *BGH* aber diese Unterscheidung mit Recht aufgegeben und die Vorteilsausgleichung allemal abgelehnt: Die Vorsorge des Versicherten für seine Hinterbliebenen solle nicht dem Schädiger nutzen. Das leuchtet gewiß ein; freilich paßt dieser Satz auch für die Erbschaft und sollte daher dort gleichfalls angewendet werden.

Fall 129 (Die glückliche Witwe: Anrechnung bei Wiederheirat)

Die Witwe *W* des *G*, der bei einem von *S* zu verantwortenden Unfall getötet worden ist, heiratet alsbald den *D*. Kann sie trotzdem von *S* weiter unvermindert die Rente nach § 844 II fordern?

Hier hat der Tod des *G* es der *W* erst ermöglicht, den *D* zu heiraten und damit gegen diesen den Unterhaltsanspruch aus § 1360 zu erwerben. Insofern beruht dieser Vorteil (auch) auf dem schadensbringenden Ereignis. Der *BGH* hat die Anrechnung bejaht.[36] Freilich ergeben sich hierbei Probleme: Was gilt, wenn die zweite Ehe durch Tod oder Scheidung aufgelöst wird: Lebt dann der Rentenanspruch gegen *S* wieder auf? Führt die Anrechnung nicht zu Rentenkonkubinaten, was dem Ziel von Art. 6 GG widerspräche? Übrigens hat auch der *BGH* selbst die Vorteile, die eine Unfallwaise durch spätere Adoption erlangt hatte, nicht angerechnet (wohl um rechtspolitisch erwünschte Adoptionen zu fördern: Das Kind bringt sozusagen seine Versorgung mit).[37]

Fall 130 (Die tüchtige Witwe: Anrechnung von Arbeitseinkünften)

Wiederum ist *W* durch einen von *S* zu verantwortenden Unfall zur Witwe geworden. Nach dem Tod ihres Mannes wird sie, die bisher den Haushalt geführt hatte, zur erfolgreichen Schriftstellerin. Muß sie sich die Einkünfte hieraus auf die ihr nach § 844 II zustehende Rente anrechnen lassen?

---

[34] BGHZ 39, 249.
[35] BGHZ 73, 109, vgl. auch *BGH* NJW 1971, 2071 (keine Anrechnung der Leistungsverdoppelung aus der sog. Unfallklausel).
[36] *BGH* NJW 1970, 1127 (zu § 845). Dagegen sollen nach BGHZ 91, 357 Leistungen eines Partners einer nichtehelichen Lebensgemeinschaft nicht angerechnet werden; diese Verschiedenbehandlung dürfte kaum noch gerechtfertigt sein.
[37] BGHZ 54, 269.

Hier geht es um die praktisch sehr wichtige Frage nach der Obliegenheit zur Arbeitsaufnahme durch Personen, die bei einem Unfall ihren Unterhaltsschuldner verloren haben und daher nach § 844 II rentenberechtigt sind. Unter Ehegatten ähnelt diese Frage derjenigen nach der Arbeitsobliegenheit eines geschiedenen Ehegatten (vgl. §§ 1569ff.). Soweit eine solche Obliegenheit nach dem Familienrecht nicht bestünde, wird man sie auch im Schadensrecht zu verneinen haben. Das kommt insbesondere in Frage wegen der Betreuung von Kindern (§ 1570), wegen Alters (§ 1571) und wegen Krankheit (§ 1572). Wird die Arbeit trotz des Fehlens einer Obliegenheit tatsächlich geleistet, so sind die Einkünfte hieraus regelmäßig nicht anzurechnen. Für die freiberufliche Schriftstellerei kommt noch der Gesichtspunkt hinzu, daß der Schädiger auch an den Kosten und Risiken dieser Tätigkeit nicht beteiligt wird. Daher wird man hier häufiger als bei einer risikofreien unselbständigen Arbeit zur Nichtanrechnung kommen.

Fall 131 (Lohnfortzahlung: Vorrang der Legalzession)

Bei einem von S zu verantwortenden Unfall wird der Arbeiter G verletzt; er ist vier Wochen arbeitsunfähig. Während dieser Zeit zahlt der Arbeitgeber D den Lohn weiter. Braucht S deshalb keinen Erwerbsschaden zu ersetzen?

Dieser Fall ist schon o. § 5 als *Fall 17* unter einem anderen Aspekt behandelt worden; er muß hier unter dem Gesichtspunkt der Vorteilsausgleichung noch einmal kurz aufgenommen werden: G erlangt zwar infolge der Verletzung außer dem Nachteil der Arbeitsunfähigkeit auch den Vorteil des Anspruchs auf die Lohnfortzahlung und schließlich diese selbst. Aber das soll nur den G begünstigen und nicht den Schädiger S. Daher kann die Lohnfortzahlung kein zugunsten des Schädigers auszugleichender Vorteil sein. Dem trägt auch das Gesetz Rechnung: Nach § 6 EFZG geht der Ersatzanspruch des G gegen S auf Ersatz des Erwerbsschadens auf den Arbeitgeber D über. Damit wird zugleich vorausgesetzt, daß dieser Anspruch nicht an einer Vorteilsausgleichung scheitert.

Entsprechendes gilt auch bei anderen Fällen der Legalzession (etwa nach § 67 VVG für Versicherungsleistungen an den Geschädigten) sowie in ähnlichen Fällen, etwa bei § 843 IV (vgl. o. § 5 *Fall 18*). Mit der Bezeichnung der hier auftretenden Schäden als „normativ" wird also auch die Ablehnung einer Vorteilsausgleichung ausgedrückt.

II. Die Drittschadensliquidation

Fall 132 (Die verletzte Sängerin: Beschränkung des Schadensersatzes auf den Eigenschaden des Verletzten)

Wie o. § 3 *Fall 10*: S verletzt schuldhaft die Sängerin D, so daß deren von dem Konzertagenten G veranstaltetes Konzert ausfallen muß. Kann D von S auch die dem G entstehenden Schäden ersetzt verlangen?

Oben bei § 3 *Fall 10* war begründet worden, daß G gegen S keinen eigenen Ersatzanspruch hat: § 823 I scheidet als Anspruchsgrundlage aus, weil G in keinem der von der Vorschrift geschützten Güter verletzt ist, und eine andere Anspruchsgrundlage ist für G nicht ersichtlich. Eine Anspruchsgrundlage (nämlich wenigstens § 823 I, Körperverletzung) hat aber die Sängerin D. Man kann nun die Frage stellen, ob nicht D mit ihrem Anspruch außer ihrem eigenen Schaden auch den Schaden des G ersetzt verlangen darf. Das wäre dann eine Liquidation von Drittschaden (Drittschadensliquidation).

Regelmäßig muß der Gläubiger eines Ersatzanspruchs auf die Geltendmachung seines eigenen Schadens beschränkt bleiben; *Verletzung und Schaden müssen also in derselben Person zusammentreffen*. Denn andernfalls würden die im Deliktsrecht geltenden, im Fehlen einer großen deliktischen Generalklausel sich zeigenden Einschränkungen der Ersatzberechtigung weithin gegenstandslos. Eine Ausnahme von dieser Regel – und damit eine Drittschadenliquidation – kommt nach der h. M. nur in Betracht, wenn ein Schaden, dessen Eintritt beim Ersatzberechtigten zu erwarten war, regelwidrig („zufällig") bei einem Dritten eintritt: Dann soll der ersatzberechtigte Anspruchsinhaber den Schaden dieses Dritten ersetzt verlangen können. Nach den Regeln über das Innenverhältnis zwischen dem Gläubiger und dem Dritten (etwa § 285) gelangen dann der Anspruch oder sein Surrogat endlich an den Dritten.

Fall 133 (Versendungskauf: Beispiel einer Schadensverlagerung)
Der Verkäufer G versendet die verkaufte Sache an den Käufer D. Auf dem Weg dorthin wird die Sache durch Fahrlässigkeit des S zerstört. Ansprüche der Beteiligten?

Hier war D vor der Übergabe regelmäßig weder Eigentümer noch Besitzer der Sache. Er hat also aus § 823 I keine Ansprüche gegen S, und auch andere deliktische Anspruchsgrundlagen scheiden aus.

Eigentum und (mittelbaren, § 868) Besitz hatte vielmehr G. Er hat also § 823 I als Anspruchsgrundlage, doch scheint ihm beim Versendungskauf der Schaden zu fehlen: Die Sache hätte G ja ohnehin verloren, und sein Anspruch auf den Kaufpreis bleibt nach § 447 I unberührt (die Preisgefahr lag seit der Absendung beim Käufer; anders beim Verbrauchsgüterkauf, § 474 I, nach § 474 II). Hier kann man also sagen, der Schaden sei (durch § 447 I) entgegen dem regelmäßig zu Erwartenden von dem Eigentümer G auf D verlagert. Daher bildet *Fall 133* auch einen der „klassischen" Anwendungsfälle der Drittschadensliquidation; G muß dann übrigens seinen Ersatzanspruch gegen S nach § 285 an D abtreten.

Wirklich unentbehrlich ist die Drittschadensliquidation aber nicht einmal hier: Man kann auch den Verkauf der Sache für ein bloßes Internum des G halten, das nach allgemeinen Regeln den Schädiger nichts angeht.[38]

---

[38] Vgl. *Larenz*, SchuldR I, § 27 IV b.

110   4. Teil. Allgemeine Probleme des Schadensrechts

Ähnlich würde man es ja auch für unbeachtlich halten, daß G die Sache etwa verschenken wollte. Bei Anwendung dieser Denkweise liquidiert G dann seinen eigenen Schaden.

Fall 134 (Die mangelhafte Färbung: Drittschadensliquidation bei Käuferkette?)

G stellt aus gefärbtem Leder, das er bei S gekauft hat, Gürtel her und liefert diese an D. Dieser zieht die Gürtel in Damenkleider ein. Da die Färbung mangelhaft war, verfärben sich die Kleider. Wer kann Ersatz des hieraus entstehenden Schadens verlangen?

Hier liegt der Gedanke an eine Schadensverlagerung (von G auf D) nicht ganz fern: Der Schaden ist hier nicht schon beim ersten Abnehmer *(G)* entstanden, sondern erst bei einem weiteren Käufer *(D)*. Trotzdem hat der *BGH* in einer ausführlich begründeten Entscheidung[39] verneint, daß G aus seinem Vertrag mit S bei diesem den Schaden des D liquidieren dürfe: Ein Schadenseintritt schon bei G sei hier nicht völlig ausgeschlossen. Übrigens ist in solchen Fällen eine Drittschadensliquidation seit der Hühnerpestentscheidung (BGHZ 51, 91, vgl. o. § 11 *Fall 74*) auch gar nicht mehr nötig: S haftet für Mängel seines Produkts aus vermutetem Verschulden deliktisch und damit auch dem (an seinem Eigentum verletzten) D. Dagegen könnten Ansprüche aus dem ProdHaftG an § 1 I 2 ProdHaftG scheitern.

Fall 135 (Das falsche Gutachten: Drittschadensliquidation und Vertrag mit Schutzwirkung für Dritte)

X benötigt Kredit für ein Ferienhausprojekt. Beleihungsgrundlage soll ein Grundstück bilden, dessen Wert der öffentlich bestellte und vereidigte Sachverständige S mit 20 Mio DM beziffert hat. Die benötigten 600 Fertighäuser soll eine dänische Firma liefern. Daher vergewissert sich der dänische Konsul D bei S noch einmal, ob das Gutachten (noch) zutreffe. Nachdem S das bejaht hat, gibt G – eine dänische Privatbank – 15 Mio DM als durch eine Grundschuld an dem Grundstück gesicherten Kredit. Das Projekt wird dann aber nicht ausgeführt; das nun kaum verwertbare Grundstück bringt in der Zwangsversteigerung nur 1,9 Mio DM. G verlangt von S Schadensersatz.

Hier kommt eine eigentliche „Produzentenhaftung" des S für sein unrichtiges Gutachten nicht in Betracht: Es ist ja nicht das Eigentum der geschädigten Bank G verletzt worden, sondern bloß ihr (nicht unter § 823 I fallendes) Vermögen. Eine Haftung nach dem ProdHaftG scheitert zudem an dessen § 2, der als „Produkt" nur (bewegliche) Sachen (und elektrischen Strom) bezeichnet. Daher ist, wenn es an dem für § 826 nötigen Schädigungsvorsatz des S fehlt, ein Ausweichen ins Vertragsrecht unvermeidlich. Einen Vertrag hatte S aber nicht mit dem schließlich geschädigten G geschlossen, sondern nur mit seinem Auftraggeber X und womöglich auch noch mit dem dänischen Konsul D.

---

[39] BGHZ 40, 91 (99 ff.).

Ein Vertrag mit D kann allerdings deshalb zweifelhaft sein, weil eine unentgeltlich gegebene Auskunft regelmäßig unter § 675 II fällt. Diese zur Rechtsgeschäftslehre gehörende Problematik (Rechtsbindungswille) soll hier aber nicht vertieft werden.[40]

Der Vertrag des S mit X (oder D) kann dem G auf zwei Wegen zum Schadensersatz verhelfen. Den ersten Weg bildet die Drittschadensliquidation: Man erlaubt es dem Vertragspartner (X oder D), den Schaden des G zu liquidieren. Dieser Weg ist von den mit dem Fall befaßten Gerichten nicht begangen worden,[41] wohl schon deshalb, weil er nicht zum „klassischen" Anwendungsbereich der Drittschadensliquidation gehört. Dagegen hat der *BGH* den anderen Weg für gangbar erklärt, nämlich den Weg über einen Vertrag mit Schutzwirkung für Dritte: Der Vertrag zwischen S und X oder D könne Schutzwirkung für G gehabt haben. Unter dieser Voraussetzung stünde G bei Verletzung des ihn schützenden Vertrages auch ein eigener Schadensersatzanspruch gegen S zu.

Fall 135 zeigt, daß Drittschadensliquidation und der – hier nicht zu behandelnde[42] – Vertrag mit Schutzwirkung für Dritte zu wirtschaftlich sehr ähnlichen Ergebnissen führen. Dabei ist die Abgrenzung schwierig. Die neuere Rechtsprechung[43] neigt eher der Annahme einer vertraglichen Schutzwirkung für Dritte zu als der – eher restriktiv gehandhabten – Drittschadensliquidation.

III. Vorbeugender Rechtsschutz

Fall 136 (Der grenzüberschreitende Hund: actio negatoria)

S läßt seinen Hund auf seinem Grundstück frei herumlaufen. Da die Umzäunung mangelhaft ist, kommt dieser mehrfach auf das Nachbargrundstück des G und reißt dessen Hühner. G verlangt von S Abhilfe; S meint, G solle seine Hühner selbst sichern. Wer hat recht?

Daß G hier wegen seiner gerissenen Hühner Schadensersatz verlangen kann, folgt schon aus § 833. Aber dafür muß ein Schaden bereits eingetreten sein; der Schadensersatzanspruch bildet nur die Reaktion hierauf. Dagegen könnte ein präventiver Rechtsschutz, wie G ihn hier wünscht, schon vorbeugend den Eintritt eines Schadens verhindern. Dazu enthält das Deliktsrecht des BGB keine Regelung. Für *Fall 136* jedoch, wo das Eigentum des G (an dem Grundstück und an den Hühnern) bedroht ist, findet sich eine Anspruchsgrundlage im Sachenrecht: Nach § 1004 I 2 kann der Eigentümer auf Unterlassung klagen (d. h. er hat einen Unterlassungsanspruch), wenn „weitere Beeinträchtigungen zu besorgen" sind (sog. *actio negatoria*). Eine solche Besorgnis ergibt sich hier aus den

---

[40] Vgl. *H. Honsell,* JZ 1985, 952.
[41] *BGH* JZ 1985, 951 (Sachverhalt in NJW 1982, 2431).
[42] Vgl. etwa *Larenz,* SchuldR I, § 17 II; *Medicus,* SAT, Rn. 772 ff.
[43] Deutlich etwa *BGH* JZ 1995, 306.

schon erfolgten Verletzungen und dem Verhalten des S, der eine Abhilfe ablehnt.

Über den genannten Gesetzeswortlaut hinaus („weitere" Beeinträchtigungen) wird der Unterlassungsanspruch schon gegen die erste Beeinträchtigung gewährt, wenn nur bewiesen werden kann, daß diese wahrscheinlich bevorsteht. Man nennt diese Klage gegen die erstmalige Störung oft die vorbeugende Unterlassungsklage. Aber das führt irre: Jede Unterlassungsklage will einer künftigen Rechtsverletzung vorbeugen.

Fall 137 (Der bedrohte Nichteigentümer: deliktische Unterlassungsansprüche)

Wieder geht es wie in o. *Fall 136* um den Hund des S: Doch droht er diesmal nicht die Hühner des G zu beißen, sondern den G selbst oder dessen Angehörige. Was kann G jetzt unternehmen?

Wenn G ebenso wie in *Fall 136* Eigentümer des Nachbargrundstücks ist, auf dem ihn der Hund bedroht, bleibt es bei § 1004 I 2: Der Hund beeinträchtigt den Gebrauch dieses Grundstücks und damit des Eigentums. Das Ergebnis ändert sich auch nicht, wenn G das Grundstück nur gemietet hat: Dann folgt der Unterlassungsanspruch aus § 862 I 2, weil der Hund den Besitz des G stört.

Diese auf eine sachenrechtliche Position gestützten Ansprüche versagen jedoch, wenn G keine solche Position hat, also z.B. als Angestellter des Mieters von dem Hund bedroht wird. Es wäre jedoch ungerecht, wenn Leben, Körper, Gesundheit und Freiheit nicht den gleichen vorbeugenden Rechtsschutz genössen wie Eigentum und Besitz. Daher hat man den negatorischen Rechtsschutz auf die übrigen von § 823 I geschützten Rechtsgüter ausgedehnt. Dabei erfordert dieser vorbeugende Schutz – anders als Schadensersatzansprüche, aber ebenso wie der Anspruch aus § 1004 und ähnlichen Vorschriften – kein Verschulden. Vielmehr genügt es, daß eine widerrechtliche Erfüllung des objektiven Deliktstatbestandes bevorsteht. In *Fall 137* kann also G von S selbst dann Unterlassung fordern, wenn diesen kein Verschulden an der von seinem Hund ausgehenden Gefahr trifft.

Fall 138 (Das böse Gerede: schutzgesetzlicher Unterlassungsanspruch)

S glaubt, von G beim Kauf eines gebrauchten Kraftwagens übervorteilt worden zu sein. Seitdem erzählt S überall, G sei ein Betrüger. Kann G sich dagegen wehren?

Wenn man hier mit § 823 I arbeiten will, gelangt man zu der zweifelhaften Frage, ob das Gerede des S das Allgemeine Persönlichkeitsrecht des G verletzt (vgl. o. § 8 *Fall 52*). Doch läßt sich das vermeiden. Die deliktische Unterlassungsklage kann nämlich auch darauf gestützt werden, daß die Verletzung eines Gesetzes drohe, das für den Kläger ein Schutzgesetz im Sinne von § 823 II darstellt. Dafür kommen hier die §§ 185,

186 StGB in Betracht. *G* kann sich also jedenfalls mit einer Unterlassungsklage wehren.

Fall 139 (Der geplatzte Wasserschlauch: Schadensersatz und Beseitigung)
In der Eigentumswohnung des *S* platzt die Schlauchverbindung zwischen der Wasserleitung und der Waschmaschine. Das daraufhin ausströmende Wasser fließt in die darunterliegende Eigentumswohnung des *G*: Es verdirbt dort die Zimmerdecke, die Teppiche und die Möbel. Was schuldet *S* dem *G*?

Wenn den *S* ein Verschulden trifft, etwa weil er den Schlauch nicht überprüft und rechtzeitig erneuert hat, haftet er nach § 823 I wegen Eigentumsverletzung auf Schadensersatz. Dieser Anspruch umfaßt die Kosten für die Beseitigung der Wasserschäden (§ 249 II) und, soweit diese unmöglich ist, den Ersatz der Wertminderung der geschädigten Sachen (§ 251).

Dagegen entfallen solche Ersatzansprüche, wenn den *S* kein Verschulden trifft, etwa weil der Schlauch infolge eines äußerlich nicht erkennbaren Produktionsfehlers geplatzt war (dann kommt ein Anspruch gegen den Produzenten aus dem ProdHaftG in Betracht). Auch ein Unterlassungsanspruch aus § 1004 I 2 wird regelmäßig fehlen, weil keine Wiederholungsgefahr besteht (typischerweise wird *S* schon im eigenen Interesse für eine ausreichende Schlauchverbindung sorgen). Darüber hinaus gibt § 1004 I 1 aber noch einen Anspruch auf „Beseitigung der Beeinträchtigung". Auch dieser negatorische Beseitigungsanspruch wird über das Eigentum hinaus auf andere deliktsrechtlich geschützte Güter ausgeweitet. Als problematisch erscheint dabei aber die Abgrenzung zwischen Beseitigung und Schadensersatz.

Die h.M. faßt den Beseitigungsbegriff mit Recht eng: Da der Beseitigungsanspruch im Gegensatz zum Schadensersatz kein Verschulden erfordere, müsse „Beseitigung" weniger umfassen als „Schadensersatz"; „Beseitigung" bedeutet nur das Abstellen der Ursachen für weitere Störungen.[44] In *Fall 139* muß *S* also den Zufluß weiteren Wassers unterbinden (das gehört aber schon zur Unterlassung) und das eingedrungene Wasser entfernen. Die Reparatur der schon entstandenen Schäden und den Ausgleich der durch Reparatur nicht zu beseitigenden Wertminderung kann *G* jedoch nur bei Verschulden des *S* mit einem Schadensersatzanspruch verlangen.

IV. Zusammenfassung

1. Durch das schadensbringende Ereignis oder durch Maßnahmen zu dessen Ausgleich können dem Geschädigten auch Vorteile entstehen.

---

[44] Vgl. *Baur/Stürner*, SaR, § 12 Rn. 20 f.; *Larenz/Canaris*, SchuldR II 2 § 86 V 3, noch enger *Picker*, Der negatorische Beseitigungsanspruch, 1972, S. 157 ff., zuletzt in Festschr. F. Bydlinski, 2002, S. 269; 300 ff.

Welche von ihnen auf den Schadensersatzanspruch anzurechnen sind, hat das BGB nicht entschieden. Nach der Rechtsprechung soll die Anrechnung der Billigkeit nicht widersprechen oder – in anderer Formulierung – den Schädiger nicht unbillig entlasten dürfen. Diese Generalklausel ist oft durch sehr differenzierte Abwägungen auszufüllen. Einen wichtigen Grund für die Annahme solcher Unbilligkeit bildet es insbesondere, daß der Geschädigte oder sein Rechtsvorgänger den Vorteil durch eigene Leistungen erkauft hatte. Kraft Gesetzes ist die Vorteilsausgleichung in den zahlreichen Fällen einer Legalzession ausgeschlossen: Diese Zession funktioniert ja nur, wenn der übergeleitete Anspruch nicht schon durch eine Vorteilsausgleichung aufgezehrt wird.

2. Gleichfalls im BGB nicht generell geregelt ist die Drittschadensliquidation. Damit werden die Ausnahmen von der Regel bezeichnet, nach welcher der Gläubiger eines Schadensersatzanspruchs nur den ihm selbst entstandenen Schaden liquidieren darf. Die Drittschadensliquidation wird aber bloß mit wachsender Zurückhaltung zugelassen. Ein wirtschaftlich ähnliches Ziel verfolgt der Vertrag mit Schutzwirkung für Dritte: Damit erhält der zu Schützende einen eigenen Anspruch aus einem fremden Vertrag. Diese Konstruktion befindet sich, teils zu Lasten der Drittschadensliquidation, auf dem Vormarsch.

Im einzelnen ist die Drittschadensliquidation in den folgenden Fallgruppen zugelassen worden, wobei ihre Notwendigkeit freilich bisweilen zweifelhaft ist:[45]

(1) wenn sie vereinbart ist oder sich durch Auslegung aus einer Vereinbarung ergibt;
(2) bei mittelbarer Stellvertretung durch den Vertreter;
(3) bei Treuhandverhältnissen durch den Treuhänder;
(4) bei der Obhut über fremde Sachen durch den zur Obhut Verpflichteten;
(5) bei obligatorischer Gefahrentlastung (vgl. o. *Fall 133*) durch den Entlasteten.

3. Zum Schutz absoluter Rechte gewähren viele Vorschriften (etwa die §§ 12, 862, 1004) bei Begehungs- oder Wiederholungsgefahr einen Anspruch auf Unterlassung. Dieser vorbeugende Rechtsschutz setzt – anders als regelmäßig der Schadensersatzanspruch – kein Verschulden voraus. Er wird auf andere deliktisch geschützte Rechtsgüter ausgedehnt, insbesondere auf Leben, Körper, Gesundheit, Freiheit und die durch Schutzgesetz geschützten Positionen. Das ist der deliktische Unterlassungsanspruch.

4. Neben diesem Unterlassungsanspruch stehen Ansprüche auf Beseitigung der fortwirkenden Störungsquellen: Auch insoweit wird die gesetzliche Regelung für die absoluten Rechte auf die anderen deliktisch geschützten Positionen ausgedehnt. Dabei ist die Beseitigung überall wesentlich enger zu verstehen als der Schadensersatz.

---

[45] Vgl. etwa *Medicus*, SAT, Rn. 610ff.

§ 22. Zum Aufbau haftungsrechtlicher Fälle

Das bisher seit oben § 3 Gesagte zeigt, daß bei der Lösung von Aufgaben aus dem Haftungsrecht sehr viele rechtliche Gesichtspunkte in Betracht kommen können. Dabei muß man sich zunächst alle diese Gesichtspunkte vor Augen halten und überlegen, inwieweit die Aufgabe Anlaß zur Erörterung bietet. So wird etwa die Adäquanz nur ausnahmsweise zu behandeln sein, nämlich bei einigermaßen unwahrscheinlichen Kausalzusammenhängen.
Soweit danach rechtliche Gesichtspunkte der Erörterung bedürfen, muß man die Reihenfolge überlegen, in der das geschehen soll. Dabei sind regelmäßig zwei Fragenkreise zu trennen:

(1) Besteht dem Grunde nach eine Schadensersatzpflicht?
Hier geht es darum, ob die Voraussetzungen einer oder mehrerer haftungsbegründender Normen erfüllt sind. Für das Recht der Sonderverbindung (also insbesondere für das Vertragsrecht) stehen diese Normen im BGB in den §§ 280 mit 325; 311a II, 523f., 536a, 536c II 1, 627 II 1, 628 II, 651f; 671 II 2, 678. Im Deliktsrecht sind für die Verschuldenshaftung am wichtigsten die §§ 823 I (hier ist stets das verletzte Rechtsgut oder Recht anzugeben), 823 II (in Verbindung mit einem bestimmten Schutzgesetz), 824, 826, 830, 831 BGB, 18 StVG. Für die Gefährdungshaftung ist zu denken vor allem an die §§ 833 BGB, 7 StVG, 1, 2 HPflG, 1 ProdHaftG, 1 UmweltHG.
Hierbei sind die Anspruchsgrundlagen aus dem Recht der Sonderverbindung vor denen aus dem Deliktsrecht zu erörtern. Denn die für die Sonderverbindung geltenden Eigenarten, insbesondere Schädigerprivilegien beim Haftungsmaßstab und der Verjährung, gelten vereinzelt auch für die Deliktshaftung. Dagegen besteht zwischen mehreren deliktischen Anspruchsgrundlagen kein logischer Vorrang. Meist wird es sich aber empfehlen, mit dem (überragend wichtigen) § 823 I zu beginnen.
Innerhalb der einzelnen Anspruchsgrundlagen empfiehlt sich ein Aufbau in Anlehnung an die klassische Dreiteilung im Strafrecht. Diese Dreiteilung bedeutet

(a) für die *Haftung aus Sonderverbindung:*
  (aa) Besteht eine Rechtspflicht, deren Verletzung hier in Betracht kommt?
  (bb) Hat der Schuldner oder eine Person, für die er einzustehen hat, diese Pflicht verletzt (§ 280 I) mit Besonderheiten für den Schuldnerverzug (§§ 280 II, 286) und die Nichtleistung (§§ 280 III, 281–283, 311a)?
  (cc) Hat der Schuldner die Pflichtverletzung zu vertreten (insbesondere nach §§ 276–278)? Vorfrage hierbei kann die Deliktsfähigkeit sein (§§ 276 I 2, 827, 828);

(b) für die *deliktische Verschuldenshaftung:*
  (aa) Ist der objektive Tatbestand einer Deliktsnorm erfüllt?
  (bb) Rechtswidrigkeit?
  (cc) Verschulden und als dessen Vorfrage Deliktsfähigkeit?
(c) für die *Gefährdungshaftung:*
  (aa) Ist der in Anspruch Genommene für eine haftbar machende Gefahrenquelle verantwortlich (z. B. als Halter eines Kraftfahrzeugs)?
  (bb) Hat sich dieses Risiko verwirklicht (z. B. Unfall „beim Betrieb" eines Kraftfahrzeugs)?
  (cc) Liegt ein Ausschlußgrund vor (höhere Gewalt)?

Vorweggenommen werden kann bei Anlaß zu Zweifeln die (selten auftauchende) Frage, ob überhaupt ein Schaden vorliegt. Denn eine Verneinung dieser Frage erübrigt die Erörterung aller Grundlagen für einen Schadensersatzanspruch. Bei dieser Frage ist aber an die Möglichkeit der Drittschadensliquidation zu denken: Sie verschafft ausnahmsweise auch dem Gläubiger ohne eigenen Schaden einen Ersatzanspruch.

(2) In welcher Art und in welchem Umfang ist Schadensersatz zu leisten?

Dabei betrifft die (selten auftauchende) Frage nach der Art der Schadensersatzleistung die Unterscheidung zwischen Herstellung und Geldersatz.

Beim Umfang des Schadensersatzanspruchs geht es am häufigsten um eine zurechenbare Mitwirkung des Geschädigten (§§ 254 BGB, 9, 17 StVG). Weiter kann die Abgrenzung zwischen Vermögens- und Nichtvermögensschaden zu erörtern sein (§ 253 I). Seltener begegnen hier Fragen der haftungsausfüllenden Kausalität (Schutzbereich der Norm, Adäquanz, hypothetische Kausalität) und zur Vorteilsausgleichung.

Bei einer Mehrheit von Verpflichteten ist regelmäßig noch eine Bemerkung zur gesamtschuldnerischen Haftung (insbesondere §§ 427, 840) angebracht. Ausführlicher zu erörtern ist dies, wenn auch nach dem Innenausgleich zwischen den mehreren Schädigern gefragt wird. Hier kommen als Anspruchsgrundlagen insbesondere die beiden Absätze von § 426 in Betracht.

Die Erörterungen zu Art und Umfang der Schadensersatzleistung können an die Erörterung jedes einzelnen Haftungsgrundes angeschlossen werden. Diese Art des Aufbaus ist nötig, soweit für die mehreren Haftungsgründe Verschiedenes gilt; so kann z. B. der Schutzbereich mehrerer Haftungsnormen verschieden zu beurteilen sein, oder bei § 254 kann es für die Anwendung von § 278 Unterschiede geben. Oft dagegen werden solche Verschiedenheiten fehlen. Dann vermeidet es Wiederholungen oder Verweisungen und vereinfacht damit den Aufbau, wenn man Art und Umfang der Ersatzleistung nur einmal für alle Anspruchsgrundlagen gemeinsam behandelt. Feststellungen über die gesamtschuldnerische Haftung mehrerer Schädiger gehören allemal ganz an den Schluß.

5. Teil. Ungerechtfertigte Bereicherung

§ 23. Einführung ins Bereicherungsrecht

I. Leistungskondiktion und Nichtleistungskondiktionen

Wie schon oben § 1 *Fall 4* hervorgehoben, unterscheidet § 812 I 1 zwei Alternativen: Das „etwas", dessen Herausgabe gefordert wird, kann nämlich „durch Leistung" oder „in sonstiger Weise" erlangt worden sein. Früher hat man regelmäßig versucht, die übrigen Tatbestandsmerkmale des § 812 I so zu definieren, daß sie für jede dieser beiden Alternativen passen. Das hat zu erheblichen Schwierigkeiten insbesondere bei dem Merkmal „auf Kosten" geführt. Daher unterscheidet die heute h. M. zwischen beiden Alternativen und trennt dementsprechend die Leistungskondiktion von den Nichtleistungskondiktionen (vgl. o. § 1 *Fall 3* und *4*).

Allerdings sind die Notwendigkeit und sogar die Berechtigung dieser Trennung in Frage gestellt worden.[1] Und wirklich kann man bei manchen Fällen zweifeln, ob ein Erwerb durch Leistung oder in sonstiger Weise vermittelt worden ist. Aber regelmäßig tritt der Unterschied zwischen beiden Alternativen doch sehr deutlich hervor: Die Leistungskondiktion dient der Rückabwicklung gescheiterter willentlich bewirkter Vermögensverschiebungen, die auf ein bestimmtes Ziel gerichtet waren (vgl. o. § 1 *Fall 3*). Hier erfüllt sie in einer für den Schuldner meist etwas milderen Weise[2] die gleiche Funktion wie die Rückgewährvorschriften des Rücktrittsrechts (§§ 346–348). Nicht selten hängt es überhaupt von der Entscheidung eines Beteiligten ab, ob Rücktritts- oder Bereicherungsrecht anwendbar ist.

Fall 140 (Der betrogene Käufer: Rücktritts- oder Bereicherungsrecht)

S verkauft an G einen Gebrauchtwagen. Dabei versichert S wider besseres Wissen, der Wagen habe noch keinen Unfall erlitten. Später erfährt G, daß S selbst mit dem Wagen einen schweren Unfall hatte. Was kann G unternehmen?

Hier kann G den Kauf nach § 123 wegen arglistiger Täuschung anfechten. Dann ist dieser nach § 142 I von Anfang an nichtig; die schon ausgetauschten Leistungen sind nach § 812 I 1 Alt. 1 zurückzugewähren (Leistungskondiktion). Statt dessen kann G aber auch vom Kauf zu-

---

[1] Angaben etwa bei *Medicus,* BürgR, Rn. 665, ausführlich *Reuter/Martinek,* Ungerechtfertigte Bereicherung, 1983, § 2 V; *Larenz/Canaris,* SchuldR II 2, § 67 I 2; IV.
[2] Wegen § 818 III, vgl. u. § 27 *Fall 169.*

rücktreten (früher: wandeln), weil dem Wagen eine zugesicherte Eigenschaft fehlt (§ 434 I 1); dann passen die §§ 346 ff. Wenn G juristischer Laie ist, wird ihm nicht einmal klar sein, daß es diese beiden Wege gibt. Dann werden sich häufig kaum Anhaltspunkte dafür finden lassen, ob man die Erklärung als Anfechtung oder als Rücktritt auszulegen hat. Das zeigt die wirtschaftliche Ähnlichkeit zwischen Leistungskondiktion und Rücktrittsrecht.

Demgegenüber ähnelt der wichtigste Fall der Nichtleistungskondiktionen, nämlich die sog. Eingriffskondiktion, eher dem Deliktsrecht. Das zeigt schon das oben in § 1 als *Fall 4* für diese Art der Nichtleistungskondiktion genannte *Beispiel:* Daß Tiere die Weide des Nachbarn abgrasen, kann auch unter § 833 (vgl. o. § 11 *Fall 71*) oder sogar unter § 823 I fallen, nämlich wenn den Tieren durch nachweisbare Fahrlässigkeit der Übertritt auf das Nachbargrundstück ermöglicht worden ist. Allerdings bestehen hinsichtlich des Anspruchsinhalts Unterschiede zwischen der Eingriffskondiktion und dem deliktsrechtlichen Schadensersatzanspruch (vgl. u. § 27 *Fall 167*).

II. Bedeutung und Dogmatik des Bereicherungsrechts

Das Schadensersatzrecht kommt schon wegen der Vielzahl der Verkehrsunfälle in der Praxis außerordentlich häufig vor. Freilich wird die große Mehrzahl dieser Fälle – regelmäßig durch die beteiligten Versicherungsunternehmen – derart abgewickelt, daß ein Prozeß vermieden bleibt. Trotzdem gelangen jährlich immer noch mehrere hundert Sachen aus dem Schadensersatzrecht bis zum *BGH*. Daher ist dort der *VI. ZS* fast mit seiner ganzen Arbeitskraft mit Schadensersatzprozessen beschäftigt, und auch mehrere andere *Senate* haben damit zu tun. Demgegenüber gelangen aus dem Bereicherungsrecht jährlich nur etwa 20 Sachen zum *BGH;* das Bereicherungsrecht macht dort mengenmäßig nur etwa ein Zwanzigstel des Anfalls von Schadensersatzprozessen aus. Dabei spielt wohl eine Rolle, daß gescheiterte Verträge oft nach Rücktritts- statt nach Bereicherungsrecht abgewickelt werden. Zudem werden die dem Bereicherungsrecht verbleibenden Fälle vielfach freiwillig erledigt: Daß nach dem Wegfall eines Rechtsgrundes die seinetwegen ausgetauschten Leistungen zurückgegeben werden müssen, ist den Beteiligten wohl meist selbstverständlich.

Forensisch spielt das Bereicherungsrecht also nur eine geringere Rolle. Gemessen daran ist die Aufmerksamkeit, die ihm vor allem in den letzten 25 Jahren in der Rechtswissenschaft zuteil geworden ist, unverhältnismäßig groß.[3] Dabei beziehen sich die Meinungsverschiedenheiten häufig mehr auf die Grundsätze als auf die – weithin unstreitigen – Er-

---

[3] Umfassende Darstellung bei *Reuter/Martinek* (o. Fn. 1) und *Larenz/Canaris,* SchuldR II 2 § 67.

gebnisse. Nach meiner Beobachtung geraten Studenten leicht in die Gefahr, die Bedeutung der Meinungsverschiedenheiten zu überschätzen; diese werden dann auch bei einfachen Bereicherungsfällen derart ausgebreitet, daß eine Lösung nur noch mit unverhältnismäßigem Aufwand oder überhaupt nicht mehr gelingt. Die folgenden Erörterungen wollen dieses Übermaß an Theorie vermeiden. Sie werden daher den Meinungsstreit nur da erkennen lassen, wo es mir unbedingt nötig scheint.

§ 24. Die Leistungskondiktion in Zweipersonenverhältnissen

I. Leistung und Rechtsgrund

Fall 141 (Der enttäuschte Kraftfahrzeugkäufer: Leistung solvendi causa)

G hat bei S einen Kraftwagen in der erklärten Hoffnung gekauft, diesen nach Bestehen der Fahrprüfung bald selbst benützen zu können. G fällt aber in der Prüfung immer wieder durch. Kann er jetzt gegen Rückgabe des Wagens den Kaufpreis zurückfordern?

Als Grundlage für einen solchen Anspruch scheint auf den ersten Blick § 812 I 2 Alt. 2 in Betracht zu kommen: Der von G bei dem Kauf als Zweck erklärte Erfolg war ja, selbst mit dem Wagen zu fahren, und S wird dem auch kaum widersprochen haben. Dieser Zweck ist nicht eingetreten. Doch wäre hier schon das Ergebnis befremdlich, nämlich daß S das Risiko tragen muß, ob G die Fahrprüfung besteht: Regelmäßig wird sich ein Verkäufer hierauf kaum einlassen wollen. Man kann hier also nicht annehmen, der von G erstrebte Zweck sei zum „Inhalt des Rechtsgeschäfts" gemacht worden.

Vielmehr gehört der Fall unter § 812 I 1 Alt. 1: Kondiziert werden kann die Kaufpreiszahlung nur, wenn sie im Sinne dieser Vorschrift ohne rechtlichen Grund erfolgt ist. G hat gezahlt, weil er aus dem Kaufvertrag dazu verpflichtet war, also um seine Kaufpreisschuld zu tilgen. Solche Leistungen zur Schuldtilgung bezeichnet man als Leistungen *solvendi causa;* sie bilden den Regelfall. Wenn die zu tilgende Schuld wirklich bestanden hat und dann durch die Leistung getilgt worden ist, bedeutet das den gewünschten Ausgleich für das vom Leistenden erbrachte Opfer. Umgekehrt hat der Empfänger durch die Leistung seine Forderung verloren. Daher bedeutet die Schuldtilgung für die *solvendi causa* erfolgte Leistung den rechtlichen Grund.

In *Fall 141* kommt eine Leistungskondiktion des G als *condictio indebiti* (Zurückforderung des „Nichtgeschuldeten") also nur dann in Betracht, wenn G den zunächst gültigen Kauf und damit seine Verpflichtung zur Preiszahlung beseitigt. Dazu bedürfte es eines Anfechtungsgrundes. Ein solcher fehlt hier aber: Die Erwartung des *G*, er werde die Fahrprüfung bestehen, bildet allenfalls ein nach den §§ 119, 120 unbeachtliches Motiv. *Fall 141* zeigt die praktisch wichtigste Grundregel der Leistungskondiktion: Leistungen zur Tilgung einer Verbindlichkeit *(solvendi causa)* sind schon immer dann „mit Rechtsgrund" erfolgt und daher kondiktionsfest, wenn der Leistende den Tilgungserfolg erreicht hat. Ob auch weitere von dem Leistenden erstrebte Erfolge eingetreten sind, spielt für das Bereicherungsrecht zunächst keine Rolle. Erheblich wird das vielmehr erst, wenn der Leistende (etwa durch Anfechtung) die zu tilgende Forderung beseitigt hat: Erst dann fehlt der Rechtsgrund und wird die Leistungskondiktion möglich. Die Kondiktion vollzieht hier also bloß Entscheidungen, die in anderen Rechtsgebieten getroffen worden sind (etwa über die Beachtlichkeit bestimmter Irrtümer).

Fall 142 (Der verhandlungsgewandte Käufer: Bedingung)

Wie oben *Fall 141,* doch möge der Verkäufer *S* sich jetzt darauf eingelassen haben, der Kauf solle nur bei Bestehen der Fahrprüfung durch *G* gelten. Wie ist die Rechtslage?

Das Bestehen der Fahrprüfung durch *G* war ein künftiges ungewisses Ereignis. Wenn hiervon die Geltung des Kaufs abhängen sollte, stand dieser also unter einer Bedingung, § 158. Dabei liegt es hier nahe, daß die Parteien mit dem Leistungsaustausch abwarteten, bis die Ungewißheit behoben war. Dann muß man eine *aufschiebende* Bedingung annehmen, § 158 I: Der Kauf wird erst mit dem Bestehen der Fahrprüfung wirksam. Wenn der Ausfall dieser Bedingung feststeht, bedarf es keiner Kondiktion, weil nichts zurückgegeben werden muß.

Haben die Parteien dagegen ihre Leistungen bereits ausgetauscht, so werden sie hierfür auch einen Rechtsgrund gewollt haben. Dem trägt die Annahme einer *auflösenden* Bedingung Rechnung, § 158 II: Der zunächst wirksame Kauf verliert seine Geltung, wenn die Bedingung eintritt (nämlich feststeht, daß *G* die Fahrprüfung nicht besteht). Dann müssen die Leistungen zurückgegeben werden, weil ihr zunächst wirksam bestehender Rechtsgrund – der Kauf – ohne Rückwirkung (§ 159) weggefallen ist, § 812 I 2 Alt. 1. Das ist die sog. *condictio ob causam finitam* (wegen der Beendigung des Rechtsgrundes). Freilich kann man in solchen Fällen einen Rückgewähranspruch regelmäßig schon durch *Vertragsauslegung* gewinnen: Die Verabredung einer auflösenden Bedingung dürfte meist zugleich die Vereinbarung einer bedingten Rückgewährpflicht bedeuten.

Fall 143 (Der nachlässige Käufer: Leistung auf eine einredebehaftete Forderung)

S hat den *G* zur Bestellung eines vielbändigen Lexikons durch die Vorspiegelung veranlaßt, dieses sei schon vollständig lieferbar. *G* erfährt zwar alsbald, daß sich das Erscheinen noch über mehrere Jahre hinziehen wird. Da *S* nichts mehr von sich hören

§ 24. Die Leistungskondiktion in Zweipersonenverhältnissen 121

läßt, unternimmt G aber einstweilen nichts. Erst nach 20 Monaten taucht S wieder auf und verlangt Bezahlung gegen Abnahme der bisher erschienenen Bände. Als G das wegen der Täuschung ablehnt, verweist S auf die versäumte Jahresfrist von § 124. G zahlt jetzt widerstrebend. Kann er doch noch kondizieren?

Hier war der Kauf zwar nach § 123 anfechtbar. Aber nachdem G nicht angefochten hat (und nun auch nicht mehr anfechten kann), ist der Kauf als Rechtsgeschäft wirksam. G hat daher auf eine bestehende Verbindlichkeit gezahlt und durch seine Zahlung auch Befreiung erlangt.

Trotzdem hätte G Kaufpreiszahlung und Abnahme verweigern können. S hat nämlich seine Forderung durch unerlaubte Handlung (§§ 823 II BGB, 263 StGB) erlangt. Daher darf nach § 853 die Erfüllung ohne zeitliche Grenze verweigert werden. Zwar bestimmt die Vorschrift das ausdrücklich nur für den Fall, daß „der Anspruch auf Aufhebung der (deliktisch erlangten) Forderung verjährt ist". Aber das gilt nach der zutreffenden h.M.[4] bei Versäumung der Anfechtungsfrist nach § 124 entsprechend.

G hat also auf eine Schuld geleistet, gegen die er sich mit der Einrede aus § 853 dauernd hätte wehren können. Hier greift § 813 I 1 ein: Weil eine durch dauernde Einrede entkräftbare Schuld ebensowenig erfüllt zu werden braucht wie eine Nichtschuld, soll die Leistung ebenso kondiziert werden können, als ob sie auf eine Nichtschuld erfolgt wäre. Daher darf in *Fall 138* G den Kaufpreis noch zurückfordern, freilich nach § 242 nur gegen Rückgabe der schon gelieferten Lexikonbände.[5] Auch dies ist eine *condictio indebiti*.

Allerdings ist für die wichtigste dauernde Einrede, nämlich diejenige der Verjährung (§ 214 I), die Kondiktion ausgeschlossen, §§ 813 I 2, 214 II.

Fall 144 (Die unterbliebene Hochzeit: Verlobungsgeschenke, condictio ob rem)

M und F wollen heiraten. Daher kaufen sie schon gemeinsam Möbel, die F im Einverständnis mit M von ihrem Konto bezahlt. Später unterbleibt die Eheschließung jedoch. Was kann F von M verlangen?

Wenn hier M und F beim Kauf gemeinsam aufgetreten sind, insbesondere den Kaufvertrag gemeinsam unterschrieben haben, haben sie bei Fehlen abweichender Abreden Miteigentum zur Hälfte erworben, vgl. §§ 1008ff. Den Kaufpreis müssen sie nach § 427 als Gesamtschuldner zahlen, wobei sie im Verhältnis zueinander je zur Hälfte verpflichtet sind, § 426 I 1. Wenn also F im Einverständnis mit M dessen Anteil „mit-

---

[4] Etwa *BGH* NJW 1969, 604; Palandt/*Thomas*, § 853 Rn. 1. Die Lösung kann auch so begründet werden: S hat die Kaufpreisforderung durch unerlaubte Handlung erlangt und muß sie daher nach § 852 an G herausgeben (= abtreten, was hier dem Erlaß gleichsteht). Daher stand der Kaufpreisforderung die dauernde Einrede der Bereicherung (§ 821) entgegen.
[5] Vgl. *RGZ* 130, 215.

erledigt" hat, kann man insoweit eine (vollzogene) Schenkung annehmen, § 516. Je nach den Umständen kann freilich auch das hälftige Miteigentum an den Möbeln den Gegenstand der Schenkung bilden.

Wenn sich M und F zur Zeit des Möbelkaufs die Ehe versprochen hatten, waren sie im Rechtssinn verlobt, § 1297. Beim Verlöbnis gibt es für die Rückgabe von Geschenken eine Sondervorschrift, nämlich § 1301 S. 1. Danach können Geschenke unter Verlobten bei Unterbleiben der Eheschließung nach Bereicherungsrecht zurückverlangt werden. Der Grund für die Auflösung des Verlöbnisses spielt dabei regelmäßig keine Rolle (doch vgl. u. *Fall 149*); nur beim Tod eines Verlobten soll die Rückforderung im Zweifel ausgeschlossen sein, § 1301 S. 2.

Denkbar ist aber auch, daß zwischen M und F zur Zeit des Möbelkaufs kein Verlöbnis bestand, sondern daß nur ein Zusammenleben ohne Ehe beabsichtigt war. Bei der Auflösung einer solchen nichtehelichen Gemeinschaft[6] paßt § 1301 nicht. Vielmehr ist die Rechtslage dann (wie häufig bei nichtehelichen Gemeinschaften, in denen nicht durch Verträge Vorsorge getroffen worden ist) viel komplizierter: Wenn die Auflösung dieser Gemeinschaft auf grobem Undank des M beruht, kann F die Schenkung nach §§ 530 ff. widerrufen und so zu einem nach Bereicherungsrecht geregelten Rückforderungsanspruch kommen, § 531 II. Wenn dagegen ein solcher Undank – wie meist – fehlt, hilft das Schenkungsrecht nicht weiter. Ein Rückforderungsanspruch läßt sich dann wohl nur mit der Annahme begründen, das Fortbestehen der Wohngemeinschaft sei Geschäftsgrundlage (§ 313) der Schenkung gewesen.[7]

Bisweilen wird in solchen Fällen freilich auch eine der beiden Alternativen von § 812 I 2 angewendet. Doch läßt sich das nicht sauber begründen. Denn die erste Alternative (*condictio ob causam finitam*, vgl. o. *Fall 142*) paßt nicht: *Causa* der Zuwendung war ja die (fortbestehende) Schenkung und nicht die (beendete) Wohngemeinschaft. Die zweite Alternative (*condictio ob rem* = „wegen eines Zwecks") liegt zwar insofern vor, als die Zuwendung hier nicht zur Schuldtilgung (also *solvendi causa*) erfolgt ist, sondern zu einem anderen Zweck. Aber dieser andere Zweck war primär – und das ist juristisch maßgeblich – der Vollzug der beabsichtigten Schenkung; dieser Zweck ist erreicht und nicht verfehlt worden. Dagegen spielen die weiteren mit der Schenkung etwa noch verfolgten Zwecke auch hier (vgl. o. *Fall 141* für die *condictio indebiti*) bereicherungsrechtlich regelmäßig keine Rolle. Vielmehr können diese bloß nach anderen Regeln (Anfechtung, grober Undank, Geschäftsgrundlage) erheblich sein.

---

[6] Die häufig anzutreffende Bezeichnung als „eheähnliche Lebensgemeinschaft" ist unrichtig: Die Beteiligten lehnen die für die Ehe charakteristische rechtliche Bindung ja gerade ab. Anders ist dies bei der (gleichgeschlechtlichen) Lebenspartnerschaft nach dem LebenspartnerschaftsG v. 16. 2. 2001, vgl. dort §§ 2, 5.

[7] Vgl. etwa *Medicus*, AT, Rn. 857 ff.

§ 24. Die Leistungskondiktion in Zweipersonenverhältnissen

Fall 145 (Die gescheiterte Ehe: Ausgleich von Zuwendungen)

Wie oben *Fall 144*, doch sollen M und F beim Möbelkauf schon verheiratet gewesen sein; die Ehe möge aber nach drei Jahren geschieden werden. Was kann F dann von M verlangen?

Auch zum Ausgleich von Zuwendungen unter Ehegatten ist bisweilen mit einer der beiden Alternativen von § 812 I 2 gearbeitet worden. Doch erscheint das hier noch eher verfehlt als bei Zuwendungen unter Nichtverheirateten. Denn im Recht der Eheauflösung ist eine Spezialregelung vorgesehen: Im gesetzlichen Güterstand (§§ 1363 ff.) erfolgt bei der Scheidung ein Zugewinnausgleich nach den §§ 1372 ff. Da die Schenkung der F deren Endvermögen (§ 1375) vermindert und dasjenige des M erhöht hat, bewirkt sie einen zur Hälfte auszugleichenden Zugewinn des M, § 1378 I. Und bei Auflösung der Ehe durch Tod erfolgt der Ausgleich regelmäßig pauschal durch eine zusätzliche Erbquote von einem Viertel, § 1371 I.[8] Neben dieser Sonderregelung sieht zutreffend der *BGH*[9] für einen Ausgleich nach allgemeinem Recht regelmäßig keinen Raum.

Diese Sonderregelung ist freilich unanwendbar, wenn die Ehegatten den gesetzlichen Güterstand ausgeschlossen haben (durch Ehevertrag, § 1408). Doch sind auch dann andere Rechtsbehelfe (etwa ein Ausgleich nach Gesellschaftsrecht oder eine Hilfe mit den Regeln über die Geschäftsgrundlage) der Anwendung des § 812 I 2 vorzuziehen.[10]

Fall 146 (Die beschleunigte Baugenehmigung: § 817 S. 1)

G möchte für sein Grundstück recht schnell eine Baugenehmigung. Er sagt das seinem bei der Baubehörde als Beamten beschäftigten Freund S und zahlt diesem „für seine Bemühungen" 1000 Euro. Kann G diesen Betrag zurückfordern?

Nach dem bisher Gesagten gibt es hier für die rechtliche Beurteilung zwei Möglichkeiten:

Erstens kann man annehmen, G und S hätten über die Geldzahlung und die dafür zu leistende Hilfe einen Vertrag schließen wollen. Dann hätte G *solvendi causa* zur Tilgung seiner vertraglichen Verbindlichkeit gezahlt. Folglich käme eine Rückforderung nach § 812 I 1 Alt. 1 *(condictio indebiti)* in Betracht, wenn dieser Vertrag nach §§ 134, 138 nichtig wäre und daher die zu tilgende Verbindlichkeit nicht bestanden hätte.

Zweitens (und das liegt hier näher) können G und S aber auch gewußt haben, daß man über die von G gewünschte Gegenleistung nicht wirksam kontrahieren kann. Dann wollte G mit seiner Zahlung keine Verbindlichkeit tilgen, sondern einen anderen Zweck erreichen. Daher

---
[8] Voraussetzung hierfür ist allerdings nach der eindeutigen Vorschrift des § 1371 I am Ende das Vorliegen eines Zugewinns gerade nicht. Bei Vorversterben der F erhielte also auch der ausgleichspflichtige M ein zusätzliches Viertel. Vgl. zu dieser Absurdität MünchKomm/*Koch*, § 1371 Rn. 4.
[9] BGHZ 65, 320 und öfter.
[10] Vgl. *Medicus*, BürgR, Rn. 690 a.

käme § 812 I 2 Alt. 2 *(condictio ob rem)* in Betracht, wenn der von G verfolgte Zweck (die schnelle Erteilung der Baugenehmigung) nicht eingetreten ist.

Bei beiden Alternativen ist aber denkbar, daß S das erhaltene Geld nicht herauszugeben braucht: Die *condictio indebiti* kann durch § 814 Alt. 1 ausgeschlossen sein, wenn G gewußt hat, daß er zur Leistung nicht verpflichtet war (vgl. u. *Fall 147*). Und die *condictio ob rem* scheitert, wenn G die Baugenehmigung schnell erlangt und damit seinen Zweck erreicht hat. Doch wollte das BGB das hieraus folgende Ergebnis – S kann den empfangenen Betrag womöglich behalten – vermeiden. Daher hat es aus dem gemeinen Recht eine weitere Kondiktion übernommen, die von den genannten Hindernissen unabhängig ist: die Kondiktion wegen Gesetzes- oder Sittenverstoßes des Empfängers einer Leistung, § 817 S. 1 *(condictio ob turpem vel iniustam causam)*. Die Besonderheit dieser – sehr selten vorkommenden – Kondiktion gegenüber allen übrigen besteht darin, daß sie auch dann eingreift, wenn der Leistende sein Ziel erreicht hat. Liegt freilich auch beim Leistenden ein Gesetzes- oder Sittenverstoß vor, so ist diese Kondiktion nach § 817 S. 2 ausgeschlossen (vgl. u. *Fälle 150 ff.*).

In *Fall 146* durfte jedenfalls S die 1000 Euro im Zusammenhang mit seinem Dienst nicht annehmen, § 331 StGB. Da er also durch die Annahme gegen ein Gesetz verstoßen hat, ist § 817 S. 1 gegeben. Fraglich kann nur sein, ob auch dem G ein Gesetzesverstoß zur Last fällt, so daß § 817 S. 2 eingreift. Das wäre zu bejahen, wenn S den Geldbetrag für eine in seinem Ermessen stehende (§ 333 StGB) oder dienstpflichtwidrige (§ 334 StGB) Diensthandlung erhalten hat. Nach dem Sachverhalt läßt sich diese Frage nicht entscheiden.

II. Ausschluß der Leistungskondiktion

Fall 147 (Waschmaschinenbenutzung: Kenntnis vom Fehlen des Rechtsgrundes)

Der Vermieter S verlangt von den Mietern seines Mehrfamilienhauses für die Benutzung der von ihm im Waschkeller aufgestellten elektrischen Waschmaschine ein besonderes Entgelt. Der Mieter A hält diese Forderung für berechtigt und zahlt. Der Mieter B meint zwar, das Verlangen des S sei unbegründet, zahlt aber trotzdem, um mit S keinen Streit zu bekommen. Der Mieter C endlich verweigert die Zahlung. Eine daraufhin von S erhobene Klage gegen C wird abgewiesen, weil die Benutzung der Waschmaschine schon mit dem Mietzins abgegolten sei. Nun verlangen auch A und B ihre Zahlungen zurück. Mit Recht?

Für den Rückzahlungsanspruch des A gibt es keine Hindernisse: A wollte ja eine nach seiner Ansicht bestehende Verbindlichkeit tilgen; wenn diese nicht bestanden hat,[11] steht ihm die *condictio indebiti* nach § 812 I 1 Alt. 1 zu.

---

[11] Freilich wirkt das im Prozeß S – C ergangene Urteil nach § 325 I ZPO nicht auch für A und B. Daher können hier weitere Prozesse nötig werden.

B dagegen hat gewußt, daß er nicht verpflichtet war. Bei ihm kann man deshalb schon zweifeln, ob er überhaupt zur Tilgung einer Verbindlichkeit *(solvendi causa)* gezahlt hat oder nicht vielmehr zur Erreichung eines anderen Zweckes *(ob rem)*. Im zweiten Fall könnte er schon deshalb nicht kondizieren, weil er diesen Zweck erreicht hat. Wenn *B* den Zweck gegenüber *S* nicht dargelegt hat, kann der Zweck aber nicht Inhalt des Rechtsgeschäfts geworden sein. Daher muß man in solchen Fällen doch eine Leistung *solvendi causa* annehmen. Die dann zuständige *condictio indebiti* scheitert hier aber an § 814 Alt. 1. Hätte *B* seinen Rückforderungsanspruch wahren wollen, so hätte er „unter Vorbehalt seiner Rechte" zahlen müssen: Dann wendet nämlich die Rechtsprechung § 814 nicht an.[12] Übrigens soll der Gläubiger auch eine solche Leistung nicht zurückweisen können, ohne in Annahmeverzug (§§ 293 ff.) zu geraten.[13]

Fall 148 (Der unterstützte Onkel: Sitten- oder Anstandspflicht)

G ist nach dem frühen Tod seiner Eltern in das Haus seines Onkels *S* aufgenommen worden. Seit *G* erwachsen ist und gut verdient, schickt er dem in Not geratenen *S* monatlich Geld, weil er – *G* – sich unterhaltspflichtig glaubt. Nach einem Streit mit *S* fordert *G* jedoch die gezahlten Beträge zurück. Mit Recht?

Da es nach § 1601 Unterhaltspflichten (außer zwischen Ehegatten) nur zwischen Verwandten in gerader Linie gibt (§ 1589 S. 1), war *G* seinem mit ihm nur in der Seitenlinie verwandten Onkel nicht verpflichtet. Und weil er sich hier verpflichtet glaubte, ist seine *condictio indebiti* (§ 812 I 1 Alt. 1) nicht schon durch die eben in *Fall 147* behandelte 1. Alternative von § 814 ausgeschlossen. Doch greift hier die 2. Alternative ein: Angesichts der früher von *S* erhaltenen Hilfe entsprechen die Zahlungen des *G* einer „sittlichen Pflicht oder auf den Anstand zu nehmenden Rücksicht". *G* kann daher nichts zurückfordern.

Fall 149 (Teure Verlobungsgeschenke: treuwidrige Erfolgsvereitelung)

Die beiden glänzend verdienenden Plattenstars *A* und *B* verloben sich miteinander. Dabei machen sie sich aufwendige Geschenke: Der *A* bekommt von der *B* einen Sportwagen, während *A* der *B* eine Segelyacht schenkt. Doch hat die *B* mit der Verlobung nur Schlagzeilen machen wollen; sie wendet sich alsbald einem Hotelier zu und heiratet schließlich diesen. Der enttäuschte *A* verlangt jetzt die Segelyacht zurück, will aber den Sportwagen behalten. Mit Recht?

Hier gilt für die Verlobungsgeschenke der schon oben in *Fall 144* erwähnte § 1301 S. 1: Da die Verlobung spätestens durch die Heirat der *B* mit dem Hotelier aufgelöst worden ist, können die Geschenke grundsätzlich zurückverlangt werden. Das ist auch unproblematisch für den enttäuschten *A*. Fraglich kann es dagegen für die *B* sein: Sie selbst hat ja

---

[12] BGHZ 83, 278 (282); Palandt/*Sprau*, § 814 Rn. 5.
[13] *BGH* NJW 1982, 2301; MünchKomm/*Wenzel*, § 362 Rn. 4, ausführlich *Gernhuber*, Die Erfüllung und ihre Surrogate, 2. Aufl. (1994), § 5 V.

durch ihre Heirat mit dem Hotelier bewirkt, daß der Zweck des Verlöbnisses – nämlich die Eheschließung zwischen den Verlobten – nicht mehr eintreten konnte. Wenn die B von Anfang an nur auf Publicity aus war, mag dies auch gegen Treu und Glauben verstoßen haben. Für solche Fälle schließt § 815 Alt. 2 einen Bereicherungsanspruch aus. Doch wird in der Literatur[14] über die Anwendbarkeit des § 815 bei § 1301 gestritten: Manche meinen nämlich, § 1301 S. 1 enthalte nur eine Verweisung auf die *Rechtsfolgen* des Bereicherungsrechts, also bloß auf die §§ 818 ff. Dagegen nehmen die h. M. und insbesondere auch die Rechtsprechung[15] mit wohl besseren Gründen eine auch den § 815 umfassende *Rechtsgrundverweisung (Tatbestandsverweisung)* an.

Danach hat in *Fall 149* die B keinen Rückforderungsanspruch wegen des Sportwagens und folglich auch kein Zurückbehaltungsrecht (§§ 273, 274) an der Segelyacht.

Fall 150 (Das Wucherdarlehen: § 817 S. 2)

G hat dem in wirtschaftlichen Schwierigkeiten steckenden S ein Darlehen zu einem Monatszins von 5% gegeben. Nach drei Monaten verweigert S die weitere Zinszahlung und verlangt den schon gezahlten Zins zurück; auch kündigt er an, er werde das Darlehen nicht zurückzahlen. Umgekehrt verlangt G mindestens die sofortige Rückzahlung. Wer hat recht?

Ein Zinssatz von 5% monatlich bedeutet einen Jahreszins von 60%. Ein derart extrem hoher Zinssatz wird sich regelmäßig nur dadurch erzielen lassen, daß G eine Zwangslage des S ausgebeutet hat; dann ist der Darlehensvertrag nach § 138 II nichtig.[16] Aber auch ohne solche Ausbeutung hat die Rechtsprechung bei besonders hohen Zinssätzen Nichtigkeit nach § 138 I angenommen (sog. wucherähnliches Geschäft).[17] Jedenfalls kann also G den noch ausstehenden Zins nicht verlangen.

Zudem hat S wegen der Nichtigkeit des Darlehens den schon bezahlten Zins ohne Rechtsgrund geleistet. Er kann diesen also nach § 812 I 1 Alt. 1 und überdies – hier ungehindert durch § 814 (vgl. o. *Fall 146*) – nach § 817 S. 1 zurückverlangen.

Auch umgekehrt sieht es jedoch so aus, als müsse nun S das erhaltene Geld sofort zurückzahlen: Der Darlehensvertrag ist ja nichtig. Da S dieses Geld aber dringend benötigte, wäre sein Schutz durch § 138 unvollkommen. Hier könnte der Rückforderungsausschluß durch § 817 S. 2 helfen.

Gegen die Anwendung dieser Vorschrift scheinen aber zwei Gründe zu sprechen. Erstens erweckt nämlich die systematische Stellung des § 817 S. 2 den Eindruck, der Ausschluß der Rückforderung betreffe nur den

---

[14] Angaben bei *Gernhuber/Coester-Waltjen*, FamR, § 8 VI 1.
[15] BGHZ 45, 258 (262 ff.).
[16] Vgl. Palandt/*Heinrichs* § 138 Rn. 67.
[17] Etwa BGHZ 80, 153; *BGH* NJW 1984, 2292, vgl. *Medicus*, AT, Rn. 711.

vorangehenden § 817 S. 1. Die dem G wegen der Nichtigkeit des Darlehens gleichfalls zustehende Kondiktion aus § 812 I 1 Alt. 1 bliebe dann also ungehindert. Und zweitens läßt der Wortlaut des § 817 S. 2 daran denken, die Vorschrift meine nur den *beiderseitigen* Gesetzes- oder Sittenverstoß (dem Leistenden soll ja „gleichfalls" ein solcher Verstoß zur Last fallen). Danach wäre die Vorschrift beim Wucher unanwendbar, weil sich der Bewucherte keinem Vorwurf aussetzt.

Heute besteht aber Einigkeit darüber, daß § 817 S. 2 in beiden Punkten zu eng formuliert ist: Wenn die Vorschrift nicht fast völlig bedeutungslos werden soll, muß sie auch andere Bereicherungsansprüche als nur diejenigen aus § 817 S. 1 ausschließen. Und für den Anspruchsausschluß ein einseitiges Verschulden des Leistenden nicht genügen zu lassen, wäre offenbar sinnlos: Der Leistende kann doch nicht deshalb besser stehen (nämlich seinen Anspruch behalten), weil der Leistungsempfänger sich tadellos verhalten hat. Daher ist § 817 S. 2 trotz des nicht passenden Wortlauts in *Fall 150* gegen G anwendbar.

Nach h.M.[18] ergibt die Vorschrift aber bloß, daß S das Darlehen *nicht vorzeitig* zurückzuzahlen braucht, also nicht vor dem Eintritt der vereinbarten oder durch Kündigung herbeizuführenden Fälligkeit. Denn die Leistung des Darlehensgebers besteht nur in der Überlassung der Kapitalnutzung *auf Zeit*. Daß nach § 817 S. 2 diese Leistung nicht soll zurückverlangt werden können, ist die Kondiktion des Darlehensgebers also auch bloß auf Zeit ausgeschlossen. Sobald das Darlehen selbst zurückverlangt werden könnte, muß folglich auch die Kondiktion möglich sein. In *Fall 150* darf S die Darlehensvaluta also nur auf Zeit behalten, insoweit freilich nach h. M. ohne jede Gegenleistung.[19]

Fall 151 (Die übervorteilten Gastarbeiter: Mietwucher)

G hat für 200 000 Euro ein altes, verwohntes Haus gekauft. Nach einem primitiven Ausbau vermietet er dort an Gastarbeiter insgesamt 20 Schlafstellen für je 400 Euro monatlich. Wie ist die Rechtslage?

Auch hier liegt Wucher vor; die Mietverträge sind also jedenfalls nicht mit dem überhöhten Mietzins wirksam. Im einzelnen und insbesondere bereicherungsrechtlich scheinen sich dieselben Probleme zu ergeben wie beim Wucherdarlehen (o. *Fall 150*). Hinzuzukommen scheint bloß die Frage, ob § 817 S. 2 auch die Vindikation des Vermieters hindert, also seinen Herausgabeanspruch aus Eigentum (§ 985). Die h.M.[20] verneint allerdings eine solche Ausdehnung des § 817 S. 2 über das Bereicherungsrecht hinaus. Doch gelangte sie damit zu der unglücklichen Konsequenz, daß der bewucherte Mieter die Mietsache sofort herausgeben müßte.

---

[18] Etwa *RGZ* 161, 52; *Larenz/Canaris,* SchuldR II 2, § 68 III 3 c.
[19] Etwa *RGZ* 161, 52; BGHZ 99, 333 (338 f.); *BGH,* NJW 1983, 1420, 1423; *Larenz/Canaris* aaO, anders *Medicus*, in: Gedächtnisschr. f. Dietz, 1973, S. 61.
[20] Etwa BGHZ 63, 365, anders *Larenz/Canaris,* SchuldR II 2, § 68 III 3 c.

Dies alles ist aber hypothetisch. Denn in Wirklichkeit greifen für die Wohnungsmiete zwei Spezialregeln ein: Erstens erklärt § 5 I WiStG es zur Ordnungswidrigkeit, vorsätzlich oder leichtfertig für die Vermietung von Wohnräumen ein unangemessen hohes Entgelt zu fordern. Und solche Unangemessenheit wird regelmäßig schon bejaht, wenn der geforderte Preis den üblichen um mehr als 20% übersteigt.[21] Hier greift also nicht erst § 138, sondern schon – und zwar wesentlich früher – § 134.

Zweitens aber gelangt die h. M. hier ähnlich wie bei Verstößen gegen das eigentliche Preisrecht nicht zur Nichtigkeit des ganzen Vertrages. Vielmehr soll dieser bloß hinsichtlich der Entgeltsvereinbarung nichtig sein, soweit diese über das übliche Entgelt hinausgeht. Im Ergebnis ist der Vertrag daher zu dem üblichen Mietzins gültig.[22]

III. Zusammenfassung

1. Bei der Leistungskondiktion wird der vom Leistenden verfolgte Zweck mit dem erreichten Erfolg verglichen: Ist dieser Zweck erreicht worden, so kommt eine Kondiktion regelmäßig nicht in Betracht (anders formuliert: die Leistung ist „kondiktionsfest"). Eine Ausnahme gilt nur für den rechtlich mißbilligten Zweck, der so bestimmt war, daß der Empfänger der Leistung gegen ein gesetzliches Verbot oder die guten Sitten verstoßen hat: Hier kann der Leistende trotz Zweckerreichung kondizieren, § 817 S. 1 *(condictio ob turpem vel iniustam causam)*.

2. Abgesehen von § 817 S. 1 ist bei der Leistungskondiktion der innere Grund für die Rückforderung die Zweckverfehlung. Häufigster Leistungszweck ist die *Tilgung einer Verbindlichkeit* (Leistung *solvendi causa*). Eine solche Leistung ist kondizierbar,

a) wenn der Tilgungserfolg nicht eingetreten ist, insbesondere weil die Verbindlichkeit nicht oder nur mit anderem Inhalt bestanden hat, § 812 I 1 Alt. 1 *(condictio indebiti)*;

b) wenn die Verbindlichkeit zwar bestanden hat und durch die Leistung getilgt worden ist, aber wegen einer dauernden Einrede (ausgenommen diejenige der Verjährung) nicht erfüllt zu werden brauchte, § 813;

c) wenn die zunächst durch die Leistung erfüllte Verbindlichkeit später aus einem anderen Grund weggefallen ist, so daß die Leistung sich nachträglich als unnötig herausstellt, § 812 I 2 Alt. 1 *(condictio ob causam finitam)*.

Weitere Zwecke des Leistenden, die bei einer Leistung *solvendi causa* hinter dem Tilgungszweck stehen, insbesondere eine bestimmte Ver-

---

[21] Etwa *OLG Stuttgart* NJW 1981, 2365; vgl. *Medicus*, AT, Rn. 709.
[22] Etwa BGHZ 89, 316 (319 ff.); *OLG Stuttgart* NJW 1981, 2365. Ein entsprechendes Ergebnis wollte ich mit der o. Fn. 19 erwähnten Ansicht auch beim Wucherdarlehen erreichen.

wendung der vom Leistenden erstrebten Gegenleistung, spielen für die Kondiktion keine Rolle.

3. Leistungen, die *nicht zur Tilgung einer Verbindlichkeit (solvendi causa)* erfolgen, sind kondizierbar, wenn der mit der „Leistung nach dem Inhalt des Rechtsgeschäfts bezweckte Erfolg nicht eintritt", § 812 I 2 Alt. 2 (*condictio ob rem,* auch *condictio causa data causa non secuta* genannt). Erheblich ist hier aber nur der zum Inhalt des Rechtsgeschäfts gewordene Zweck; andere, von dem Leistenden einseitig verfolgte Zwecke bleiben unerheblich.

4. *Zur Tilgung einer Verbindlichkeit* erbrachte Leistungen (oben 2) können *nicht kondiziert werden,* wenn der Leistende das Fehlen der Verbindlichkeit gekannt hat oder die Leistung einer Sitten- oder Anstandspflicht entsprach, § 814.

5. *Zu einem anderen Zweck* erbrachte Leistungen (oben 3) können *nicht kondiziert werden,* wenn der Leistende die Unmöglichkeit des Erfolgseintritts gekannt oder diesen Eintritt wider Treu und Glauben verhindert hat, § 815.

6. Nach *§ 817 S. 2* ist jede Leistungskondiktion (auch diejenige aus § 812) ausgeschlossen, wenn der Leistende (allein oder ebenso wie der Leistungsempfänger) mit der Leistung gegen ein gesetzliches Verbot oder die guten Sitten verstoßen hat. Danach kann insbesondere der Bewucherte die Leistung des Wucherers – nach h. M. ohne jedes Entgelt – behalten. Beim Darlehen besteht diese nicht kondizierbare Leistung aber nur in der Überlassung auf Zeit; nach deren Ablauf wird also die Kondiktion möglich. Für den Mietwucher bei Wohnraum gilt eine nicht in das Bereicherungsrecht führende Sonderregelung: Der Vertrag ist zum üblichen Mietzins wirksam.

§ 25. Die Eingriffskondiktion

I. Der Eingriff durch unberechtigte Verfügung (§ 816)

Fall 152 (Der untreue Freund: § 816 I 1)

Als G für vier Wochen verreist, verleiht er sein Fernsehgerät an seinen Freund S. Dieser kommt jedoch bald in Geldverlegenheit. Daher verkauft und veräußert er das Gerät unter Übergabe an D, dem gegenüber er sich als Eigentümer ausgibt. Welche Ansprüche bestehen?

Hier ist zunächst wesentlich, ob D nach §§ 932, 929 Eigentum erworben hat: Einigung und Übergabe liegen vor; auch ist das Gerät dem D nicht nach § 935 abhanden gekommen.[23] Daher hängt der Eigentumserwerb hier allein vom letzten Erfordernis ab, nämlich vom guten Glauben

---

[23] Vgl. *Gerhardt,* § 12 Fall 70.

(§ 932 II) des *D*. Dieser gute Glaube kann hier deshalb fraglich sein, weil bei Fernsehgeräten ein Eigentumsvorbehalt häufig ist, so daß eine Erkundigungspflicht des *D* in Betracht kommt.[24]

Wenn der gute Glaube bejaht wird, hat *D* Eigentum erworben, und zwar durch eine Leistung (nämlich die Übereignung) des *S*. Zwischen *D* und *S* besteht aber ein wirksamer Kaufvertrag, so daß hier eine Leistungskondiktion des *S* schon am Vorliegen eines Rechtsgrundes scheitert. Und *G* hat das Eigentum weder an *S* noch an *D* geleistet, so daß auch für ihn keine Leistungskondiktion in Betracht kommt.

Trotzdem hat hier aber offenbar eine ungerechtfertigte Vermögensverschiebung stattgefunden: *G* hat sein Eigentum ohne seinen Willen und ohne eine Gegenleistung verloren. Umgekehrt hat *S* den Kaufpreis erlangt, obwohl die Gegenleistung (das Fernsehgerät) nicht aus seinem Vermögen stammt. *D* schließlich hat zwar Eigentum erworben, jedoch den Kaufpreis bezahlt. Schon diese Abwägung der Vor- und Nachteile spricht dafür, den Ausgleich durch einen Anspruch des *G* gegen den *S* zu bewirken. Da *G* aber nicht an *S* geleistet hat, kann dies keine Leistungskondiktion sein. Vielmehr hat *S* einen Vorteil „in sonstiger Weise" erlangt. Dieser Fall wird grundsätzlich von der in § 812 I 1 Alt. 2 geregelten allgemeinen Nichtleistungskondiktion erfaßt. Deren wichtigster Fall ist die – auch hier passende – Eingriffskondiktion (vgl. o. § 1 *Fall 4*): Der Schuldner hat sich den auszugleichenden Vorteil selbst durch einen Eingriff in fremdes Recht genommen. Die Eingriffskondiktion bildet dann sozusagen die Fortsetzung des durch den Eingriff beeinträchtigten Rechts; sie wird daher auch als „Rechtsfortwirkungsanspruch" bezeichnet.

Eine spezielle und häufig vorkommende Art des Eingriffs bildet die in § 816 besonders geregelte Verfügung eines Nichtberechtigten. Sie liegt auch in *Fall 152* vor: Der nichtberechtigte *S* hat durch die Übereignung an *D* über das Eigentum des *G* wirksam verfügt. Dann soll bei einer entgeltlichen Verfügung der Verfügende das Erlangte an den Berechtigten herausgeben müssen. Dabei versteht die h. M. als das „durch die Verfügung Erlangte" die Gegenleistung aus dem der Verfügung zugrunde liegenden Kausalgeschäft.[25] Danach muß *S* in *Fall 147* den von *D* gezahlten Kaufpreis nach § 816 I 1 an *G* herausgeben (= zahlen).

Fall 153 (Der diebische Freund: Genehmigung durch den Berechtigten)

Wie o. *Fall 152*, doch möge *S* das später verkaufte Fernsehgerät ohne Wissen des verreisten *G* aus dessen Wohnung mitgenommen haben.

---

[24] Vgl. *Gerhardt*, § 12 Fall 65.
[25] Etwa BGHZ 29, 157; *Larenz/Canaris*, SchuldR II 2, § 72 I 2. Abweichend (Begrenzung auf den Wert des Verfügungsgegenstandes) etwa *Medicus*, BürgR, Rn. 723, 726.

Jetzt hat G den unmittelbaren Besitz ohne seinen Willen verloren; das Gerät ist ihm also abhanden gekommen. Daher scheitert der Eigentumserwerb des D an § 935 I. Folglich paßt § 816 I 1 nicht, weil die Verfügung des nichtberechtigten S dem berechtigten G gegenüber nicht wirksam ist. Der dem Schutz des G dienende § 935 I scheint also dem G einen Anspruch abzuschneiden, an dem G sehr wohl interessiert sein kann: D mag unbekannt oder unerreichbar sein, so daß die Vindikation des G (§ 985) gegen ihn nicht durchgesetzt werden kann, oder D mag das Gerät alsbald wesentlich verschlechtert haben.

In *Fall 153* könnte G von S freilich allemal Schadensersatz verlangen (aus §§ 989, 990 und §§ 992, 823 I, auch aus § 823 II mit § 242 StGB). Zudem hat G gegen S einen Herausgabeanspruch nach §§ 687 II, 681 S. 2, 667, der den vollen von S erzielten Erlös umfaßt, selbst wenn dieser den Schaden des G übersteigt. Daher bedeutete es in *Fall 153* für G keinen Nachteil, wenn nicht auch noch der Anspruch aus § 816 I 1 gegeben ist. Aber das ist bei Veräußerungsketten anders: Der gutgläubige D möge das Fernsehgerät an X weiterveräußert haben. Dann hat G gegen D weder einen Schadensersatzanspruch noch einen Anspruch auf Erlösherausgabe aus § 687 II. Um hier einen Anspruch G – D aus § 816 I 1 zu begründen, läßt man für diese Vorschrift auch das nachträgliche Wirksamwerden einer zunächst unwirksamen Verfügung genügen. Dieses Wirksamwerden kann G nach § 185 II 1 Alt. 1 herbeiführen, indem er die Verfügung des Nichtberechtigten (S oder D) genehmigt. Im Ergebnis hat daher der durch § 935 Geschützte ein Wahlrecht, ob er mit § 985 sein Eigentum verfolgen oder über §§ 185 II 1 Alt. 1, 816 I 1 den Veräußerungserlös fordern will.

Der Weg über §§ 185 II 1 Alt. 1, 816 I 1 bewährt sich übrigens in gleicher Weise, wenn die Wirksamkeit einer Verfügung nicht an § 935 gescheitert ist, sondern an der Unredlichkeit des Erwerbers: Auch dann kann der Berechtigte durch Genehmigung den Tatbestand des § 816 I 1 erfüllen.

Fall 154 (Der großzügige Freund: § 816 I 2)

Wie o. *Fall 152,* doch möge S das Fernsehgerät jetzt nicht kaufweise übereignet, sondern es seiner Freundin D geschenkt haben.

Die §§ 932 ff. enthalten keine Sonderregelung für den unentgeltlichen Erwerb: Auch dieser ist also vom Nichtberechtigten möglich (allenfalls mag ein Geschenk eher Verdacht an der Berechtigung des Veräußerers erwecken und daher Anlaß zu Nachforschungen geben, deren Unterbleiben guten Glauben nach § 932 II ausschließt). D kann also das Gerät zu Eigentum erworben haben. Doch korrigiert hier § 816 I 2 schuldrechtlich die sachenrechtliche Zuordnung des Eigentums: Bei unentgeltlichen Verfügungen eines Nichtberechtigten soll derjenige, „welcher auf Grund der Verfügung unmittelbar einen rechtlichen Vorteil erlangt", diesen an den Berechtigten herausgeben müssen. Der Vorteil liegt hier bei *D*, wenn sie nach §§ 929, 932 Eigentum erworben hat: Dieses muß sie also nach § 816 I 2 auf *G* zurückübertragen. Im Ergebnis erweist sich damit der unentgeltliche gutgläubige Erwerb schuldrechtlich als nicht beständig.

Fall 155 (Die nicht mitgeteilte Rückzession: § 816 II)

Der Bauunternehmer *G* hat von seinem Lieferanten *S* einen Kredit erhalten. Zur Sicherung hat er bestimmte Kundenforderungen an *S* abgetreten; diese Abtretungen sind den Kunden auch mitgeteilt worden. Später zahlt *G* den Kredit an *S* zurück. Daher werden ihm die Kundenforderungen zurückübertragen, doch unterbleibt eine Anzeige hiervon an die Kunden. Diese zahlen an *S*. Wie ist die Rechtslage?

Hier haben die Kunden nicht an ihren wahren Gläubiger *G* gezahlt, der ja durch die Rückzession die Forderungen zurückerhalten hatte. Regelmäßig hat eine solche Leistung an einen Nichtgläubiger keine befreiende Wirkung (vgl. § 362 I: „... an den Gläubiger ..."). Eine Ausnahme folgt hier aber aus § 407 I: Danach werden die Kunden in ihrem Vertrauen darauf geschützt, die bisher bestehende und ihnen mitgeteilte Gläubigerschaft des *S* dauere an. Die Kunden brauchen also nicht noch einmal an *G* zu zahlen. Den Nachteil hat folglich *G*, einen unberechtigten Vorteil dagegen hat *S*. Das gleicht § 816 II aus: Der Nichtberechtigte, der eine gegenüber dem Berechtigten wirksame Leistung erhält, muß diese an den Berechtigten herausgeben. In *Fall 155* schuldet also *S* dem *G* die Herausgabe (= Zahlung) der von den Kunden an ihn geleisteten Beträge.

II. Andere Eingriffe (§ 812 I 1 Alt. 2)

Fall 156 (Unberechtigte Vermietung: Ausweitung des § 816 I 1?)

Bei dem Bauernhof des *S* hat *G* ein Ferienhaus. *S* hat die Schlüssel dieses Hauses, um dort von Zeit zu Zeit nach dem Rechten zu sehen. Ohne Wissen des *G* verschafft *S* sich dadurch Nebeneinkünfte, daß er das Haus an Dritte vermietet. Erst nach Jahren erfährt *G* durch Zufall davon. Was kann er von *S* verlangen?

§ 816 I behandelt nur „Verfügungen". Darunter versteht man die Übertragung, Belastung, Inhaltsänderung oder Aufgabe eines Rechts.[26] Die bloße Vermietung durch *S* hat aber keine solche Wirkung auf das Eigentum des *G* ausgeübt. Andererseits greift die Vermietung aber in die durch § 903 beschriebenen Befugnisse des Eigentümers ein. Daher will eine Mindermeinung[27] auf die Vermietung und ähnliche obligatorische Nutzungsgeschäfte § 816 I analog anwenden. Doch dürfte das schon am Fehlen einer Gesetzeslücke scheitern: Für Eingriffe ohne Verfügungscharakter steht die allgemeine Eingriffskondiktion aus § 812 I 1 Alt. 2 bereit (Erwerb „in sonstiger Weise"). Sie benötigen man z. B. auch beim

---

[26] Vgl. *Medicus*, AT Rn. 208.
[27] Vgl. die Angaben bei *Larenz/Canaris*, SchuldR II 2, § 69 II 1 d.

Verbrauch fremder Sachen oder beim Eigentumserwerb nach den §§ 946 ff. (vgl. u. *Fall 157*). Dieser Anspruch aus § 812 I 1 Alt. 2 geht nach der zutreffenden h. M. auf den Wert der Nutzung (§ 818 II, vgl. u. § 27 *Fall 167*). Ein Mehrerlös, den S durch besondere Geschäftstüchtigkeit erzielt haben sollte, wird also mit den §§ 812, 818 nicht erfaßt;[28] dazu eignet sich nur der (hier passende) § 687 II 1 (vgl. u. § 29 *Fall 196*).

Fall 156 zeigt übrigens noch eine weitere Besonderheit der Eingriffskondiktion: Möglicherweise hat ja die Benutzung des Ferienhauses durch Fremde dem G keinen meßbaren Vermögensschaden gebracht (etwa weil S eigene Wäsche verwendet, die Stromrechnung bezahlt und das verbrauchte Heizmaterial wieder ergänzt hat). Man könnte dann meinen, die Bereicherung des S sei nicht „auf Kosten" des G erfolgt. Aber so, nämlich als Hinweis auf einen Schaden, ist dieses Tatbestandsmerkmal nicht zu verstehen. Vielmehr will es den Kondiktionsgläubiger bestimmen, also denjenigen, der soll verlangen können, was der Schuldner zuviel hat: Gläubiger ist bei der Eingriffskondiktion derjenige, in dessen Recht eingegriffen worden ist; ob er auch einen Schaden hat, bleibt gleich.

Fall 157 (Das gestohlene Baumaterial: Funktion des § 951)

S hat bei seinem Hausbau Material verwendet, das dem G gestohlen worden war. Welche Ansprüche hat G?

Hier hatte S, auch wenn er gutgläubig war, wegen § 935 I an dem Baumaterial zunächst rechtsgeschäftlich kein Eigentum erwerben können. Dennoch ist er durch den Einbau nach §§ 946, 93, 94 Eigentümer geworden (genauer: Das Baumaterial hat seine Eigenschaft als selbständige Sachen eingebüßt und wird jetzt vom Eigentum des G an seinem Grundstück mitumfaßt; vgl. den Wortlaut von § 946). Gäbe es keine ergänzende gesetzliche Regelung, so könnte man zweifeln, ob dieser vom Gesetz bestimmte Eigentumserwerb „konditionsfest" sein soll (wie es der entgeltliche gutgläubige Erwerb vom Nichtberechtigten nach § 816 I 1 ist, vgl. o. *Fall 152*). Solche Zweifel vermeidet § 951, indem er dem Rechtsverlierer eine „Vergütung in Geld nach den Vorschriften über die Herausgabe einer ungerechtfertigten Bereicherung" gewährt. Allerdings ist nach ganz h. M. § 951 I 1 selbst keine Anspruchsgrundlage. Aber er stellt erstens klar, daß der Rechtserwerb nach den §§ 946–950 nach Bereicherungsrecht ausgleichungspflichtig macht, wenn die übrigen Voraussetzungen des § 812 gegeben sind; anders gesagt: Die §§ 946–950 schaffen keinen Rechtsgrund, der die Anwendung des Bereicherungsrechts ausschließt. Man kann das endlich auch so formulieren: § 951 I 1 enthält eine Rechtsgrundverweisung (Tatbestandsverweisung) in das Bereicherungsrecht. Und zweitens bedeutet § 951 I 1 („Vergütung in Geld") in Verbindung mit § 951 I 2, daß der Bereicherungsanspruch

---

[28] Also anders als nach h. M. mit dem Anspruch aus § 816 I 1, vgl. o. Fn. 25.

des Rechtsverlierers hier ausnahmsweise nicht auf das primär Erlangte geht, sondern nur auf dessen Geldwert (vgl. u. § 27 *Fall 165*).

Beide Funktionen des § 951 I werden an *Fall 157* klar: Die Rechtsgrundverweisung auf § 812 bedeutet, daß die Voraussetzungen dieser Vorschrift zu prüfen sind. Davon kommt hier bloß die allgemeine Eingriffskondiktion nach § 812 I 1 Alt. 2 in Betracht. Deren Voraussetzungen sind gegeben, da der Einbau durch S einen von keinem Rechtsgrund gedeckten Eingriff in das Eigentum des G darstellt. Und die Beschränkung des G auf Wertersatz *in Geld* bewirkt, daß S den Bau nicht zu zerstören braucht, um das Material zurückzugeben. Damit wird dasjenige Ergebnis abgesichert, zu dem auch der Eigentumserwerb des S nach § 946 führt, indem er die Vindikation des G aus § 985 ausschließt: Im Interesse der Erhaltung wirtschaftlicher Werte wird der Altberechtigte auf Geldansprüche beschränkt.

Fall 158 (Der untreue Kammerdiener: Zuweisungsgehalt beim allgemeinen Persönlichkeitsrecht)

Der wohlhabende Industrielle G beschäftigte über viele Jahre den S als Kammerdiener. Nachdem S seinen Dienst im Streit beendet hat, veröffentlicht er in einer Illustrierten seine Memoiren. Diese enthalten Enthüllungen aus der Intimsphäre des G. Was kann dieser von S verlangen?

In Betracht kommen sicher Schadensersatzansprüche aus der Verletzung einer aus dem Dienstvertrag nachwirkenden Pflicht oder aus § 823 I (Allgemeines Persönlichkeitsrecht, vgl. o. § 8 *Fall 52*). Wenn eine Fortsetzung der „Enthüllungen" zu besorgen ist, kommt auch ein Unterlassungsanspruch in Frage (vgl. o. § 21 *Fall 137*). Zudem mag man hier noch an eine Eingriffskondiktion denken: Mit dieser könnte G eine gewisse Beteiligung an dem Honorar erstreben, das S durch die in das Persönlichkeitsrecht des G eingreifende Veröffentlichung erzielt hat.

Hier ergeben sich aber Schwierigkeiten. Das Allgemeine Persönlichkeitsrecht stellt nämlich bloß ein sog. Rahmenrecht dar, dessen Unbestimmtheit schon bei der Rechtswidrigkeitsprüfung zu Besonderheiten geführt hat (vgl. o. § 8 *Fall 54*). Aber selbst wenn Rechtswidrigkeit vorliegt (wie regelmäßig in *Fall 158*), folgt daraus noch nicht ohne weiteres die Eingriffskondiktion des verletzten Rechtsinhabers. Vielmehr stellt die h.M. darauf ab, ob der Eingriff den *Zuweisungsgehalt* des verletzten Rechts berührt hat.[29] Damit wird vorausgesetzt, daß es Rechte oder ähnliche eingriffsfähige Positionen ohne eigenen Zuweisungsgehalt gibt. Das kann man z.B. für den nichtberechtigten Besitz annehmen:[30] Ein unerlaubter Eingriff in diesen ist zwar rechtswidrig (§ 858 I); dem rechtlosen Besitzer ist aber keinerlei Nutzung des Besitzes erlaubt. Daher

---

[29] Etwa BGHZ 82, 299 (306); 107, 117 (120f.); *Larenz/Canaris*, SchuldR II 2, § 69 I 1 b.

[30] Dazu monographisch *Kurz*, Der Besitz als möglicher Gegenstand der Eingriffskondiktion, 1969.

kann der Besitzer als solcher (also abgesehen von einem Recht zum Besitz) auch keine Eingriffskondiktion geltend machen. Entsprechend muß man auch beim Allgemeinen Persönlichkeitsrecht nach einem positiven Zuweisungsgehalt fragen. Der *BGH* hat einen solchen Zuweisungsgehalt bejaht für konkrete Ausprägungen des Persönlichkeitsrechts, nämlich für das Recht am eigenen Bild[31] und für den Namen.[32] Für das Allgemeine Persönlichkeitsrecht selbst ist ein solcher Zuweisungsgehalt streitig;[33] ich neige zur Bejahung. Problematisch bleibt dann aber, welchen Betrag G in *Fall 158* von S zu verlangen hat: Gewiß kann das nicht der ganze von S erzielte Betrag sein, weil dieser ja nicht allein (gleichsam mühelos) durch das Eindringen in den Zuweisungsgehalt des fremden Persönlichkeitsrechts erzielt worden ist, sondern auch durch eigene Mühe des S. Am ehesten wird man sich an demjenigen Betrag orientieren müssen, den der Inhaber des Persönlichkeitsrechts üblicherweise für die Erlaubnis einer solchen Veröffentlichung erhält. Problematisch wird das freilich, wenn eine solche Erlaubnis üblicherweise gerade nicht erteilt wird. Für einen solchen Fall ist der *BGH*[34] denn auch in einen deliktischen Schadensersatzanspruch wegen schuldhafter Persönlichkeitsverletzung ausgewichen.

III. Zusammenfassung

1. Die wichtigste Kondiktion wegen eines Erwerbs „in sonstiger Weise" (§ 812 I 1 Alt. 2), also die wichtigste Nichtleistungskondiktion ist die *Eingriffskondiktion*. Hier hat der Bereicherungsschuldner das herauszugebende „etwas" nicht durch eine Leistung des Gläubigers erlangt, sondern es sich selbst genommen.

2. *Sonderfälle der Eingriffskondiktion* sind in § 816 geregelt: die wirksame entgeltliche (§ 816 I 1) oder unentgeltliche (§ 816 I 2) Verfügung über fremdes Recht und die dem Berechtigten gegenüber wirksame Leistungsannahme durch einen Nichtberechtigten (§ 816 II). Dabei genügt, daß der Berechtigte eine zunächst unwirksame Verfügung durch seine Genehmigung (§ 185 II 1) nachträglich wirksam gemacht hat.

3. Für die *allgemeine Eingriffskondiktion* aus § 812 I 1 Alt. 2 bleibt Raum bei allen Eingriffen, die keine Verfügung darstellen: etwa bei der Vermietung oder Verpachtung fremder Sachen oder beim Eigentumsverlust durch Verbindung, Vermischung, Verarbeitung (§§ 946–951) und Sachverbrauch.

---

[31] BGHZ 20, 345 (Paul Dahlke).
[32] BGHZ 81, 75 (Carrera).
[33] Vgl. *Larenz/Canaris* aaO, § 69 I 2 c, auch *Schlechtriem*, in Festschr. f. Hefermehl, 1976, S. 445 ff.
[34] BGHZ 26, 349 (Herrenreiter: Ein Bild eines Kölner Brauereibesitzers war ohne seinen Willen für die Okasa-Werbung verwendet worden).

4. Nach h. M. ist die *Rechtswidrigkeit des Eingriffs* für die Eingriffskondiktion weder allemal notwendig noch genügend. Entscheiden soll vielmehr der Eingriff in den fremden Zuweisungsgehalt: Der Eingreifende nimmt sich etwas, was dem Berechtigten zur alleinigen vermögensmäßigen Nutzung zugewiesen ist. Im einzelnen gibt es hier freilich viele Unklarheiten und Meinungsverschiedenheiten.

§ 26. Andere Nichtleistungskondiktionen

Daß etwas „in sonstiger Weise" erlangt worden ist, hat in § 812 I 1 Alt. 2 bloß die negative Bedeutung „nicht durch Leistung (des Anspruchstellers)". Hierunter fallen außer der Eingriffskondiktion noch einige weitere, freilich viel seltenere Fallgruppen.

I. Die Fallgruppen

Fall 159 (Zwangsvollstreckung und Eigentumsvorbehalt: Rückgriffskondiktion)

K kauft bei V ein Motorrad für 5000 Euro: 1000 Euro zahlt K sofort, der Rest soll in acht Monatsraten von je 500 Euro beglichen werden. V behält sich das Eigentum vor (§ 449). Als nur noch zwei Raten zu zahlen sind, will G, ein Gläubiger des K, die Zwangsvollstreckung in das Motorrad betreiben. Da G fürchtet, daß V demgegenüber sein vorbehaltenes Eigentum geltend machen wird (nach § 771 ZPO), zahlt er zunächst für K die restlichen 1000 Euro an V. Welche Ansprüche hat G deshalb gegen K?

Hier hat G als Dritter (§ 267) für K geleistet und diesen dadurch von seiner Restkaufpreisschuld befreit. In bestimmten qualifizierten Fällen einer solchen Drittleistung gibt § 268 III dem Dritten durch eine gesetzliche Forderungszession den Rückgriff gegen den befreiten Schuldner. Ein solcher privilegierter Fall liegt hier jedoch nicht vor.

Auch ein Rückgriff aus berechtigter Geschäftsführung ohne Auftrag (§§ 683 S. 1, 670) scheidet sicher aus: Da die Zahlung der Restschuld die Zwangsvollstreckung ermöglichen sollte, hat sie nicht dem Willen des K entsprochen (vgl. u. § 30 *Fall 198/9*). In Betracht kommt daher allenfalls ein Anspruch aus unberechtigter Geschäftsführung, § 684 S. 1: Danach müßte K (als Geschäftsherr) an G (als den Geschäftsführer) das durch die Geschäftsführung Erlangte „nach den Vorschriften über die Herausgabe einer ungerechtfertigten Bereicherung" herausgeben (vgl. u. § 30 *Fall 198/9*). Dabei spricht § 684 S. 1 nach h. M.[35] eine Rechtsfolgenverweisung auf die §§ 818 ff. aus; dieser Anspruch wäre also dem Grunde nach kein Bereicherungsanspruch.

Zu § 812 kommt man nur, wenn man – was vertretbar ist – einen Fremdgeschäftsführungswillen des G verneint (weil G eben nur seine

---

[35] Etwa Palandt/*Sprau*, § 684 Rn. 1.

eigenen Interessen fördern wollte). Dabei scheidet eine Leistungskondiktion aus: G hat an V und nicht an K geleistet;[36] dem K hat diese Leistung nur gleichsam reflexartig Nutzen gebracht. Auch eine Eingriffskondiktion kommt nicht in Betracht: K hat sich ja von G nichts genommen. Übrig bleibt also nur eine andere Nichtleistungskondiktion. Und da diese hier dem Rückgriff gegen den befreiten Schuldner dient, nennt man sie Rückgriffskondiktion: Mit dieser kann G in *Fall 159* von K Zahlung von 1000 Euro verlangen.

Fall 160 (Der fremde Pkw: Verwendungskondiktion)
G läßt den Pkw des S neu lackieren. Muß S dem G dessen Aufwendungen ersetzen?

Den Vorteil aus der Lackierung hat S als Eigentümer des Pkw; er hat also „etwas erlangt". Das kann durch Leistung geschehen sein, nämlich wenn G mit der Lackierung zweckgerichtet das Vermögen des S mehren wollte, z.B. um eine Schadensersatzpflicht zu erfüllen *(solvendi causa)* oder schenkungshalber *(donandi causa)*. Dann kommt nur eine Leistungskondiktion in Betracht, wenn der Rechtsgrund gefehlt hat: etwa weil G zum Schadensersatz nicht verpflichtet war oder weil S die von G beabsichtigte Schenkung abgelehnt hat (vgl. § 516 II).

G kann aber die Lackierung auch ohne den für eine Leistung nötigen Zuwendungswillen veranlaßt haben: Wenn G etwa geglaubt hatte, der Pkw gehöre ihm selbst, fehlte ihm schon das Bewußtsein, fremdes Vermögen zu mehren. Denkbar ist aber auch, daß G den Wagen gestohlen hatte und ihn durch die Neulackierung so verändern wollte, daß er nicht wiedererkannt werden konnte. Dann wußte G zwar, daß die Lackierung einer fremden Sache galt, doch fehlte ihm der Wille zur Mehrung fremden Vermögens. Eine Leistungskondiktion scheidet also in beiden Fällen schon mangels einer Leistung des G aus.

Von den Nichtleistungskondiktionen kommt die Eingriffskondiktion nicht in Betracht: Der mögliche Bereicherungsschuldner S hat sich ja nichts durch Eingriff in fremden Rechtskreis genommen. Und auch eine Rückgriffskondiktion kann nicht vorliegen, weil S von keiner eigenen Schuld befreit worden ist (er schuldete ja die Lackierung des Pkw keinem Dritten). Daher muß man hier an einen weiteren Typ der Nichtleistungskondiktion denken, nämlich an die Verwendungs- (oder Aufwendungs)kondiktion.[37]

Diese Kondiktion ist aber nicht allemal dann anwendbar, wenn jemand fremde Sachen ohne Rechtsgrund verbessert. Vielmehr kann sich hier

---

[36] Str., vgl. etwa *Larenz/Canaris,* SchuldR II 2, § 70 V 3; *Medicus,* BürgR, Rn. 684f. Aber bei Annahme einer Leistung G – K wäre die Kondiktion durch § 814 Alt. 1 ausgeschlossen.
[37] Die Begriffe „Aufwendung" und „Verwendung" werden nicht ganz einheitlich gebraucht (vgl. *Medicus,* BürgR, Rn. 874ff.): Meist dient „Aufwendung" als Oberbegriff, während „Verwendung" die auf einen bestimmten Gegenstand bezogenen Aufwendungen meint.

das Problem der aufgedrängten Bereicherung ergeben (vgl. u. § 27 *Fall 167*): Womöglich will S die neue Lackierung ja gar nicht; vielleicht hat ihm sogar die alte besser gefallen. Vor allem aber besteht häufig zwischen dem durch die Verwendungen begünstigten Eigentümer (hier S) und dem Verwendenden (hier G) ein Eigentümer-Besitzer-Verhältnis (denn als Nichtbesitzer hätte G die Lackierung kaum veranlassen können). Und für dieses gibt es in den §§ 994ff. eine eigene Regelung des Verwendungsersatzes,[38] die Ansprüche des unredlichen Besitzers stark einschränkt (§§ 994 II, 996, 997). Können diese Einschränkungen mit der Verwendungskondiktion überwunden werden?

Wenn man in *Fall 160* annimmt, G habe den Pkw gestohlen, würde diese Konkurrenzfrage konkret bedeuten: War die Neulackierung nur nützlich und nicht notwendig, so erhält G nach § 996 keinen Verwendungsersatz. Auch sein Wegnahmerecht scheitert an § 997 II, weil die Abtrennung des neuen Lacks für ihn keinen Nutzen hat (zudem müßte G dann nach § 258 S. 1 den alten Lack wiederherstellen!). S erhielte also die neue Lackierung unentgeltlich.

Die h.M. und insbesondere die Rechtsprechung nimmt das in der Tat an,[39] doch gibt es auch eine – m.E. vorzugswürdige – Gegenansicht.[40] Deren stärkstes Argument dürfte sein, daß sich keine überzeugenden Gründe für eine Schlechterstellung des besitzenden Verwenders gegenüber dem nichtbesitzenden (auf den ja die §§ 994ff. unanwendbar sind) erkennen lassen. Diese Gegenansicht gerät dann freilich an die Frage der aufgedrängten Bereicherung (vgl. u. § 27 *Fall 167*).

Fall 161 (Die doppelte Banküberweisung: Fehlen einer Anweisung)

G hat gegen S eine Forderung; ob diese 500 Euro oder 1000 Euro beträgt, ist zwischen beiden streitig. S, der nur 500 Euro zu schulden behauptet, erteilt seiner Bank einen entsprechenden Überweisungsauftrag. Dieser wird ausgeführt, doch wird die Ausführung versehentlich nicht vermerkt. Daher werden alsbald noch einmal 500 Euro an G überwiesen. Wie ist die Rechtslage?

Hier ist die erste, vom Willen des S getragene Überweisung zweifellos eine Leistung des S an G (vgl. u. § 28 *Fall 182*). Eine Leistungskondiktion käme insoweit nur in Betracht, wenn S dem G nicht einmal diese ersten 500 Euro geschuldet hätte; eine Nichtleistungskondiktion scheidet überhaupt aus.

Dagegen kann die zweite Überweisung keine Leistung des S an G darstellen: S fehlt ja schon der Wille zu einer Vermögensmehrung.[41] Aber auch eine Leistung der Bank an G kommt nicht in Betracht: Die Bank

---

[38] Vgl. *Gerhardt*, § 10, 5 zu Fall 48.
[39] Etwa BGHZ 41, 157 für §§ 951, 812; BGH JZ 1996, 366, vgl. ausführlich *Larenz/Canaris*, SchuldR II 2, § 74 I 3.
[40] Vgl. *Medicus*, BürgR, Rn. 897; *Larenz/Canaris*, aaO; *Canaris*, JZ 1996, 344 ff.
[41] Darüber kann man nur hinwegkommen, indem man allein auf die Sicht des Leistungsempfängers G abstellt. Vgl. dazu u. § 28 *Fall 187*.

hat ja nicht gegenüber G einen Zweck verfolgt, sondern nur gegenüber ihrem Kunden S (sie wollte ihre vermeintliche Pflicht aus dem mit S geschlossenen Girovertrag erfüllen). Daher haben weder S noch die Bank eine Leistungskondiktion gegen G.

Von den Nichtleistungskondiktionen scheidet eine Eingriffskondiktion schon deshalb aus, weil G nicht in fremden Rechtskreis eingegriffen hat. Auch eine Rückgriffs- oder eine Verwendungskondiktion kommen ersichtlich nicht in Betracht. Übrig bleibt also nur eine andere Nichtleistungskondiktion, und zwar naheliegenderweise der Bank gegen G[42]: Der Erwerb des G ist hier nämlich deshalb „auf Kosten" der Bank erfolgt, weil diese das Konto ihres Kunden S mit den zweiten 500 Euro nicht belasten darf (bzw. eine schon erfolgte Belastung rückgängig machen muß): Insoweit fehlte ja ein die Belastung rechtfertigender Auftrag des S.

Auf die Einzelheiten dieser Situation wird in u. § 28 bei der Behandlung der Mehrpersonenverhältnisse zurückzukommen sein *(Fall 190)*. Hier genügt einstweilen die Feststellung, daß es neben Eingriffs-, Rückgriffs- und Verwendungskondiktion noch weitere (seltene) Nichtleistungskondiktionen gibt (etwa auch in §§ 816 I 2, 822). Allgemein gebräuchliche Bezeichnungen für diese fehlen freilich bisher.

II. Zusammenfassung

1. Neben der Eingriffskondiktion gibt es noch *weitere Fallgruppen der Nichtleistungskondiktion;* Beispiele dafür bieten die Befreiung von eigener Schuld durch fremde Leistung (Rückgriffskondiktion), die Bereicherung durch fremde Verwendungen (Verwendungskondiktion), der Durchgriff gegen den unentgeltlichen Erwerber in §§ 816 I 2, 822 sowie die Bereicherung beim Fehlen einer Anweisung.

2. *Die wesentliche Problematik* bei der Rückgriffs- und der Verwendungskondiktion besteht in der *Abgrenzung* gegenüber anderen Ausgleichsregelungen, etwa der Geschäftsführung ohne Auftrag und dem Eigentümer-Besitzer-Verhältnis. Insoweit sind die Einzelheiten vielfach zweifelhaft und streitig.

§ 27. Der Inhalt von Bereicherungsansprüchen

Als Inhalt von Bereicherungsansprüchen wird vielfach „die Bereicherung" angegeben. Das ist aber ungenau, wie schon der Wortlaut des § 812 I 1 zeigt: Dieser ergibt als Inhalt der Herausgabepflicht – und zwar einheitlich für die Leistungskondiktion und die Nichtleistungskondiktionen – das ohne rechtlichen Grund erlangte „etwas". Auch die Absätze 1 und 2 des § 818 wissen nichts von einer Beschränkung auf die noch

---

[42] Vgl. etwa *BGH* NJW 1994, 2357 (2358).

vorhandene Bereicherung; diese kommt erst in Abs. 3 ins Spiel. Daher wird auch im folgenden (unten I, II) zunächst von der Frage nach dem Fortbestand der Bereicherung abgesehen; diese wird erst anschließend (unten III, IV) behandelt.

I. Der gegenständlich herauszugebende Erwerb

Fall 162 (Der Tausch: Inhalt der Herausgabepflicht)

A und *B* tauschen: *A* übereignet dem *B* einen gebrauchten Pkw, *B* überträgt dem *A* siebenprozentige Pfandbriefe im Nennwert von 6000 Euro. Nach einem Jahr stellt *B* fest, daß *A* ihm einen erheblichen Unfall des Pkw trotz einer diesbezüglichen Frage in Täuschungsabsicht verschwiegen hat. *B* ficht deshalb den Tauschvertrag wegen arglistiger Täuschung (§ 123) an. Welche Herausgabeansprüche haben A und *B*?

Da die Anfechtung den Tauschvertrag rückwirkend vernichtet (§ 142 I), haben *A* und *B* jeweils auf eine Nichtschuld geleistet. Deshalb können beide ihre Leistung nach § 812 I 1 Alt. 1 kondizieren: also *A* den Pkw und *B* die Pfandbriefe. Doch ergibt sich hier im einzelnen ein Unterschied:

Die Übereignung des Pkw an *B* ist wegen des Abstraktionsprinzips[43] trotz der Vernichtung des Rechtsgrundes „Tausch" wirksam geblieben. Das von *B* Erlangte besteht also in Besitz und Eigentum an dem Pkw; folglich umfaßt die geschuldete „Herausgabe" auch Rückgabe und Rückübereignung.

Die Übertragung der Pfandbriefe an *B* unterliegt zwar gleichfalls dem Abstraktionsprinzip. Sie ist also nicht schon wegen der Nichtigkeit des Grundgeschäfts unwirksam. Doch kann hier die auf § 123 gestützte Anfechtung des *B* auch das dingliche Erfüllungsgeschäft erfassen: Die arglistige Täuschung war eben auch für die Übertragung der Pfandbriefe kausal, so daß der schuldrechtliche und der dingliche Vertrag unter demselben Mangel leiden *(Fehleridentität)*.[44] Folglich fällt das Eigentum an den Papieren mit der Anfechtung an *B* zurück; er kann also den Besitz schon nach § 985 herausverlangen (vindizieren). Doch scheidet deshalb eine Kondiktion nicht völlig aus. Denn es bleibt ja richtig, daß *A* den Besitz an den Pfandbriefen durch eine Leistung des *B* rechtsgrundlos erlangt hat. Folglich konkurriert mit der Vindikation des *B* eine Leistungskondiktion auf Herausgabe des Besitzes *(condictio possessionis)*: *A* ist auch aus § 812 I zur Rückgabe der Pfandbriefe verpflichtet (mit der Folge aus § 818 I, vgl. u. *Fall 164).*

Fall 163 (Der Unfall des Tauschwagens: Surrogate)

In o. *Fall 162* möge *B* mit dem von *A* erhaltenen Wagen schuldlos in einen Unfall verwickelt worden sein. Die Haftpflichtversicherung des schuldigen Dritten möge dem B für die entstandenen Sachschäden 1000 Euro überwiesen haben. Kann *A* neben dem beschädigten Pkw auch diesen Betrag verlangen?

---

[43] Vgl. dazu o. § 1 *Fall 3* mit Fn. 1.
[44] Vgl. dazu *Medicus*, AT, Rn. 231 ff.

Nach § 818 I ist das regelmäßig zu bejahen: Dort wird die Herausgabepflicht u. a. auf dasjenige erstreckt, was der Empfänger als Ersatz für die Beschädigung des erlangten Gegenstandes erwirbt. Voraussetzung ist freilich, daß B das Geld noch nicht zur Ausführung der Reparatur verwendet hat: Dann kommt dieses dem A ja schon dadurch zugute, daß er den Pkw repariert zurückerhält.

Fall 164 (Die Pfandbriefzinsen: Nutzungsherausgabe)

In o. *Fall 162* sind während der Zeit, in der A die Pfandbriefe hatte, an ihn 420 Euro Zinsen gezahlt worden. Kann B außer den Pfandbriefen selbst auch diesen Betrag verlangen?

Außer den Surrogaten nennt § 818 I auch die vom Empfänger gezogenen Nutzungen (vgl. § 100). Dazu gehören als Rechtsfrüchte auch die Zinsen; sie sind also neben den Pfandbriefen herauszugeben (= zu zahlen).

Dieses einfache Ergebnis wird jedoch durch folgendes kompliziert: B hatte mit seiner Anfechtung das Eigentum an den Pfandbriefen (und vor allem die Gläubigerstellung hinsichtlich der verbrieften Forderungen) zurückerworben. Damit entstand zwischen B und S ein Eigentümer-Besitzer-Verhältnis, und in diesem gelten für die Nutzungsherausgabe die §§ 987, 988, 990. Bleibt daneben Raum für § 818 I?

In *Fall 164* spielt das freilich für das Ergebnis keine Rolle: Da A die von ihm selbst verübte Täuschung und damit den Anfechtungsgrund gekannt hat, wird er nach § 142 II so behandelt, als hätte er den Mangel seines Eigentums gekannt. Folglich war er unredlicher Besitzer der Pfandbriefe. Als solcher muß er nach §§ 990 I 1, 987 I die gezogenen Nutzungen ebenso herausgeben wie nach §§ 812, 818 I. Dagegen würden die Ergebnisse für einen redlichen Besitzer auseinandergehen: Dieser braucht bei entgeltlichem Erwerb vor der Rechtshängigkeit (d.h. vor der Zustellung der gegen ihn gerichteten Klage, §§ 261 I, 253 I ZPO) nur die sog. Übermaßfrüchte herauszugeben, die regelmäßig Teile der Sachsubstanz darstellen, § 993 I. Demgegenüber weiß § 818 I von einer solchen Privilegierung des Redlichen nichts; dieser darf also keine Nutzungen behalten. Man könnte das dadurch ausgleichen wollen, daß man § 818 I bei Vorliegen eines Eigentümer-Besitzer-Verhältnisses für unanwendbar hält. Aber dann stünde der Gläubiger deshalb schlechter, weil er Eigentümer geblieben ist und nur den Besitz eingebüßt hat – ein offensichtlich verfehltes Ergebnis. Daher wird die Lösung lauten müssen, daß man die Leistungskondiktion des Eigentümers auch im Eigentümer-Besitzer-Verhältnis zuläßt: Wer den Besitz durch Leistung des Eigentümers erlangt hat, muß also nach § 818 I auch die redlich gezogenen Nutzungen herausgeben.[45]

---

[45] Dazu ausführlich *Larenz/Canaris*, SchuldR II 2, § 74 I 1 a. Die Rechtsprechung hat bisweilen mit der analogen Anwendung des § 988 geholfen: Die rechtsgrundlose Erlangung der Muttersache sei der unentgeltlichen gleichzustellen. Dem steht aber entgegen, daß der rechtsgrundlose Erwerber (anders als der unentgeltliche) ein Opfer gebracht haben kann.

II. Wertersatz

Fall 165 (Die Nutzung des Tauschwagens: Mangel der Herausgabefähigkeit)

In o. *Fall 162* hat *B* bis zu der auf seine Anfechtung folgenden Rückabwicklung den von *A* erhaltenen Pkw genutzt. Was kann *A* deswegen verlangen?

Da die Vorteile aus dem Sachgebrauch zu den Nutzungen gehören (§ 100), paßt auch hier § 818 I. Diese Vorteile können aber wegen ihrer Beschaffenheit nicht einfach herausgegeben werden. Daher muß § 818 I hier durch Abs. 2 ergänzt werden: *B* schuldet Wertersatz. Dabei berechnet die Praxis den Wert der Benutzung eines Pkw regelmäßig nach der gefahrenen Strecke: Jeweils 1000 km sollen je nach Haltbarkeit des Wagens 0,5% bis 1% des Preises für den Pkw ausmachen.

Fall 166 (Der weiterverkaufte Tauschwagen: Unmöglichkeit der Herausgabe; commodum ex negotiatione)

In o. *Fall 162* möge *B* den von *A* erhaltenen Pkw noch vor der Anfechtung an *D* für 5000 Euro weiterveräußert haben. Wie ist die Rechtslage?

Regelmäßig wird eine solche Veräußerung den *B* zur Rückgabe des Pkw unvermögend machen. Dann kommt für den Inhalt des Bereicherungsanspruchs zweierlei in Betracht: entweder Wertersatz (§ 818 II) oder Herausgabe des von *B* erzielten Veräußerungserlöses. Das zweite wäre anzunehmen, wenn § 818 I auch den Veräußerungserlös umfaßte, das sog. *commodum ex negotiatione*.[46] Unter den Wortlaut der Vorschrift fällt dieser Erlös nicht: Er ist weder „auf Grund eines erlangten Rechts"[47] noch als „Ersatz für die Zerstörung, Beschädigung oder Entziehung" des Pkw angefallen. Wo das BGB auch den Veräußerungserlös erfassen will, pflegt es sich anders auszudrücken, z.B. „durch ein Rechtsgeschäft erwirbt, das sich auf das Vorbehaltsgut bezieht" (§ 1418 II Nr. 3) oder „durch Rechtsgeschäft mit Mitteln der Erbschaft erwirbt" (§ 2019 I). Daher umfaßt § 818 I nach richtiger Ansicht nicht den durch ein selbständiges Veräußerungsgeschäft erzielten Erlös. Weil durch die Veräußerung also kein herausgabepflichtiges Surrogat entstanden ist, bleibt nur § 818 II: *B* muß dem *A* den Wert des Pkw ersetzen (für den freilich der erzielte Erlös regelmäßig einen Anhalt geben wird).

Fall 167 (Der unerwünschte Lack: aufgedrängte Bereicherung)

In o. § 26 *Fall 160* hatte *G* den Pkw des *S* neu lackieren lassen. Der neue Lack möge dem *S* nicht gefallen. Hat *G* trotzdem Bereicherungsansprüche?

---

[46] Von lat. *negotiari* = Handel treiben.
[47] Hierhin würde etwa die auf eine rechtsgrundlos erlangte Forderung erbrachte Leistung gehören.

§ 27. Der Inhalt von Bereicherungsansprüchen

Wie oben ausgeführt, kommt hier unter bestimmten Umständen eine Aufwendungskondiktion des G gegen S in Betracht. Ein Anspruch, dessen Inhalt sich nach Bereicherungsrecht bestimmt, würde sich auch aus ungerechtfertigter Geschäftsführung ohne Auftrag ergeben, § 684 S. 1. Da eine Herausgabe der Lackierung „wegen der Beschaffenheit des Erlangten" nicht möglich ist, kommt nur Wertersatz in Betracht, § 818 II. Fraglich ist in solchen Fällen aber die Berechnung des Wertes.

Von einer Bereicherung kann sicher nicht gesprochen werden, wenn die neue Lackierung den Verkehrswert des Pkw nicht erhöht hat, etwa weil der alte Lack noch gut war und G durch die Neulackierung nur das Aussehen des Wagens verändern wollte. Problematisch wird es jedoch, wenn eine Werterhöhung zwar objektiv vorliegt, aber dem S unerwünscht kommt, etwa weil ihm die neue Farbe nicht gefällt oder er sich eine Neulackierung derzeit nicht leisten konnte. Man spricht hier plastisch von einer aufgedrängten Bereicherung.

Ziemlich einig ist man sich heute darüber, daß dieser Unerwünschtheit irgendwie Rechnung getragen werden muß. Das gelingt auch ohne weiteres, wenn der Empfänger den aufgedrängten Wert mit einem Anspruch auf Beseitigung (§ 1004) oder Schadensersatz (etwa §§ 823 I, 249 I) abwehren kann: Tut er das, so entfällt eine etwa eingetretene Bereicherung. Bei Fehlen solcher Ansprüche hat eine sich ausbreitende Meinung[48] eine subjektive Wertberechnung vorgeschlagen: Aus § 818 II solle nur derjenige Betrag geschuldet werden, den das Erlangte gerade dem Empfänger wert sei. Demgegenüber hat jedoch *Larenz*[49] eine solche subjektive Wertberechnung als mit dem Gesetzessinn unvereinbar erwiesen. Er will stattdessen mit einer erweiternden Anwendung von § 818 III helfen: Wie ein späterer Wegfall der Bereicherung den redlichen Empfänger entlaste (vgl. u. III), müsse das anfängliche Fehlen einer Bereicherung von Anfang an die Haftung ausschließen.

Nach der einen wie nach der anderen Ansicht kann G in *Fall 167* von S nur dann etwas verlangen, wenn dieser sich eine objektiv vorliegende Werterhöhung zunutze macht, etwa indem er den Pkw zu einem höheren Preis verkauft oder eine sonst nötig gewesene Neulackierung erspart.

Fall 168 (Der eigenmächtige Gitarrenschüler: Wertberechnung und Minderjährigenschutz)

Der 15jährige S nimmt bei G Gitarrenunterricht für 20 Euro je Stunde. Dabei behauptet S das Einverständnis seiner Eltern. Erst als G die Bezahlung für die ersten fünf Stunden verlangt, stellt sich heraus, daß die Eltern nichts wissen und auch nicht nachträglich einverstanden sind. Was kann G von S verlangen?

---

[48] Vor allem *Koppensteiner*, NJW 1971, 1769 ff.
[49] In: Festschr. von Caemmerer, 1978, S. 209 ff., vgl. *Larenz/Canaris*, SchuldR II 2, § 72 IV.

Hier mag man zunächst an Schadensersatzansprüche aus einem Verschulden bei Vertragsverhandlungen denken, weil S den G angelogen hat. Doch ist schon fraglich, ob die Zulassung solcher Ansprüche den Minderjährigenschutz nicht zu stark beeinträchtigt; womöglich muß G sich mit dem Widerrufsrecht aus § 109 begnügen. Zumindest aber müßte G hier einen Schaden nachweisen, also daß ihm anderer Gewinn entgangen ist (§ 252). Daher mag G seine Forderung als Bereicherungsanspruch aus §§ 812 I 1 Alt. 1, 818 II zu begründen suchen: Er habe seine Dienste rechtsgrundlos auf eine vermeintliche Verbindlichkeit geleistet; da die Dienste wegen ihrer Beschaffenheit (§ 818 II) nicht herausgabefähig seien, habe S den Wert zu ersetzen. Dieser aber folge aus dem üblichen Stundensatz von 20 Euro.

Wenn diese Argumentation zuträfe, müßte ein Minderjähriger ihm erbrachte Leistungen im Ergebnis ebenso bezahlen wie ein Volljähriger. Der Schutz vor rechtsgeschäftlichen Belastungen, den die §§ 107 ff. dem Minderjährigen gewähren, ginge so über das Bereicherungsrecht wieder verloren. Das kann nicht richtig sein. Daher müssen bei der Wertbestimmung die Absichten der gesetzlichen Vertreter berücksichtigt werden. Insbesondere muß die Bereicherung wie eine aufgedrängte (vgl. o. *Fall 167*) behandelt werden, wenn sie diesen Plänen widerspricht. Danach muß in *Fall 168* der Gitarrenunterricht nur bezahlt werden, wenn die Eltern des S diesem ohnehin solchen Unterricht geben lassen wollten (doch werden sie dann regelmäßig schon nach § 108 genehmigen).

III. Wegfall der Bereicherung; verschärfte Haftung

Fall 169 (Das verlorene Verlobungsgeschenk: § 818 III)

Frau G schenkt ihrem Verlobten S einen Sportwagen, den S aber schon wenig später bei einem Unfall in Schrott verwandelt. Nach einiger Zeit geht auch die Verlobung auseinander. Was kann G von S verlangen?

Bei Auflösung eines Verlöbnisses verweist § 1301 S. 1 wegen der Geschenke auf Bereicherungsrecht. Daher sind die §§ 818 ff. hier selbst dann anwendbar, wenn man in § 1301 entgegen der h. M. nur eine Rechtsfolgeverweisung sieht (vgl. o. § 24 *Fall 149* Fn. 14 f.). G kann deshalb von S nach § 818 I die Abtretung derjenigen Ersatzansprüche verlangen, die dieser wegen des Unfalls gegen Dritte haben sollte (vgl. o. *Fall 163*). Wie aber bei Fehlen solcher Ersatzansprüche?

S ist dann „zur Herausgabe (des Erlangten oder eines Surrogats) außerstande". Daher paßt § 818 II mit der Verpflichtung zum Wertersatz. Eine solche Verpflichtung zwänge den S dazu, sein übriges Vermögen anzugreifen und nicht bloß das herauszugeben, was er im Zusammenhang mit der Verlobung erlangt hat. Zu diesem Ergebnis führen in der Tat Schadensersatzansprüche: Sie sollen ohne Rücksicht auf die Bereicherung des Schuldners ausgleichen, was im Vermögen des Gläubigers

§ 27. Der Inhalt von Bereicherungsansprüchen

zu wenig ist. Doch setzen Schadensersatzansprüche in der Regel Verschulden des Schädigers oder eine von ihm zu vertretende Betriebsgefahr voraus. Dagegen kann man Bereicherungsschuldner werden, ohne daß man etwas zu vertreten hätte oder mit einer Rückgewährpflicht rechnen müßte. Deshalb hat das BGB den Bereicherungsanspruch milder gestaltet: Die Herausgabe- und die Wertersatzpflicht sind nach § 818 III regelmäßig ausgeschlossen, „soweit der Empfänger nicht mehr bereichert ist". Der Bereicherungsanspruch richtet sich in diesen Fällen also – anders als der Schadensersatzanspruch – auf dasjenige, was im Vermögen des Empfängers zuviel ist. Man kann dann von einem „Auskehrungsanspruch" (auf „Auskehrung" des Überschusses) sprechen.

In *Fall 169* kann G also nichts verlangen, wenn der Schrott des Wagens wertlos ist und S auch keine Ersatzansprüche gegen Dritte hat.

Fall 170 (Die mißglückte Rückgabe: Haftungsverschärfung)

Wie o. *Fall 169*, nur soll S jetzt den Unfall nach Auflösung des Verlöbnisses erlitten haben, als er den Wagen der G zurückbringen wollte.

Als Grund für die Privilegierung des Bereicherungsschuldners durch § 818 III war eben unter anderem die Unkenntnis des Schuldners von seiner Rückgabepflicht genannt worden. In *Fall 170* paßt dieser Grund nicht: Hier kannte S seine Rückgabepflicht ja schon (und wollte diese auch erfüllen). Dem trägt § 819 I Rechnung: Danach soll der Empfänger, der den Mangel des Rechtsgrundes (und damit typischerweise auch seine Herausgabepflicht) kennt, ebenso wie ein auf Herausgabe verklagter Schuldner haften (das bedeutet „Rechtshängigkeit", vgl. §§ 261 I, 253 ZPO). Und dieser wiederum haftet „nach den allgemeinen Vorschriften", § 818 IV (denn er ist ein Schuldner, der keine besonders milde Behandlung verdient). Diese „allgemeinen Vorschriften" sind insbesondere die §§ 291, 292 mit den dort ausgesprochenen Verweisungen.

Das bedeutet für *Fall 170:* Da S einen „bestimmten Gegenstand (nämlich den Wagen) herauszugeben" hatte, haftet er nach §§ 292 I 1, 989 auf Schadensersatz, wenn der Wagen durch sein Verschulden untergegangen ist. Dagegen wird S nach § 275 I frei, wenn ihn kein Verschulden an dem Unfall trifft.

Fall 171 (Die bedingte Schenkung: anfänglich verschärfte Haftung)

Der Vater G schenkt seinem Sohn S einen Pkw unter der Bedingung, daß S fleißig studiere. Bei einem Unfall wird der Pkw durch ein Alleinverschulden des S zerstört. Jetzt verliert dieser jede Lust am Studium und schließt sich einer Rockgruppe an. Was kann G von S verlangen?

Nach dem bisher Gesagten scheint ein Bereicherungsanspruch des G aus § 812 I 2 Alt. 1 (*condictio ob causam finitam*, vgl. o. § 24 *Fall 143*) an § 818 III zu scheitern. Denn im Zeitpunkt des Unfalls (der „Entreicherung") hatte S noch ordentlich studiert; die auflösende Bedingung der

Schenkung war also noch nicht eingetreten und seine Herausgabepflicht war noch nicht entstanden. Aber der Sinn des Haftungsprivilegs aus § 818 III paßt hier nicht recht: S wußte ja von Anfang an, daß die Schenkung bis zum erfolgreichen Abschluß des Studiums unter einer Bedingung stand. Bis zu diesem Abschluß ist also das Vertrauen des S darauf, den Wagen dauernd behalten zu dürfen, nicht schutzwürdig. Hieraus zieht § 820 I 2 die Konsequenz: Wenn der Wegfall des Rechtsgrundes nach dem Geschäftsinhalt als möglich angesehen wurde, unterliegt der Empfänger schon von seinem Empfang an der verschärften Haftung wie nach Rechtshängigkeit. In *Fall 171* schuldet S also auch dann nach §§ 820 I 2, 819 I, 818 IV, 292 I 1, 989[50] Schadensersatz, wenn sich der Unfall noch während der Zeit eifrigen Studierens ereignet hat.

Fall 172 (Das weiterverschenkte Geschenk I: § 822)

S hat ein Geschenk seiner Verlobten G an D weiterverschenkt. Danach geht die Verlobung auseinander. Welche Ansprüche hat G?

Hier kann sich S gegenüber dem Bereicherungsanspruch der G aus § 1301 S. 1 für einen Wegfall der Bereicherung vor dem Ende des Verlöbnisses auf § 818 III berufen. Denn eine Haftungsverschärfung nach § 819 I ist noch nicht eingetreten. Auch § 820 I 2 paßt nicht, weil das Verlöbnis kein Rechtsgeschäft darstellt, nach dessen Inhalt der Wegfall des Rechtsgrundes (also das Ende des Verlöbnisses außer durch den bestimmungsgemäßen Übergang in eine Ehe) als möglich angesehen wird (trotz Fehlens eines Erfüllungsanspruchs, § 1297 I, bedeutet das Verlöbnis insbesondere nicht bloß ein bedingtes Eheversprechen!). Der Bereicherungsanspruch der G scheitert also, wenn S kein anderes Geschenk an D erspart hat (vgl. u. *Fall 173*), an § 818 III. Und an den letztlich bereicherten D kommt G weder nach § 1301 S. 1 noch nach § 812 I heran: Mit D war G nicht verlobt, an D hat sie nichts geleistet und D hat auch nicht in sonstiger Weise auf Kosten der G etwas erlangt (sondern durch Leistung des S).

Schon bei oben § 25 *Fall 154* war aber in § 816 I 2 eine Regel sichtbar geworden: Die Interessen eines unentgeltlichen Erwerbers müssen hinter diejenigen eines Rechtsverlierers zurücktreten. Anders als bei § 816 I 2 hat hier G zwar nicht durch eine Verfügung des S ihr Eigentum verloren; dieses war ja schon vor der Verfügung auf S übertragen worden. Verloren hat die G aber wegen § 818 III ihren Bereicherungsanspruch gegen S. Das gleicht § 822 aus: D soll so behandelt werden, als ob er die Zuwendung von der G ohne rechtlichen Grund erhalten hätte. Das bedeutet: Die G hat einen Bereicherungsanspruch gegen D; dieser muß also das Geschenk herausgeben, soweit er noch bereichert ist.

---

[50] Die Verweisungstechnik des BGB kann also selbst bei relativ einfachen Fällen zu langen Paragraphenketten führen!

Fall 173 (Das weiterverschenkte Geschenk II: Ersparnisbereicherung)
Wie oben *Fall 172*, doch möge S dem D auf jeden Fall eine Schenkung gemacht haben.

Auch hier kann S zwar das ihm gemachte Geschenk nicht mehr an die G herausgeben. Trotzdem kann man nicht sagen, die Bereicherung des S sei weggefallen und dieser also nach § 818 III auch von der Verpflichtung zum Wertersatz (§ 818 II) freigeworden. Vielmehr hat S durch das Weiterverschenken die Aufwendungen für die Beschaffung eines anderen Geschenks an D erspart. Gleich liegt es etwa, wenn jemand rechtsgrundlos erworbenen Wein verbraucht und so seine schon vorhandenen Bestände schont. Man spricht hier von einer *Ersparnisbereicherung:* Geschuldet wird dann die Zahlung des ersparten Wertes.

In *Fall 173* ist es freilich denkbar, daß das Geschenk der G das Geschenk des S an D beeinflußt hat: Womöglich hätte S dem D ein weniger wertvolles Geschenk gemacht, wenn ihm nicht das von der G erhaltene Geschenk zur Verfügung gestanden hätte. In solchen Fällen erhält die G mit ihrem auf § 1301 S. 1 gestützten Anspruch gegen S nicht den vollen Wert ihres Geschenks zurück, sondern nur den geringeren Betrag der Ersparnis. Dann kann G aus § 822 gegen D nur noch wegen desjenigen Betrages Ansprüche stellen, um den der Wert des an D gelangten Geschenks die Ersparnis des S übersteigt (das folgt aus dem Wort „soweit" in § 822).

Fall 174 (Das weiterverschenkte Geschenk III: Verschärfte Haftung des Erstempfängers)
Wie o. *Fall 173*, doch möge S das von der G erhaltene Geschenk erst nach der Auflösung des Verlöbnisses an D weitergeschenkt haben. Ansprüche der G?

Ein Anspruch G – D aus § 822 scheitert hier nach dem Wortlaut des § 822. Denn nach dieser Vorschrift ist D nur insoweit zur Herausgabe verpflichtet, als die Herausgabepflicht des S (nach § 818 III) durch das Weiterverschenken ausgeschlossen ist. Das trifft hier aber nicht zu: S haftet seit seiner Kenntnis vom Ende des Verlöbnisses nach den allgemeinen Vorschriften, §§ 819 I, 818 IV, 292 I, 989. Da er sein Unvermögen zur Rückgabe des Geschenks vorsätzlich herbeigeführt hat, schuldet er der G also Schadensersatz.

Die hieraus folgende vorrangige Haftung des direkt beschenkten S ist unbedenklich, wenn G ihren Anspruch gegen S wirklich durchsetzen kann. Fragwürdig wird das Ergebnis jedoch, wenn S nicht erreichbar oder nicht zahlungsfähig ist: Dann hat der weiterbeschenkte D nur deshalb eine bereicherungsrechtlich[51] unangreifbare Position, weil er das Geschenk von einem Unredlichen erhalten hat; ein von einem Redlichen

---

[51] Statt dessen kommt jedoch eine Haftung des D aus §§ 4 I AnfG, 134 I InsO in Betracht, wenn dieser von einem Zahlungsunfähigen oder später zahlungsunfähig Gewordenen beschenkt worden ist.

Beschenkter würde nach § 822 haften. Warum dem Zweitbeschenkten die Unredlichkeit seines Vormanns derart zugute kommen soll, ist nicht ohne weiteres einzusehen. Die Rechtsprechung beläßt es aber bei diesem Ergebnis.[52]

Fall 175 (Das schadhafte Geschenk: Wegfall der Bereicherung durch Aufwendungen)

Der von der G ihrem Verloben S geschenkte Sportwagen möge ein Gebrauchtwagen mit erheblichen Mängeln gewesen sein. S möge 2000 Euro und viel Zeit aufgewendet haben, um den Wagen tadellos instandzusetzen. Schon wenig später geht die Verlobung auseinander. G fordert jetzt den wesentlich wertvoller gewordenen Wagen zurück. Mit Recht?

Bisher, nämlich in den *Fällen 169* bis *174,* waren als Beispiele für den Wegfall der Bereicherung nur Untergang oder Weitergabe des Erlangten erwähnt worden. *Fall 175* zeigt demgegenüber, daß für § 818 III auch an Aufwendungen des Empfängers auf das Erlangte zu denken ist: Müßte S den verbesserten Wagen ohne Ausgleich herausgeben, so bedeutete das über die bloße Auskehrung der Bereicherung hinaus ein zusätzliches Vermögensopfer.

In solchen Fällen hilft das BGB regelmäßig mit einem Anspruch auf Verwendungsersatz. Aber die diesem Ziel dienenden Regelungen passen in *Fall 175* nicht: Die §§ 994 ff. scheitern in direkter Anwendung am Fehlen eines Eigentümer-Besitzer-Verhältnisses (S war ja Eigentümer und Besitzer in einer Person). Entsprechend anwendbar können die §§ 994 ff. zwar auch im Bereicherungsrecht über §§ 819, 818 IV, 292 werden, aber nur für den verklagten oder unredlichen Bereicherungsempfänger. Endlich scheiden auch die Geschäftsführungsansprüche auf Aufwendungsersatz (§§ 683 S. 1, 670 sowie §§ 684 S. 1, 818) aus, weil S ein eigenes Geschäft besorgt hat. Ihm muß also anders geholfen werden.

Diese Hilfe bringt § 818 III: Die Bereicherung kann auch dadurch wegfallen, daß infolge des bereichernden Vorgangs an anderen Stellen des Empfängervermögens Nachteile aufgetreten sind. Dabei kommt es nicht darauf an, ob die Aufwendungen dem Bereicherungsgläubiger nützen oder nicht.[53]

In *Fall 175* kann der Betrag der Aufwendungen (einschließlich des Geldwertes der von S aufgewendeten Arbeitszeit) zwar nicht von dem herauszugebenden Wagen „abgezogen" werden. Doch braucht S den Wagen nur Zug um Zug gegen den Ersatz seiner Aufwendungen zurückzuübereignen.[54]

---

[52] Etwa *BGH* NJW 1969, 605, anders zu Recht z.B. *Larenz/Canaris,* SchuldR II 2, § 69 IV 1 a mit weit. Angaben.
[53] Etwa *Larenz/Canaris,* aaO, § 73 I 2 d.
[54] Dieses Ergebnis ähnelt demjenigen, zu dem § 1000 im Eigentümer-Besitzer-Verhältnis führt.

§ 27. Der Inhalt von Bereicherungsansprüchen

Fall 176 (Das gestohlene Rind: Erwerbspreis bei § 816 I 1)

D hat ein Rind des G gestohlen und dieses an den Viehhändler S für 4000 Euro verkauft. S verkauft das Rind für 5500 Euro an den Fleischwarenfabrikanten X. Was kann G von S verlangen?

Wenn G die wegen § 935 I zunächst unwirksame Veräußerung des S an X genehmigt, entsteht gegen S der Anspruch aus §§ 185 II 1, 816 I 1 (vgl. o. § 25 *Fall 153*). Dieser richtet sich nach h. M. auf den Veräußerungserlös, also auf 5500 Euro.[55] Hiervon kann S aber nach dem eben zu *Fall 175* Gesagten seine Aufwendungen auf das Rind abziehen, etwa Transport- und Fütterungskosten. Zweifelhaft ist dagegen, ob auch der an D gezahlte Kaufpreis von 4000 Euro abgezogen werden darf.

Zu dem Charakter des Bereicherungsanspruchs als regelmäßig auf den Überschuß beschränkter „Auskehrungsanspruch" scheint ein solcher Abzug zu passen. Doch sprechen zwei wesentliche Argumente dagegen: Erstens bedeutet die Eingriffskondiktion einen die Vindikation ersetzenden „Rechtsfortwirkungsanspruch" (vgl. o. § 25 *Fall 152*), und einer solchen Vindikation hätte S den an einen Dritten gezahlten Erwerbspreis gleichfalls nicht entgegenhalten können, weil dieser keine nach den §§ 994 ff. zu ersetzende werterhöhende Verwendung darstellt. Und zweitens ist es dem S eher zuzumuten, sich wegen seines Schadens aus §§ 433 I 2, 280, 281 an seinen ihm regelmäßig bekannten Verkäufer D zu halten, als daß man dem G die Suche nach dem ihm regelmäßig unbekannten Dieb zumuten kann. Hier hat eben S und nicht G dem D zu Unrecht vertraut.

Die h.M.[56] fügt sich diesen Argumenten und läßt bei § 816 I 1 den Abzug des an den nichtberechtigten Vormann gezahlten Erwerbspreises nicht zu. Danach kann S in *Fall 176* die an D gezahlten 4000 Euro nicht abziehen.

Fall 177 (Der bissige Hund: Entreicherung durch Vermögensfolgeschäden?)

S erhält aufgrund eines zunächst unerkannt nichtigen Geschäfts von G einen Hund. Dieser beißt alsbald einen Briefträger; S muß 100 Euro als Schadensersatz leisten. Erst dann stellt sich die Nichtigkeit heraus. Kann S die Rückübereignung des Hundes vom Ersatz der gezahlten 100 Euro abhängig machen?

Trotz der Rechtsgrundlosigkeit der auf Dauer gedachten Übereignung ist S hier Tierhalter geworden. Folglich hat er mit der Zahlung der 100 Euro eine eigene Schuld (aus § 833) getilgt. Zu dieser Verpflichtung wäre es ohne den Erwerb des Hundes nicht gekommen; der Verlust des S ist also (auch adäquat) kausal durch den Erwerb bedingt. Andererseits hängt der Verlust aber nicht mit der Rechtsgrundlosigkeit des Erwerbs

---

[55] Vgl. o. § 25 *Fall 153* Fn. 3. Regelmäßig wird der erzielte Erlös aber dem auf der betreffenden Handelsstufe üblichen Preis entsprechen.
[56] Etwa BGHZ 55, 176; vgl. *Medicus*, BürgR, Rn. 725.

und dem enttäuschten Vertrauen auf dessen Beständigkeit zusammen. Vielmehr beruht er auf dem Willen des S, einen Hund zu halten, und dieser Wille selbst war nicht mangelhaft (etwa wegen Minderjährigkeit des S).

In solchen Fällen verneint die h.M. das Vorliegen einer Entreicherung.[57] Die dafür gegebenen Begründungen gehen freilich weit auseinander,[58] und entsprechend unsicher ist auch die Abgrenzung solcher nicht abzugsfähiger Folgeschäden. Besonders einprägsam scheint mir die Formulierung *Flumes:*[59] Der Bereicherungsschuldner dürfe nicht die Folgen seiner willentlichen vermögensmäßigen Entscheidung auf den Bereicherungsgläubiger abwälzen. Konkret für *Fall 177* bedeutet das: S hat sich (rechtlich fehlerfrei) entschieden, Hundehalter zu werden; daher soll er die hieraus folgenden Nachteile endgültig tragen müssen.

IV. Die Saldotheorie (oder Gegenleistungskondiktion)

Fall 178 (Der nichtige Kauf I: ungestörte Rückabwicklung)

V verkauft an K einen gebrauchten Pkw für 5000 Euro. Der Vertrag wird von beiden Parteien ausgeführt. Später stellt sich heraus, daß die erklärtermaßen beabsichtigte[60] Einigung über eine Beschränkung der Sachmängelhaftung des V nicht gelungen war. Welche Ansprüche haben V und K gegeneinander?

Hier liegt ein versteckter Dissens vor, der nach § 155, 139 im Zweifel zur Nichtigkeit des ganzen Kaufvertrags führt.[61] V und K haben also auf eine Nichtschuld geleistet und können ihre Leistungen nach § 812 I 1 Alt. 1 *(condictio indebiti)* zurückverlangen. V kann also von K die Rückübereignung des Wagens verlangen und K von V die Rückzahlung der 5000 Euro.[62] Beide Ansprüche stammen aus der Ausführung desselben nichtigen Vertrages und damit aus „demselben rechtlichen Verhältnis" im Sinne von § 273 I 1.[63] Folglich haben V und K jeweils das Zurückbehaltungsrecht aus §§ 273, 274: Jeder schuldet die Rückgabe nur Zug um Zug gegen die Herausgabe der eigenen Leistung. Freilich braucht sich der in Anspruch Genommene nach dem verfahrensrechtlichen Teil der *Saldotheorie* auf seinen Gegenanspruch nicht zu berufen[64] (wie das bei § 273 nötig ist). Vielmehr sollen Bereicherungsansprüche von vornherein nur unter Berücksichtigung der Gegenleistung entstehen.

---

[57] Etwa *Larenz/Canaris*, SchuldR II 2, § 73 I 2 g/h.
[58] Vgl. *Reuter/Martinek*, Ungerechtfertigte Bereicherung, 1983, § 17 I.
[59] In: Festschr. Niedermeyer, 1953, S. 103, 154f., kritisch *Reuter/Martinek* (vorige Fn.), § 17 II 2.
[60] Wäre diese Absicht nicht erklärt worden, so würden einfach die §§ 434ff. gelten; der Vertrag wäre gültig.
[61] Vgl. *Bork* Rn. 779ff.; *Medicus*, AT Rn. 436.
[62] Von außerdem herauszugebenden Nutzungen (§ 818 I) wird hier abgesehen.
[63] So etwa *RGZ* 108, 329 (336), unstreitig.
[64] So schon RGZ 54, 137, vgl. *Flume*, etwa JZ 2002, 321, 322.

§ 27. Der Inhalt von Bereicherungsansprüchen

Fall 179 (Der nichtige Kauf II: Untergang einer Leistung)

Wie o. *Fall 178,* doch möge jetzt der Pkw bei *K* durch einen Unfall zerstört worden sein, noch bevor sich der Dissens herausgestellt hatte.

Soweit *K* aus dem Unfall Ersatzansprüche gegen Dritte erworben hat, sind diese nach § 818 I an die Stelle des primär erlangten Pkw getreten (vgl. o. *Fall 163*): *V* braucht also den erhaltenen Kaufpreis nur gegen Abtretung dieser Ansprüche oder gegen Herausgabe des aufgrund dieser Ansprüche Erlangten zurückzuzahlen. Aber bei Fehlen eines solchen Surrogats für den Pkw ist mit dessen Zerstörung die Bereicherung des *K* weggefallen. Da dieser weder verklagt (§ 818 IV) noch unredlich (§ 819 I) war noch ein anderer Grund für eine Haftungsverschärfung (§§ 819 II, 820) vorliegt, scheint *K* nach § 818 III freigeworden zu sein. Damit entfiele das Zurückbehaltungsrecht des *V* nach §§ 273, 274, das ja einen Gegenanspruch voraussetzt. Folglich scheint *V* einseitig den Kaufpreis zurückzahlen zu müssen, und zwar ohne Rücksicht auf ein Verschulden des *K* an dem Unfall (*K* haftet ja nicht auf Schadensersatz!). Zu diesem Ergebnis gelangt in der Tat die sog. *Zweikondiktionentheorie.* Denn nach ihr sollen auch die Leistungen zur Erfüllung gegenseitiger Verträge mit zwei selbständigen, nur über die §§ 273, 274 verbundenen Kondiktionen rückabgewickelt werden. Dem ist aber schon früh der materiellrechtliche Teil der *Saldotheorie* entgegengesetzt worden, die BGHZ 53, 144 (147) im Anschluß an *Larenz* als eine „von der Rechtsprechung aus Billigkeitsgründen vorgenommene Gesetzeskorrektur" bezeichnet hat. Dabei sieht man die zu korrigierende Unbilligkeit der Zweikondiktionentheorie – bezogen auf *Fall 179* – in folgendem: Der Käufer *K* hat an die Wirksamkeit des Kaufvertrags geglaubt; nur deshalb kann er ja auch kondizieren (sonst § 814) und ohne Rücksicht auf sein Verschulden den Wegfall der Bereicherung geltend machen (sonst §§ 819, 818 IV, 292, 989). Bei solcher Wirksamkeit läge aber das Risiko, daß der Pkw bei einem Unfall zerstört wird, unentrinnbar beim Käufer (der es nur durch eine Vollkaskoversicherung hätte vermeiden können). Dieser durfte also insbesondere nicht hoffen, dieses Risiko auf den Verkäufer zurückschieben zu können. Folglich soll der Käufer den Verlust der Kaufsache, der ihn bei Wirksamkeit des Kaufs getroffen hätte, auch bei dessen Nichtigkeit tragen müssen. Danach ist in *Fall 179* der Wert des zerstörten Pkw von dem Anspruch auf Kaufpreisrückzahlung abzuziehen: Das ergibt dann den „Saldo", von dem die Theorie ihren Namen hat. Wenn – wie regelmäßig – der Kaufpreis dem Wert der Kaufsache entspricht, hebt die Saldotheorie also bei Sachzerstörung den Anspruch auf Kaufpreisrückzahlung vollständig auf.

Fall 180 (Der nichtige Kauf III: Einschränkungen der Saldotheorie)

Wie o. *Fall 179,* doch möge *K* jetzt nach dem Unfall bemerken, daß *V* ihn über die Fahrleistung des Wagens arglistig getäuscht hatte. Was kann *K* von *V* verlangen?

Hier stellt die gegenüber der Angabe des V höhere Fahrleistung einen Sachmangel des Wagens dar, § 434 I 1. Dieser dürfte gemäß der „reinen" Saldotheorie nichts daran ändern, daß nach Anfechtung (§§ 123, 142 I) der Wert des später zerstörten Wagens von dem Anspruch auf Kaufpreisrückzahlung abgezogen wird. Nur mindert der Mangel den Wert des Wagens, so daß regelmäßig noch ein Saldo zugunsten des K übrigbleiben wird. Doch gerät die Saldotheorie hier in Widerspruch zum Recht des Rücktritts: Ohne die Anfechtung hätte K ja wegen des Sachmangels von dem Kauf zurücktreten können, §§ 437 Nr. 2, 440, 323, 326 V. Dann müßte V den Kaufpreis nach § 346 I zurückgewähren. Einen Gegenanspruch auf Ersatz des Pkw hätte V nach § 346 II Nr. 3, III 1 Nr. 3 nur, wenn K die eigenübliche Sorgfalt in den Grenzen von § 277 nicht beachtet hätte. Nach altem Schuldrecht war die Wandlung nach §§ 467 S. 1, 351 aF sogar ausgeschlossen, wenn der Käufer die Kaufsache schuldhaft[65] zerstört hatte.

Solche Differenzierungen sind der „reinen" Saldotheorie fremd: Diese unterscheidet ja nicht danach, warum die Gegenleistung nicht mehr zurückgewährt werden kann. Folglich könnte die Saldotheorie die Wertungen des Rücktrittsrechts ausschalten. Das soll aber nicht sein[66]. Daher bedarf sie erheblicher Einschränkungen. Insbesondere kann K in *Fall 180* den vollen Kaufpreis zurückverlangen.

Fall 181 (Der nichtige Kauf IV: Weitere Einschränkung der Saldotheorie)

Der zehnjährige G kauft sich von Geld, das er von seinen Eltern für Schulhefte bekommen hat, bei S Schokolade. Diese verzehrt er alsbald. Welche Ansprüche hat G gegen S?

Hier ist der Kaufvertrag, wenn er von den Eltern des G nicht noch nachträglich genehmigt wird, nach §§ 107, 108 nichtig. G kann also den gezahlten Kaufpreis zurückverlangen. Daß er nicht umgekehrt den objektiven Wert (§ 818 II) der verzehrten Schokolade ersetzen muß, folgt schon aus dem oben zu *Fall 168* Gesagten. Dem ist hier hinzuzufügen, daß dieses Ergebnis auch durch die Saldotheorie nicht wieder beseitigt werden darf: S kann also den Wert der Schokolade auch nicht von dem zurückzuzahlenden Kaufpreis abziehen.

Damit haben sich hier und in *Fall 180* zwei wichtige Ausnahmen von der materiellrechtlichen Saldotheorie ergeben. Es kommen auch noch weitere in Betracht.[67] Die wichtigste unter ihnen betrifft die Fälle einer Leistung auf Kredit: Wenn der Gegenstand dieser Leistung ersatzlos untergeht, kann sein Wert ja nicht vom Wert der (noch ausstehenden

---

[65] Dazu vor allem *von Caemmerer*, in 1. Festschr. Larenz, 1973, S. 621, 627 ff.
[66] So auch BGHZ 53, 144 (147 ff.); 57, 137 ff., vgl. *Medicus*, BürgR Rn. 230.
[67] Vgl. ausführlich *Reuter/Martinek* (o. Fn. 16), § 17 III 3b, c und jetzt vor allem *Canaris*, 1. Festschr. W. Lorenz, 1991, 19 ff. sowie in *Larenz/Canaris*, SchuldR II 2, § 73 III.

und daher nicht zu kondizierenden) Gegenleistung abgezogen werden. Danach ist fraglich, ob man in der so häufig versagenden Saldotheorie wirklich noch eine einigermaßen geschlossene „Theorie" sehen darf. Zumindest sind die Ausnahmen derart gewichtig, daß sie der angeblichen Regel an Bedeutung kaum nachstehen. *Canaris*[68] hat daraus die Konsequenz gezogen und anstelle der materiellrechtlichen Saldotheorie die Lehre von einer eigenen „Gegenleistungskondiktion" gesetzt.

V. Zusammenfassung

1. Herauszugeben ist nach § 812 I primär *das Erlangte*. Bei Sachen ist zu unterscheiden, ob der Bereicherungsschuldner nur den Besitz (bei Grundstücken auch die Grundbucheintragung) oder darüber hinaus das Eigentum erlangt hat; danach unterscheidet sich der Inhalt der Herausgabepflicht.

2. Außer dem Erlangten sind nach § 818 I auch *die gezogenen Nutzungen und bestimmte Surrogate* herauszugeben. Dazu gehört nach h.M. jedoch nicht der durch besonderes Rechtsgeschäft erzielte Veräußerungserlös (das *commodum ex negotiatione*).

3. Der Anspruch aus § 818 I auf die gezogenen Nutzungen besteht nach h.M. trotz § 993 I *auch im Eigentümer-Besitzer-Verhältnis,* wenn der Besitzer den Besitz durch Leistung des Eigentümers erhalten hat.

4. Bei (anfänglicher oder nachträglicher) Unmöglichkeit der Herausgabe des Erlangten, der Nutzungen oder der Surrogate ist nach § 818 II *der Wert zu ersetzen.* Dieser Wert ist zunächst (doch vgl. u. 6) objektiv zu ermitteln, also ohne Rücksicht auf die Nützlichkeit für den konkreten Empfänger.

5. Die Eigenart von Bereicherungsansprüchen zeigt sich in § 818 III. Danach soll der Schuldner regelmäßig nur herausgeben müssen, was in seinem Vermögen (noch) zuviel ist, aber kein zusätzliches Opfer zu bringen gezwungen sein. Eine Entreicherung (ein *Wegfall der Bereicherung*) kann sich aus zwei Gründen ergeben:
a) der Gegenstand der Herausgabepflicht scheidet ersatzlos aus dem Vermögen des Bereicherungsschuldners aus;
b) der Gegenstand bleibt zwar im Vermögen des Schuldners, doch macht dieser im Vertrauen auf die Beständigkeit seines Erwerbs Aufwendungen, die sich jetzt als für ihn nutzlos herausstellen.

6. Eine sich ausbreitende Meinung stellt dem nachträglichen Wegfall der Bereicherung deren *ursprüngliches Ausbleiben* gleich. Über § 818 II kann der Schuldner also auch geltend machen, die Leistung habe in sei-

---

[68] AaO (vorige Fn.).

nem Vermögen nicht ihren vollen objektiven Wert entfaltet. Das gilt vor allem bei der *aufgedrängten Bereicherung* und bei nicht in Natur herausgabefähigen Leistungen an nicht voll Geschäftsfähige.

7. Bei § 816 I 1 rechnet die h. M. den vom Verfügenden an seinen unberechtigten Vormann *gezahlten Erwerbspreis* nicht zu den nach § 818 III berücksichtigungsfähigen Aufwendungen.

8. Der *Schutz durch § 818 III versagt,* wenn der Empfänger den Mangel des Rechtsgrundes kennt (§ 819 I), auf Herausgabe verklagt ist (§ 818 IV), mit einer Herausgabepflicht rechnen muß (§ 820 I) oder sonst schutzunwürdig ist (§ 819 II).

9. Hat der Erstempfänger das Erlangte *weiterverschenkt* und haftet er daher nach § 818 III nicht mehr, so ist an seiner Stelle nach § 822 der Beschenkte nach Bereicherungsregeln herausgabepflichtig. Dieser Fall muß von § 816 I 2 unterschieden werden: Bei § 822 stammt die Schenkung vom Berechtigten, bei § 816 I 2 vom Nichtberechtigten.

10. Bei der Rückabwicklung unwirksamer gegenseitiger Verträge wird § 818 III durch die *Saldotheorie* eingeschränkt: Die wegen § 818 III nicht mehr zurückzugewährenden Gegenleistung soll ohne weiteres die zurückzugebende Leistung mindern oder einen Gegenanspruch begründen. Doch gibt es hiervon gewichtige Ausnahmen, etwa zugunsten von Minderjährigen und des arglistig Getäuschten. Diese Ausnahmen ergeben sich aus dem Schutzzweck derjenigen Norm, die das Kausalgeschäft unwirksam macht. Hierdurch wird die Aussagekraft des materiellrechtlichen Teils der Saldotheorie erheblich eingeschränkt; die Annahme einer auch die Vorleistungsfälle erfassenden, eigenartigen „Gegenleistungskondiktion" dürfte vorzuziehen sein.

§ 28. Bereicherungsansprüche in Mehrpersonenverhältnissen

Bisher hatte ich mich im wesentlichen auf Zweipersonenverhältnisse beschränkt: bei der Leistungskondiktion fast völlig (außer bei § 822) und bei der Eingriffskondiktion nach Möglichkeit (unmöglich war es bei § 816). Jetzt sollen auch die besonders umstrittenen Mehrpersonenverhältnisse einbezogen werden. Bei ihnen tritt zusätzlich zu den bisher erörterten Problemen die Frage auf, wer von wem soll kondizieren können.

Im einzelnen lassen sich zwei verschiedene Konstellationen finden: Erstens können mehrere Leistungsverhältnisse miteinander verbunden sein. Und zweitens kann eine Leistung mit einem Erwerb in sonstiger Weise zusammentreffen. Entsprechend wird im folgenden gegliedert.

I. Mehrheit von Leistungsverhältnissen

Fall 182 (Der nichtige Bauvertrag: Leistungsverhältnisse und Kondiktion)

Der Grundstückseigentümer G schließt mit dem Bauunternehmer S einen Bauvertrag. Dieser wird von beiden Seiten erfüllt: S läßt durch seine Arbeiter auf dem Grundstück das versprochene Haus errichten, G läßt durch seine Bank an S den vereinbarten Werklohn überweisen. Dann stellt sich die Unwirksamkeit des Bauvertrags heraus. Wer kann von wem kondizieren?

Hier sind – wie häufig in der Wirklichkeit – nicht mehr bloß zwei Personen beteiligt, sondern außer S auch dessen Arbeiter und außer G auch dessen Bank. Trotzdem ist es offenbar sinnvoll und im Ergebnis auch unstreitig, daß mit der Rückabwicklung des Bauvertrags weder die Arbeiter noch die Bank etwas zu tun haben: Arbeiter und Bank sind weder Parteien noch Leistungsempfänger des fehlerhaften Bauvertrages; auch können beide regelmäßig dessen Wirksamkeit nicht beurteilen; weiter haben beide keinen Einfluß auf die Entstehung oder Vermeidung von Unwirksamkeitsgründen. Schon deshalb finden Leistungskondiktionen nur zwischen G und S statt. Dafür spricht insbesondere auch, daß jeder Kondiktionsgläubiger das Risiko der Zahlungsunfähigkeit derjenigen Person tragen soll, die er sich selbst als Vertragspartner ausgesucht hat. Demgegenüber wäre es beispielsweise offenbar ungerecht, wenn die Arbeiter des S sich mit dem Grundstückseigentümer G auseinandersetzen müßten, mit dem sie nicht kontrahiert haben.

Um das danach allein richtige Ergebnis zu begründen, kann man auf den Zusammenhang zwischen Leistung und Zweck zurückgreifen, also darauf, daß jede Leistung einen Zweck verfolgt. Unter den Leistungen überwiegen die *solvendi causa* erfolgenden; folglich überwiegt unter den Zwecken der Tilgungszweck. Die für die Leistungskondiktion maßgeblichen Leistungsverhältnisse werden danach regelmäßig durch die zu erfüllenden Verpflichtungen bestimmt: Jeder Beteiligte leistet als Schuldner jeweils an seinen Gläubiger, um seine Verbindlichkeit zu tilgen. Daraus folgt für *Fall 182:*

(1) Die Arbeiter leisten an S, weil sie ihren Arbeitsvertrag erfüllen wollen; umgekehrt leistet S bei der Lohnzahlung an die Arbeiter;

(2) die Bank leistet an ihren Kunden G, um ihre Pflicht aus dem Überweisungsvertrag (§ 676a) zu erfüllen;

(3) G und S leisten aneinander zur Erfüllung ihrer gegenseitigen Pflichten aus dem Bauvertrag; bezogen auf diesen Vertrag sind die Arbeiter und die Bank jeweils nur Leistungsgehilfen. Schematisch:

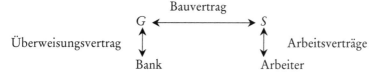

Die Leistungskondiktion findet dann jeweils in dem fehlerhaften Leistungsverhältnis zwischen den an diesem beteiligten Personen statt; die an dem fehlerhaften Verhältnis nicht beteiligten Personen bleiben von Bereicherungsansprüchen regelmäßig unberührt. Folglich ist bei Unwirksamkeit des Bauvertrages nur zwischen *G* und *S* zu kondizieren.

Fall 183 (Der „durchgelieferte" Dampfkessel: Anweisungsverhältnis; Doppelnichtigkeit)

Die Maschinenfabrik *A* verkauft einen Dampfkessel an den Großhändler *B*. Noch ehe *A* geliefert hat, gelingt dem *B* der Weiterverkauf an *C*. *B* bittet nun den *A*, direkt an *C* zu liefern, und *A* tut das auch. Später stellen sich als nichtig heraus
(1) der Kaufvertrag *A* – *B*, oder
(2) der Kaufvertrag *B* – *C*, oder
(3) beide Kaufverträge (etwa weil *B* unerkannt geisteskrank war).
Wer kann von wem was kondizieren?

Bei oben *Fall 182* lagen verschiedene Vertragstypen (Überweisungsvertrag, Werkvertrag, Arbeitsverträge) über verschiedene Gegenstände vor. Demgegenüber handelt es sich in *Fall 183* um gleichartige (Kauf)Verträge über denselben Gegenstand. Trotzdem gilt die bei *Fall 182* entwickelte Regel auch hier: Kondiziert wird in dem fehlerhaften Rechtsverhältnis zwischen den an diesem beteiligten Personen. Daher muß bei (1) zwischen *A* und *B* kondiziert werden. Daß *B* den Dampfkessel nicht mehr hat, führt nicht etwa dazu, daß *A* diesen nun von *C* verlangen könnte. Vielmehr muß *B*, weil er zur Herausgabe des Erlangten außerstande ist, den Wert ersetzen, § 818 II. Bei (2) taucht diese Schwierigkeit nicht einmal auf: *C* hat den Dampfkessel ja und muß ihn an *B* übereignen.

Zweifeln kann man nur bei (3): Hier muß ja *C* an *B* und *B* an *A* herausgeben; soll *A* hier nicht direkt von *C* die Herausgabe verlangen (auf *C* „durchgreifen") können? Das liegt noch näher, wenn man annimmt, das Eigentum an dem Kessel sei ohne Zwischenerwerb des *B* direkt von *A* auf *C* übertragen worden (was im Einzelfall zutreffen kann).[69] In der Tat ist bei einem solchen „Doppelmangel" (beide Glieder der Vertragskette sind unwirksam) früher bisweilen eine Direktkondiktion bejaht worden. Heute verneint die ganz h.M. jedoch diese Möglichkeit, und zwar mit guten Gründen: Möglicherweise haben ja jeweils schon *C* an *B* und *B* an *A* den Kaufpreis bezahlt; vielleicht auch bestehen zwischen den beiden Partnern aus der Geschäftsverbindung noch andere Forderungen. Die deswegen in Betracht kommenden Zurückbehaltungsrechte (§§ 273, 274) sowie die Saldotheorie dürfen nicht durch eine Direktkondiktion ausgeschaltet werden. Denn wenn *A* bei *C* den Kessel kondiziert, könnte *C* dem ja nicht seine Forderungen gegen *B* entgegenhalten. Auch hat

---

[69] Anders verhält es sich bei dem sog. „Geheißerwerb": Die Übergabe erfolgt auf Geheiß durch oder an einen Dritten. Vgl. *Baur/Stürner*, SaR, § 51 Rn. 15, 17 mit Angaben.

A den *C* nicht als Partner ausgesucht; es wäre also befremdlich, wenn er diesen als Schuldner bekäme.

Zweifelhaft ist bei (3) freilich, worauf sich die Kondiktion *A* – *B* richtet. Die bis vor kurzem h. M. hatte so argumentiert: Bei *B* sei an die Stelle des Kessels der Bereicherungsanspruch gegen *C* getreten. Daher könne *A* von *B* nur die Abtretung dieses Anspruchs fordern; das ist die sog. „Kondiktion der Kondiktion". Doch paßt diese Ansicht, wenn zunächst *B* Eigentümer des Kessels geworden war, schon nicht zum Wortlaut des § 818 I: Die Kondiktion gegen *C* bedeutet für *B* ja keinen „Ersatz für die Zerstörung, Beschädigung oder Entziehung" des Kessels. Auch führt die Kondiktion der Kondiktion, wie vor allem *Canaris*[70] betont hat, bei *A* zu einer Kumulation der Risiken: *A* trage dann nämlich die Insolvenzrisiken von *B* und *C*. Auch müsse *A* nicht bloß mit Einwendungen des *B* rechnen, sondern nach der Anspruchsabtretung auch mit denen des *C*. Daher soll nach dieser neueren Ansicht die Kondiktion *A* – *B* nicht auf Abtretung der Kondiktion *B* – *C* gehen, sondern auf den Wert (§ 818 II) des Kessels.[71] Soweit diese Lösung dem *B* die Berufung darauf abschneidet, er selbst könne den Kessel oder dessen Wert von *C* nicht zurückerlangen, führt sie zu einer Einschränkung des § 818 III. Im Grunde gelangt man hier wieder zu der oben § 27 *Fall 177* angesprochenen Problematik nach der Bedeutung „willentlicher vermögensmäßiger Entscheidungen" des Bereicherungsschuldners. Denn eine solche Entscheidung liegt ja auch in dem Entschluß des *B*, den Kessel an *C* weiterzuverkaufen und von *A* dorthin liefern zu lassen.

Fall 184 (Der falsche Täter: Leistung auf vermeintlich eigene Schuld)

Der Händler *S* fordert von *G* Schadensersatz: Der schlecht beaufsichtigte Sohn des *G* habe seine – des *S* – Schaufensterscheibe eingeworfen (§ 832). *G* zahlt. Später stellt sich heraus, daß nicht der Sohn des *G* der Übeltäter war, sondern der Sohn eines Dritten *D*. Bei wem kann *G* kondizieren?

Hier hat *G* sich für den Schuldner gehalten. Er wollte also – dem *S* erkennbar – auf diese seine eigene Schuld zahlen und nicht auf die Schuld des *D*. Folglich kommt § 267 nicht in Betracht; die Schuld des *D* (oder seines Sohnes) ist nicht erloschen. Und da eine eigene Schuld des *G* bei *S* nicht bestand, kann *G* nach § 812 I 1 Alt. 1 bei *S* kondizieren.

Manche wollen freilich dem *S* ein Wahlrecht geben: Er soll seine Zahlung nachträglich auf die Schuld des *D* „umdirigieren" und so seinen Bereicherungsanspruch gegen *S* für einen solchen gegen *D* eintauschen können.[72] Daran mag *G* interessiert sein, wenn er bei *D* leichter Befrie-

---

[70] In: 1. Festschr. Larenz, 1973, S. 799 (809 ff.) und jetzt in *Larenz/Canaris*, SchuldR II 2, §§ 70 II 2 b; 73 III 4 b.
[71] Vgl. zu diesem Problemkreis außer *Canaris* (o. Fn. 70) etwa noch *Reuter/Martinek*, Ungerechtfertigte Bereicherung, 1983, §§ 11 I; 14 I 3.
[72] So vor allem *von Caemmerer*, in: Festschr. Dölle I, 1963, S. 150 ff. = Ges. Schriften I, 1968, S. 351 ff.

digung finden kann (etwa durch Aufrechnung) als bei *S*. Aber die – recht komplizierten und daher hier nicht darzustellenden – Gründe gegen ein solches Wahlrecht überwiegen wohl doch.[73] Daher muß sich in *Fall 184* *G* mit seiner Kondiktion gegen *S* zufriedengeben.

Fall 185 (Der gute Vater: Zahlung auf nicht bestehende fremde Schuld)

S, der volljährige Sohn des *D*, hat sich mit seinen Ratenverpflichtungen übernommen. Daher zahlt *D* für *S* die letzten Raten für den Kauf eines Gebrauchtwagens an den Verkäufer *G*. *S* war jedoch kurz vor dieser Zahlung wegen eines Sachmangels von dem Kaufvertrag zurückgetreten. Wer kann kondizieren?

Der Rücktritt hat die Kaufpreisschuld beseitigt. *D* hat also geleistet, wo nicht geleistet zu werden brauchte. Folglich muß bei *G* (nach § 812 I 1 Alt. 1) kondiziert werden können. Zu fragen ist aber, wem diese Kondiktion zusteht: dem *D*, der als Dritter geleistet hat, oder dem *S*, dessen Schuld durch die Leistung getilgt werden sollte. Diese bei der Drittleistung (§ 267) auftauchende Frage findet bei der Leistung auf eigene Schuld keine Parallele und kann daher nicht mit den dort entwickelten Regeln entschieden werden.

Manche meinen, in solchen Fällen wolle der leistende Dritte eine Zuwendung an den zu befreienden Schuldner. Folglich habe er nicht an den (vermeintlichen) Gläubiger geleistet; bei diesem könne also nur der (vermeintliche) Schuldner kondizieren, für den die Leistung erfolgt sei. Demgegenüber bejaht die h.M.[74] eine Leistungskondiktion des Dritten bei dem Gläubiger wenigstens dann, wenn dieser nicht auf Veranlassung durch den Schuldner geleistet hatte. Ich halte das für vorzugswürdig: Die Gegenansicht kann in solchen Fällen nicht erklären, wie der durch die Leistung Begünstigte eine Kondiktion gegen den Empfänger erwerben soll.

In *Fall 185* kann also der Vater *D* bei *G* kondizieren. Ob *D* dem *S* in anderer Weise etwas zuwenden will, mag er dann erneut entscheiden.

Fall 186 (Die Abfindung der Schwester: echter Vertrag zugunsten Dritter)

Der verwitwete Bauer *S* ist alt geworden. Er übergibt daher seinem Sohn *G* den Hof. In dem Übergabevertrag verpflichtet sich *G* nicht nur zu Unterhaltsleistungen an seinen Vater, sondern auch zur Zahlung einer Rente an seine Schwester *D*. *G* zahlt zwei Jahre lang, dann wird der Übergabevertrag durch Anfechtung vernichtet. Von wem kann *G* kondizieren?

---

[73] Vor allem *W. Lorenz*, in: Rechtsvergleichung und Rechtsvereinheitlichung, Festschr. Institut Heidelberg, 1967, S. 267 ff., vgl. *Reuter/Martinek*, Ungerechtfertigte Bereicherung, 1983, § 12 III 4 b, vorsichtig *Larenz/Canaris*, SchuldR II 2, § 69 III 2 c.

[74] Vgl. ausführlich *Reuter/Martinek* (o. Fn. 73), § 12 III; *Larenz/Canaris*, aaO, § 70 V 3 b.

§ 28. Bereicherungsansprüche in Mehrpersonenverhältnissen   159

Hinsichtlich der Leistungen an den Vater S entsteht keine Schwierigkeit: Dieser ist als Vertragspartner gewiß zugleich der Leistungsempfänger. Auch die oben bei *Fall 182* und *183* angestellten Erwägungen über die richtige Risikoverteilung und über Zurückbehaltungsrechte (G kann den Hof zurückbehalten) deuten auf S als den Kondiktionsschuldner. Schwierigkeiten bestehen dagegen hinsichtlich der Leistungen an die Schwester D. Diese hatte einen eigenen Anspruch gegen G, weil der Übergabevertrag nach § 330 S. 2 ein echter Vertrag zugunsten Dritter ist.[75] Daneben konnte aber nach § 335 im Zweifel auch S die Leistung an D fordern; insoweit schuldete G also zwei Gläubigern. Welcher von beiden für die Kondiktion zuständig ist, dürfte sich kaum allgemein entscheiden lassen. Denn die Erwägungen über die richtige Risikoverteilung helfen hier nicht eindeutig: Zwar hat G nur mit seinem Vater kontrahiert (und auch nur im Verhältnis zu diesem hilft das Zurückbehaltungsrecht). Andererseits hat G sich aber mit den Zahlungen an D einverstanden erklärt, und deren Anspruch gegen G war nach § 334 denselben Einwendungen ausgesetzt wie derjenige des Vaters, also gewissermaßen von diesem Anspruch abhängig.

Für die praktisch wichtige Gruppe der Versorgungsverträge (wie in *Fall 186* einer vorliegt) tritt aber ein Gesichtspunkt hinzu, der eine eindeutige Entscheidung ermöglicht: Wenn D keine Unterhaltsansprüche mehr gegen ihren Vater S hatte (vgl. §§ 1601 ff.), hat dieser ihr die Rentenansprüche gegen G unentgeltlich zugewendet. Und für den unentgeltlichen Erwerb bestimmt § 822 eine subsidiäre Eigenhaftung des Zweitempfängers (vgl. o. § 27 *Fall 172*). Daher kann G direkt bei seiner Schwester D kondizieren, soweit der Vater durch die Rentenzahlungen nicht bereichert ist.[76]

Fall 187 („Idealheim": Irrtümer über Leistenden und Leistungsempfänger)

S vereinbarte mit der „Idealheim-GmbH" die schlüsselfertige Errichtung eines Wohnhauses zu einem garantierten Festpreis. Der Geschäftsführer der GmbH, ein Architekt A, trat aber gegenüber dem Bauunternehmer G gleichwohl als Vertreter des S auf. Nach Fertigstellung des Baus verlangt G von S den vereinbarten Preis. S meint, er habe nur mit der GmbH zu tun, und verweigert an G jede Zahlung. Mit Recht?

Die zu diesem Fall ergangene Entscheidung des BGH[77] ist eine der berühmtesten Entscheidungen zum Bereicherungsrecht überhaupt. Dabei ist die Rechtslage auf den ersten Blick keineswegs besonders kompliziert: Eine Vollmacht hatte S der I-GmbH nicht erteilt (auch nicht konkludent, weil sie nicht zu dem Festpreis paßte). Auch die Voraussetzun-

---

[75] Vgl. *Larenz*, SAT, § 17 I; *Medicus*, SAT, § 66.
[76] Ebenso etwa *Larenz/Canaris*, SchuldR II 2, § 70 V 2b, vgl. auch *Reuter/Martinek* (o. Fn. 73), § 12 IV, bes. S. 484f.
[77] BGHZ 36, 30.

gen einer Duldungs- oder Anscheinsvollmacht[78] lagen nicht vor. Daher konnte die I-GmbH den S nicht wirksam vertreten; Vertragsansprüche G – S scheiden also aus. Wohl aber hatte G geleistet, um den vermeintlich mit S bestehenden Vertrag zu erfüllen: Das spricht für eine Leistungskondiktion G – S (§§ 812 I 1 Alt. 1, 818 II). Andererseits mußte S aber annehmen, G sei nur Gehilfe der I-GmbH, die ihm ja das Haus schuldete. Aus der Sicht des S lag also eine Leistung der I-GmbH vor; für diese kam eine Kondiktion schon deshalb nicht in Betracht, weil sie dem S wirksam verpflichtet war. Daher wird das Problem des Falles gewöhnlich unter dem Stichwort erörtert, aus welcher Sicht die Leistung zu beurteilen ist: aus derjenigen des Leistenden oder derjenigen des Empfängers.

Der *BGH* hat im Ergebnis auf die Sicht des Leistungsempfängers S abgestellt und daher einen Bereicherungsanspruch des G gegen den S verneint.[79] Diese Ansicht ist auf Widerspruch gestoßen: Es komme auf den Willen des Leistenden an.[80] Damit wäre eine Leistungskondiktion G – S an sich möglich; wenn S schon an die I-GmbH gezahlt oder sonst Dispositionen im Vertrauen auf deren Verpflichtung getroffen hat, könnte das über § 818 III berücksichtigt werden. Der Unterschied zwischen beiden Ansichten zeigt sich also im wesentlichen, wenn S noch nicht an die I-GmbH gezahlt hat und daher gegenüber G weniger schutzwürdig ist. Dennoch dürfte sich in neuerer Zeit auch die Literatur[81] überwiegend der Ansicht des *BGH* angeschlossen haben: Danach kommt in *Fall 187* eine Kondiktion G – S unter keinen Umständen in Frage; G muß sich aus § 179 an die I-GmbH halten (und trägt damit das Risiko von deren Zahlungsunfähigkeit).

II. Leistung und Erwerb in sonstiger Weise

Fall 188 („Jungbullen": Leistung und Eingriff)

D stiehlt bei dem Landwirt G zwei Jungbullen und verkauft diese an den gutgläubigen Fleischwarenfabrikanten S, der die Tiere verwertet. G verlangt von S den Wert der Jungbullen. Mit Recht?

Hier war ein Eigentumserwerb des S von D an § 935 I gescheitert. Wohl aber ist das Eigentum des G durch Verarbeitung (§ 950) untergegangen. Daher verweist § 951 I 1 für einen Bereicherungsanspruch G – S auf § 812 I 1 Alt. 2 (vgl. o. § 25 *Fall 157*). Dessen Voraussetzungen liegen auch vor: S hat die Bullen durch die Verarbeitung verbraucht, ohne dazu dem G gegenüber berechtigt gewesen zu sein. Daß S die Bullen von D

---

[78] Vgl. *Bork* Rn. 1548 ff.; *Medicus*, AT, Rn. 930; 969 ff.
[79] Bestätigt etwa in BGHZ 40, 272; *BGH* JZ 1975, 27; BGHZ 72, 246.
[80] Etwa *Flume*, JZ 1962, 281, im Ansatz auch *Medicus*, BürgR, Rn. 687 f.
[81] Zuletzt *Larenz/Canaris*, SchuldR II 2, § 70 II, vorher etwa *Reuter/Martinek* (o. Fn. 73), § 12 I 3 b.

gekauft hatte, ändert daran nichts: Wegen § 935 I hatte *D* dem *S* das dinglich – also auch gegen *G* – wirkende Eigentum gerade nicht verschaffen können, sondern nur den unberechtigten Besitz. Daher fehlt es hier bei *S* an einem Zusammentreffen von Leistung und Eingriff. Der *BGH*[82] hat deshalb den *S* mit Recht verurteilt; ein Abzug des an den nichtberechtigten *D* gezahlten Kaufpreises ist ebenso wie bei § 816 I 1 abgelehnt worden (vgl. o. § 27 *Fall 176*); das ist konsequent.

Fall 189 (Das unter Eigentumsvorbehalt gelieferte Baumaterial: Leistung und Eingriff)

Der Baustoffhändler *G* liefert an den Bauunternehmer *D* Baumaterial unter Eigentumsvorbehalt. *D* baut dieses jedoch noch vor Zahlung des Kaufpreises aufgrund eines Bauvertrages in das Grundstück des *S* ein. Da *D* insolvent ist, verlangt *G* von *S* den Wert des Materials ersetzt.

Für Ansprüche des *G* scheidet eine vertragliche Grundlage offenbar aus. Auch eine Verpflichtung aus dem Eigentümer-Besitzer-Verhältnis oder aus Delikt kommt für den schuldlosen *S* nicht in Betracht. Übrig bleiben nur Bereicherungsansprüche, und zwar wegen eines Eingriffserwerbs: Eine Leistung des *G* an *S* liegt ja nicht einmal aus der Sicht des *G* vor.[83] § 951 I 1, der hier wegen § 946 anwendbar ist, spricht denn auch ausdrücklich von einem Bereicherungsanspruch des Rechtsverlierers (also *G*) gegen denjenigen, „zu dessen Gunsten die Rechtsänderung eintritt". Das ist hier zweifellos der Grundstückseigentümer *S*.

Nun bedeutet aber § 951 I 1 nach der zutreffenden h. M. nur eine Rechtsgrundverweisung auf § 812 (vgl. o. § 25 *Fall 157*). Ein Bereicherungsanspruch *G* – *S* muß sich also dem Grunde nach auf § 812 I 1 Alt. 2 stützen lassen (eine Leistung *G* – *S* liegt ja nicht vor). In der Tat scheint es auf den ersten Blick, als habe *S* das Baumaterial in sonstiger Weise auf Kosten des *G* erworben, ohne daß dafür im Verhältnis zu *G* ein Rechtsgrund bestanden hätte.

Trotzdem wird der hiernach naheliegende Bereicherungsanspruch *G* – *S* abgelehnt. Begründet worden ist das von vielen mit dem sog. *Subsidiaritätsdogma:* Was jemand durch Leistung erhalten habe, könne er nicht zugleich in sonstiger Weise erworben haben. Der Einbau stelle für *S* eine Leistung des *D* dar; folglich brauche *S* darüber nur mit *D* und nicht mit *G* abzurechnen. Inzwischen neigt aber die h. M. mit Recht dazu, diese Anwendung des Subsidiaritätsdogmas abzulehnen: Logisch zwingend ist das Dogma nur im Verhältnis zwischen denselben Personen; dort schließt in der Tat ein Erwerb durch Leistung den Erwerb in sonstiger Weise (also nicht durch Leistung) aus. Dagegen kann eine Leistung sehr wohl einen Erwerb vermitteln, der im Verhältnis zu einem Dritten einen Eingriff bedeutet. Daß hier die Nichtleistungskondiktion des Dritten

---

[82] BGHZ 55, 176.
[83] Anders als in dem „Idealheimfall", o. *Fall 187*.

gegen den Erwerber ausgeschlossen sein soll, läßt sich nicht einfach mit einem (unkodifizierten) Dogma begründen. Vielmehr bedarf es dazu weitergehender Erwägungen.

Auf der Suche nach diesen kann man sich daran erinnern, daß auch § 816 I 1 ein Zusammentreffen von Leistung und Eingriff regelt: Der Erwerb erfolgt hier einerseits durch Leistung des nichtberechtigten Veräußerers, andererseits aber auch unter Eingriff in das Recht des Altberechtigten. Dennoch richtet § 816 I 1 die Nichtleistungskondiktion nur gegen den Veräußerer und nicht (auch) gegen den entgeltlichen (vgl. § 816 I 2!) Erwerber.

Damit will der Gesetzgeber den entgeltlichen redlichen Erwerb „kondiktionsfest" machen, also ihm schuldrechtliche Beständigkeit verleihen. Diese Erwägung läßt sich nun auf *Fall 189* übertragen: Da der Bauvertrag entgeltlich und das Baumaterial dem *G* nicht abhanden gekommen war, hätte der gutgläubige *S* dieses bei einer rechtsgeschäftlichen Übereignung nach §§ 932, 929, 816 I 1 kondiktionsfest erworben. Dieses Ergebnis sollte sich nicht ändern, wenn das Material ohne vorauf gehende rechtsgeschäftliche Übereignung eingebaut worden ist.

Der Ausschluß der Nichtleistungskondiktion *G – S* folgt also nicht aus einem Subsidiaritätsdogma, sondern aus den gesetzlichen Wertungen in den §§ 932, 935, 816 I. Dementsprechend wäre *S* nicht geschützt, wenn der Einbau unentgeltlich erfolgt, das Material abhanden gekommen oder *S* bösgläubig gewesen wäre. In diesen Fällen erweist sich zugleich das Subsidiaritätsdogma auch im Ergebnis als unrichtig.

Fall 190 (Die doppelte Banküberweisung: Fehlen einer Anweisung)

Wie oben § 26 *Fall 161:* Durch einen Bankirrtum wird ein von S zugunsten des G erteilter Überweisungsauftrag über 500 Euro zweimal ausgeführt. G will die zweiten 500 Euro nicht herausgeben, weil er angeblich von S insgesamt 1000 Euro zu fordern hatte. Kann von G kondiziert werden und durch wen?

Hinsichtlich der ersten 500 Euro liegt zweifelsfrei eine Leistung des S an G vor; sie könnte nur von S mit der Leistungskondiktion zurückverlangt werden, wenn die vermeintliche Verbindlichkeit nicht (einredefrei) bestanden hat. Hinsichtlich der zweiten 500 Euro könnte eine Leistung allenfalls aus der Sicht des Empfängers G anzunehmen sein: Dieser mag glauben, S habe sich inzwischen davon überzeugt, auch die zweiten 500 Euro zu schulden, und wolle diese Schuld durch die weitere Überweisung tilgen. Objektiv fehlt es dagegen an einer Leistung des S: Dieser wollte dem G ja nicht noch ein zweites Mal etwas zuwenden. Aber auch eine Leistung der Bank an G liegt nicht vor, weil diese gegenüber G keinen eigenen Zweck verfolgte, sondern nur ihren Überweisungsvertrag mit S erfüllen wollte (vgl. o. *Fall 182*). Bei objektiver Betrachtung kann der Erwerb des G also nicht durch Leistung erfolgt sein.

Daher war schon oben in § 26 *Fall 156* eine Nichtleistungskondiktion der Bank (die ja mangels eines Überweisungsauftrags das Konto ihres

§ 28. *Bereicherungsansprüche in Mehrpersonenverhältnissen* 163

Kunden S mit den zweiten 500 Euro nicht belasten darf) gegen G bejaht worden.[84] Freilich kann sich dann G gegenüber dieser Kondiktion nicht darauf berufen, er habe den ihm irrtümlich überwiesenen Betrag von S zu bekommen. Aber für diesen Einwand besteht auch kein ausreichendes Schutzbedürfnis: Eine etwa begründete Forderung G – S ist ja nicht erloschen, weil nicht zu ihrer Erfüllung geleistet worden ist. Sollte G aber im Vertrauen auf die Rechtsbeständigkeit seines Erwerbs schädliche Dispositionen getroffen haben, so wird er durch § 818 III ausreichend geschützt. Das gilt etwa, wenn G in diesem Vertrauen seinen fortbestehenden Anspruch auf die zweiten 500 Euro gegen S hat verjähren lassen. Der *BGH* hat dieser Lösung zunächst nur zugestimmt, wenn der Empfänger G den Mangel der Anweisung gekannt hat.[85] Dagegen hat der *BGH* diese Einschränkung später nicht mehr aufgegriffen[86] und sie schließlich sogar ausdrücklich aufgegeben; dies ist richtig.

III. Zusammenfassung

1. Bei einer *Verbindung mehrerer Leistungsverhältnisse,* wie sie insbesondere bei der (untechnisch weit verstandenen) Anweisung vorkommt, erfolgt die bereicherungsrechtliche Rückabwicklung regelmäßig (Ausnahmen § 822 und unten 7) jeweils in den mangelhaften Rechtsverhältnissen. Das gilt auch, wenn mehrere Rechtsverhältnisse mangelhaft sind (sog. Doppelmangel): Dann finden also mehrere Leistungskondiktionen zwischen den Partnern der mehreren Rechtsverhältnisse statt.

2. *Beim Doppelmangel* richtet sich die Kondiktion gegen den Erstempfänger nach einer vordringenden, wohlbegründeten Ansicht nicht darauf, daß dieser seine Kondiktion gegen den Zweitempfänger abtrete. Vielmehr soll der Erstempfänger den Wert (§ 818 II) des vom Gläubiger Erhaltenen schulden (str.).

3. Aus der *Leistung auf eine in Wahrheit nicht bestehende eigene Schuld* hat die Leistungskondiktion unzweifelhaft der Leistende. Ebenso ist nach der zutreffenden h.M. für die Leistung auf eine *in Wahrheit nicht bestehende fremde Schuld* zu entscheiden (hier kann also nicht derjenige kondizieren, auf dessen Schuld der Dritte leisten wollte).

4. *Beim echten Vertrag zugunsten Dritter,* bei dem also sowohl der Versprechensempfänger wie auch der Dritte die Leistung fordern können, gibt es für die Kondiktion des Leistenden keine für alle Fälle passende Einheitslösung. Doch kann der Leistende wenigstens dann auf den Dritten greifen, wenn dieser die Leistung im Verhältnis zum Versprechensempfänger unentgeltlich erhalten soll.

---

[84] Ebenso die überwiegende Literatur: etwa *Larenz/Canaris,* SchuldR II 2; *Reuter/ Martinek* (o. Fn. 5), § 11 I, III 1 b aa.
[85] Etwa BGHZ 66, 362; 372; 67, 75.
[86] Etwa BGHZ 111, 382 (386 f.).

5. *Bei der Vertretung ohne Vertretungsmacht* läßt der *BGH* keine Leistungskondiktion des Dritten gegen den Vertretenen zu, wenn aus dessen Sicht eine Leistung des Vertreters vorlag. Das ist aber str.; der nötige Schutz des redlichen Empfängers läßt sich bei einer Kondiktion gegen den Vertretenen auch über § 818 III erreichen.

6. *Beim Zusammentreffen von Leistung und Eingriff* ist der Rechtserwerber wenigstens dann gegen eine Eingriffskondiktion des Rechtsverlierers zu schützen, wenn ein redlicher Erwerb vom Nichtberechtigten möglich gewesen wäre. Das folgt aus gesetzlichen Wertungen zum redlichen Erwerb vom Nichtberechtigten, ohne daß man das sog. „Subsidiaritätsdogma" bräuchte.

7. *Beim Fehlen einer Anweisung* hat der scheinbar Angewiesene, aus dessen Vermögen die Zuwendung stammt, nach richtiger und jetzt herrschender Ansicht eine Nichtleistungskondiktion gegen den Empfänger ohne Rücksicht auf dessen Redlichkeit.

6. Teil. Geschäftsführung ohne Auftrag

§ 29. Abgrenzung der Geschäftsführung ohne Auftrag

Die Geschäftsführung ohne Auftrag ist in § 677 umschrieben durch die Worte „wer ein Geschäft für einen anderen besorgt, ohne von ihm beauftragt oder ihm gegenüber sonst dazu berechtigt zu sein". Das umfaßt vieles, und daher kann die GoA bei der Lösung von Fällen häufig zu erörtern sein. Doch gibt es viele dem Gesetzeswortlaut nicht ohne weiteres zu entnehmende Gründe dafür, im Einzelfall die Anwendung der §§ 677 ff. zu verneinen.

I. Geschäftsführung

Fall 191 (Die dunkle Strohpresse: Weite des Geschäftsführungsbegriffs)

S fährt seinen Traktor mit angehängter Strohpresse bei Dunkelheit auf einer Bundesstraße. Der Traktor ist beleuchtet, nicht jedoch die Strohpresse; diese verdeckt zugleich die Rücklichter des Traktors. Der nachfolgende G kann seinen Pkw gerade noch an der plötzlich vor ihm auftauchenden Strohpresse vorbeilenken. Er hält sein Fahrzeug nach dem Überholen an und stoppt den S, um ihn auf die Gefährlichkeit seines Tuns hinzuweisen. Auf den haltenden Zug des S fährt nun der Lkw des D auf; G wird schwer verletzt. Er verlangt von S und D Schadensersatz.

In diesem Prozeß ist es um den Einwand der Beklagten S und D gegangen, den G treffe ein erhebliches Mitverschulden (§§ 9 StVG, 254 BGB): Er hätte das dunkle Fahrzeug nicht anhalten dürfen, so daß dieses noch gefährlicher wurde, sondern hätte mit seinem beleuchteten Pkw hinterherfahren sollen. Demgegenüber hätte dem G eine Vorschrift aus dem Recht der GoA nützen können: Nach § 680 hat der Geschäftsführer nur Vorsatz und grobe Fahrlässigkeit zu vertreten (was hier beides zu verneinen war), wenn die Geschäftsführung eine dem Geschäftsherrn drohende dringende Gefahr abwehren sollte. Daher kam es darauf an, ob das einfache Anhalten eines Fahrzeugs schon als Geschäftsführung angesehen werden kann. Der BGH[1] hat das in Übereinstimmung mit der h. M. bejaht; der Begriff der Geschäftsführung (oder -besorgung) ist also bei den §§ 677 ff. ganz weit.[2]

---

[1] BGHZ 43, 188.
[2] Anders als nach h. M. bei § 675 I, vgl. etwa *Medicus*, SBT, Rn. 433.

II. Fremdheit des Geschäfts

Fall 192 (Die Hausreparatur: Zuständigkeit kraft Eigentums)

Der wenig begüterte E muß an seinem Haus umfangreiche Reparaturen vornehmen lassen. Er möchte wissen, ob er die Kosten hierfür wenigstens teilweise von dem wohlhabenden Mieter M und der Stadtsparkasse S ersetzt verlangen kann, die an dem Hausgrundstück eine Hypothek hat: Die Reparatur nutze ja auch dem M und der S.

Nach dem BGB ist für die Erhaltung einer Sache deren Eigentümer zuständig. Das gilt insbesondere auch im Verhältnis zum Mieter und zum Hypothekengläubiger. Denn nach § 535 I 2 hat der Vermieter die Mietsache in dem vertragsmäßigen Zustand zu erhalten, und die §§ 1133, 1134 ergeben eine ähnliche Pflicht des Eigentümers gegenüber dem Hypothekengläubiger. Zwar sind abweichende schuldrechtliche Vereinbarungen möglich. Aber sie pflegen bei der Miete nur über kleinere Reparaturen („Schönheitsreparaturen") getroffen zu werden und sind bei der Hypothek ganz unüblich.

Danach war das Geschäft, das E in *Fall 192* besorgt hat, sein eigenes. § 677 sagt zwar nicht ausdrücklich, für die GoA müsse es sich um ein fremdes Geschäft handeln. Aber das ergibt sich doch aus der Gesamtheit der §§ 677ff.[3]: Dort werden nämlich Ansprüche des Geschäftsherrn gegen den Geschäftsführer geordnet und umgekehrt. Geschäftsherr und Geschäftsführer müssen also verschiedene Personen sein. Daran aber fehlt es, wenn jemand als Geschäftsführer ein Geschäft besorgt, für das er allein zuständig und folglich der Geschäftsherr ist. In *Fall 192* kann E also seine Kosten nicht über die §§ 677 ff. auf andere Begünstigte abwälzen.[4]

Fall 193 (Die begehrte Eintrittskarte: subjektiv fremdes Geschäft)

S weiß, daß sein Freund G gern ein bestimmtes Länderspiel sehen möchte, aber im Vorverkauf keine Karte mehr bekommen hat. Als S erfährt, daß ein Bekannter eine Karte abzugeben hat, erwirbt er diese und teilt das bald darauf dem G mit. Kann G die Karte von S auch dann verlangen, wenn S inzwischen das Spiel lieber selbst sehen möchte?

Hier kann fraglich sein, ob die bloße Mitteilung des S an G einen Antrag bedeutet, den G durch das Verlangen der Karte (konkludent) annehmen konnte. Es gibt aber noch eine zweite Möglichkeit der Anspruchsbegründung, nämlich aus GoA (§§ 683 S. 1, 681 S. 2, 667 Alt. 2, vgl. u. § 30 *Fall 198/9*). Zwar kann man nicht sagen, die Besorgung der Karte sei objektiv ein Geschäft des G gewesen, so daß S mit der Besorgung allemal ein fremdes Geschäft geführt hätte. Vielmehr konnte jedermann eine solche Karte kaufen; es handelt sich also um ein objektiv neutrales Ge-

---

[3] Ganz h.M., a.A. freilich *Gursky*, AcP 185 (1985), 13, 14ff.
[4] Dagegen kann G von M u.U. eine Mieterhöhung verlangen, vgl. § 559.

§ 29. *Abgrenzung der Geschäftsführung ohne Auftrag* 167

schäft. Doch kann ein solches zum subjektiv fremden werden, wenn es mit einem Fremdgeschäftsführungswillen („für einen anderen" in § 677) ausgeführt wird. So liegt es hier, weil S die Karte für G erwerben wollte. Zwischen beiden besteht also das Rechtsverhältnis der GoA.

III. Der Fremdgeschäftsführungswille

Fall 194 (Verwendungen auf gestohlenes Gut: unerkannt fremdes Geschäft)

D stiehlt das schon recht abgenutzte Fahrrad des G und verkauft es für 40 Euro an den gutgläubigen S. Dieser läßt es für 80 Euro instandsetzen. Als G das Fahrrad von S herausverlangt, fordert dieser den Ersatz der Reparaturkosten. Mit Recht?

Hier hat S trotz seines guten Glaubens kein Eigentum erlangt, weil das Fahrrad dem G abhanden gekommen war, § 935 I 1. Dieser kann es also nicht nur nach § 985 von S herausverlangen, sondern ist auch als Eigentümer für die Reparatur zuständig geblieben. Folglich hat S ein objektiv fremdes Geschäft geführt.

Trotzdem liegt hier keine GoA mit den aus ihr sich ergebenden Pflichten vor. Denn nach § 677 muß das Geschäft ja „für einen anderen" geführt worden sein. Und dieser (schon eben bei *Fall 193* erwähnte) Fremdgeschäftsführungswille fehlt hier: Der gutgläubige S hat sich ja für den Eigentümer gehalten und daher allein für sich selbst handeln wollen. § 687 I stellt das Ergebnis noch zusätzlich klar: GoA soll nicht gelten, wenn jemand ein fremdes Geschäft in der Meinung besorgt, es sei sein eigenes. Deshalb ist S in *Fall 194* gegenüber G auf die Möglichkeiten zum Verwendungsersatz nach dem Eigentümer-Besitzer-Verhältnis[5] beschränkt (§§ 994[6], 996, 1000).

Fall 195 (Verwendungen des Hehlers: erkannt fremdes Geschäft)

Wie o. *Fall 194,* doch soll S jetzt beim Kauf des Fahrrads von dem Diebstahl gewußt haben.

Im Gegensatz zu o. *Fall 194* scheitert hier das Vorliegen von GoA nicht schon am Fehlen der Kenntnis von der Fremdheit des Geschäfts: S weiß ja, daß das Fahrrad ihm nicht gehören kann. Aber diese Kenntnis von der Fremdheit allein genügt noch nicht, damit das Geschäft „für einen anderen" im Sinne von § 677 geführt wird. Vielmehr gehört dazu auch der Wille, die Ergebnisse der Geschäftsführung dem anderen zukommen zu lassen. Und daran fehlt es in *Fall 195:* S wollte ja das von ihm gekaufte und reparierte Fahrzeug selbst benutzen. Darum scheitert GoA auch hier wieder am Fehlen des Fremdgeschäftsführungswillens. In solchen Fällen, in denen „jemand ein fremdes Geschäft als sein eigenes besorgt,

---

[5] Nach h. M. hat S auch keine Verwendungskondiktion, vgl. o. § 26 *Fall 160.*
[6] Zur Verweisung von § 994 II auf die GoA vgl. u. *Fall 195.*

obwohl er weiß, daß er dazu nicht berechtigt ist" (§ 687 II 1), spricht man von „unechter Geschäftsführung ohne Auftrag" oder „Geschäftsanmaßung": Der Geschäftsführer hat sich die Besorgung eines Geschäfts angemaßt, obwohl dieses ihn erkanntermaßen nichts angeht und er sich auch dem in Wahrheit Zuständigen nicht unterordnen will.

Übrigens trifft die Unanwendbarkeit der GoA den S in *Fall 195* viel härter als oben in *Fall 193*. Denn aus dem zwischen G und S bestehenden Eigentümer-Besitzer-Verhältnis kann der unredliche Besitzer den Ersatz bloß nützlicher Verwendungen überhaupt nicht verlangen, vgl. § 996. Und für notwendige Verwendungen verweist § 994 II für den Unredlichen auf das Recht der GoA. Das erscheint auf den ersten Blick seltsam: Eben war ja festgestellt worden, für den seine Nichtberechtigung Kennenden fehle von den Tatbestandsmerkmalen der GoA der Fremdgeschäftsführungswille. Insoweit scheint die Verweisung also von vornherein fehlzugehen. Um das zu vermeiden, sieht man in § 994 II keine Verweisung auf den vollen Tatbestand der GoA. Gemeint sein soll vielmehr bloß die Unterscheidung der Rechtsfolgen in den §§ 683, 684.[7] Für *Fall 195* bedeutet das: S erhält also sogar für notwendige Reparaturen nur dann Kostenersatz nach §§ 683 S. 1, 670, wenn diese Notwendigkeit auch bei der von G beabsichtigten weiteren Verwendung des Fahrrads besteht. Folglich sind danach sogar die Kosten einer Reparatur der Bremsen nicht zu ersetzen, wenn G das Fahrrad nicht mehr zum Fahren benutzen wollte. Insoweit kommt bloß nach §§ 684 S. 1, 812 I 1 Alt. 2, 818 II ein Bereicherungsanspruch in Betracht, etwa wenn G bei einem Verkauf des Fahrrads wegen des guten Zustands der Bremsen einen höheren Erlös erzielt.

Fall 196 (Unberechtigte Vermietung: Rechtsfolgen aus § 687 II)

In o. § 25 *Fall 156* hatte S das Ferienhaus des G unberechtigt an Fremde vermietet. Hier schuldet S nach §§ 812 I 1 Alt. 2, 818 II mit der allgemeinen Eingriffskondiktion Wertersatz, also den bei der Vermietung solcher Ferienhäuser allgemein erzielbaren Betrag. Kann G auch einen hierüber hinausgehenden, nur durch die besondere Geschäftstüchtigkeit des S erzielten Mehrerlös verlangen?

Wäre S von G zum Vermieten beauftragt gewesen, so müßte er nach § 667 den vollen Erlös herausgeben, könnte freilich nach § 670 auch umgekehrt den Ersatz seiner Aufwendungen (für Inserate, Bettwäsche usw.) verlangen. Bei *Fall 196* fehlt ein solcher Auftrag; S hat also unberechtigt in Geschäftsanmaßung gehandelt. Es wäre offenbar ungereimt, wenn S aus dem erkannten Fehlen seiner Berechtigung Vorteile ziehen, nämlich den über den marktüblichen Mietzins hinausreichenden Erlös behalten könnte. Daher räumt § 687 II 1 dem Geschäftsherrn das Recht ein, den Geschäftsanmaßer wie einen Beauftragten zu behandeln. Folglich ist dieser aus § 667 verpflichtet. Freilich soll dann auch umgekehrt der Geschäftsanmaßer Aufwendungsersatz verlangen können: zwar

---

[7] Vgl. *Gerhardt*, b (a) zu *Fall 48*, sowie u. § 30 *Fall 198/9*.

§ 29. Abgrenzung der Geschäftsführung ohne Auftrag   169

nicht nach Auftragsrecht (§ 670), aber doch wenigstens nach Bereicherungsrecht. Das meint die sprachlich verunglückte[8] Verweisung des § 687 II 2 auf § 684 S. 1, der seinerseits auf Bereicherungsrecht verweist (vgl. u. § 30 *Fall 199*).

In *Fall 196* kann also G von S nach §§ 687 II 1, 681 S. 2, 667 den vollen Erlös fordern. Umgekehrt muß dann allerdings G nach §§ 687 II 2, 684 S. 1, 818 III dem S dessen Aufwendungen ersetzen, soweit diese den G bereichern (also etwa die Kosten für Inserate, mit denen S die Mieter angeworben hat).

Fall 197 (Die Dachreparatur: Irrtum über die Person des Geschäftsherrn)

D, der Nachbar des S, ist auf längere Zeit verreist. Ein heftiger Sturm beschädigt das Dach des von D bewohnten Hauses. S sorgt für die Reparatur und bittet D nach dessen Rückkehr um Kostenerstattung. Erst jetzt erfährt S zu seinem Erstaunen, daß das Haus nicht dem D gehört, sondern dem G, von dem D es bloß gemietet hat. Wer muß die Kosten ersetzen?

Hier liegt ein Fremdgeschäftsführungswille des S vor und damit erstmals bei den hier in § 29 behandelten Fällen wirklich GoA. Jedoch sind der vermeintlich und der in Wirklichkeit zuständige Geschäftsherr nicht identisch, S wollte für D handeln statt für den Eigentümer G. Doch ist nach § 686 ein solcher Irrtum über den Geschäftsherrn unerheblich: Die Geschäftsführungsfolgen treten für und gegen den wirklichen Geschäftsherrn ein. Das ist in *Fall 197* G: Bloß von ihm kann also S nach §§ 683 S. 1, 670 Aufwendungsersatz fordern.

IV. Zusammenfassung

1. *Das Merkmal „Geschäftsbesorgung" in § 677* ist ganz weit: Es umfaßt auch einfache Tätigkeiten, sofern diese nur überhaupt Wirkungen auf eine andere Person haben können.
2. Das Recht der GoA regelt *Folgen des Handelns außerhalb des eigenen Zuständigkeitsbereichs.* Daher sind die §§ 677 ff. unanwendbar, wenn das Geschäft in die Zuständigkeit des Handelnden gehört, auch wenn dieser irrtümlich eine fremde Zuständigkeit annimmt.
3. *Objektiv neutrale Geschäfte,* die also keiner bestimmten Person zugewiesen sind, können durch einen *Fremdgeschäftsführungswillen* des Handelnden zu (subjektiv) fremden Geschäften werden.
4. Darüber hinaus ist aber auch bei *objektiv fremden Geschäften* dieser Fremdgeschäftsführungswille nötig, um die Anwendbarkeit der §§ 677–686 zu begründen. Dieser Wille fehlt, wenn der Handelnde sich irrtüm-

---

[8] Der Fehler liegt darin, daß § 684 S. 1 eine Heraus*gabepflicht* des Geschäftsherrn bestimmt, während § 687 II 1 diesem ja gerade einen Herausgabe*anspruch* auf denselben Gegenstand gewährt. Vgl. etwa *Medicus,* SBT, Rn. 631.

lich selbst für zuständig hält oder wenn er trotz Kenntnis der fremden Zuständigkeit den Geschäftserfolg für sich haben will. Doch kann im zweiten Fall der zuständige Geschäftsherr den Handelnden im wesentlichen wie einen auftragslosen Geschäftsführer behandeln, § 687 II („unechte Geschäftsführung", „*Geschäftsanmaßung*").

5. Bei Vorliegen des Fremdgeschäftsführungswillens ist ein *Irrtum über die Person des Geschäftsherrn* unbeachtlich, § 686.

§ 30. Die beiden Arten der Geschäftsführung ohne Auftrag

Soeben in o. § 29 waren Fälle ausgeschieden worden, in denen es an der Fremdheit des Geschäfts oder doch an dem Willen des Geschäftsführers fehlte, dieses für einen anderen zu besorgen. Aber auch in dem danach verbleibenden Anwendungsbereich der §§ 677 ff. bedarf es noch einer grundlegenden Unterscheidung.

I. Berechtigte und unberechtigte GoA

Fall 198 (Die hilfreichen Nachbarn: berechtigte GoA)

Die Eheleute G sind schwer verunglückt und liegen bewußtlos im Krankenhaus. Deshalb springt die Nachbarin S ein: Sie versorgt die minderjährigen Kinder der Familie G und erledigt die nötigen Einkäufe.

Fall 199 (Die besserwisserischen Nachbarn: unberechtigte GoA)

Die Eheleute G wollen ihre Kinder schon früh zur Selbständigkeit erziehen. Daher lassen sie bei mehrtägiger Abwesenheit die Kinder häufig allein und ohne Aufsicht zurück. Die Nachbarin S mißbilligt diese Erziehungsmethode. Als die Eheleute G wieder einmal verreist sind, verschafft sich S Einlaß in deren Wohnung und versorgt die Kinder.

In beiden Fällen ist die Versorgung der Kinder schon objektiv Sache der Eltern G. Deshalb führt in beiden Fällen S ein fremdes Geschäft, und das geschieht auch mit Fremdgeschäftsführungswillen: Der Erfolg des Eingreifens gelangt ja notwendig an die Eltern. Trotzdem besteht ein wesentlicher Unterschied: In *Fall 198* dürfte das Eingreifen dem mutmaßlichen Willen der Eltern entsprechen, während in *Fall 199* der Elternwille diesem Eingreifen entgegensteht. Das Handeln von S in *Fall 198* ist also erwünscht und verdient eine günstige rechtliche Regelung. Dagegen hat sich S in *Fall 199* eigenmächtig und besserwisserisch über die gesetzliche (Art. 6 II GG, § 1626 I) Zuständigkeitsverteilung hinweggesetzt: Eine solche Geschäftsführung muß eher verhindert als gefördert werden.

Das BGB regelt denn auch wirklich beide Fallgruppen grundverschieden. Allerdings steht diese Unterscheidung nicht – wie man erwarten

§ 30. *Die beiden Arten der Geschäftsführung ohne Auftrag*

sollte – an der Spitze der Regelung der GoA, also in § 677. Vielmehr ergibt sie sich erst aus den §§ 683 S. 1, 684 S. 1 in Verbindung mit den §§ 678–680:
Wenn die Übernahme der Geschäftsführung „dem Interesse und dem wirklichen oder mutmaßlichen Willen des Geschäftsherrn entspricht", kann der Geschäftsführer wie ein Beauftragter Aufwendungsersatz verlangen, §§ 683 S. 1, 670. Man nennt das „berechtigte" GoA;[9] sie bildet zugleich einen Rechtfertigungsgrund. Zudem haftet der Geschäftsführer hier nur für Vorsatz oder grobe Fahrlässigkeit, wenn er eine dem Geschäftsherrn drohende dringende Gefahr abwenden will § 680 („Notgeschäftsführung").[10]
Fehlt umgekehrt diese Übereinstimmung mit Interesse und Willen des Geschäftsherrn, so kann der Geschäftsführer nur Herausgabe dessen fordern, was der Geschäftsherr durch die Geschäftsführung erlangt hat, und zwar bloß nach Bereicherungsrecht, § 684 S. 1. Soweit der Geschäftsherr nichts erlangt oder das Erlangte wieder verloren hat (§ 818 III), erhält der Geschäftsführer hier also nichts. Wenn er Schaden anrichtet, haftet er schon wegen leichter Fahrlässigkeit bei der Übernahme, § 678; die eigentliche Schadenszufügung braucht hier also nicht vom Verschulden umfaßt zu sein! Diese Fallgruppe heißt unberechtigte GoA; sie bildet keinen Rechtfertigungsgrund.
Für die *Fälle 198, 199* bedeutet das: In *Fall 198* liegt berechtigte GoA vor. Also kann *S* von den Eltern *G* nach §§ 683 S. 1, 679 ihre Aufwendungen für die Kinder ersetzt verlangen, soweit sie die Aufwendungen nach den Umständen für nötig halten durfte. Die notwendigen Eingriffe von *S* in den Haushalt des *G*, etwa der Aufenthalt in der fremden Wohnung und der Verbrauch der fremden Speisen, sind gerechtfertigt. Wenn *S* durch Unvorsichtigkeit Schaden angerichtet, etwa beim Spülen Geschirr zerschlagen hat, haftet sie analog[11] § 680 nur bei grober Fahrlässigkeit.
Ganz anders in *Fall 199*: Hier ist die Geschäftsführung durch *S* unberechtigt. Da der entgegenstehende Willen der Eltern *G* wenigstens erkennbar war, hat *S* auch ohne weiteres Verschulden die in der Wohnung von *G* etwa angerichteten Schäden zu ersetzen. Was *S* bei den Einkäufen für die Kinder ausgelegt hat, kann sie nur insoweit ersetzt verlangen, als *G* – etwa durch die Einsparung anderer Lebensmittel – noch bereichert ist, §§ 684 S. 1, 818 III. Endlich kommt hier auch eine Strafbarkeit von *S* (z.B. wegen Hausfriedensbruchs, § 123 StGB) in Betracht, weil die Geschäftsführung ja nicht gerechtfertigt ist.

---

[9] Freilich darf das nicht mit der „sonstigen Berechtigung" zur Geschäftsführung verwechselt werden, die nach § 677 die Anwendung der §§ 677 ff. gerade ausschließt.
[10] Vgl. schon o. § 29 *Fall 191*.
[11] Direkt paßt § 680 nicht, weil die dringende Gefahr nicht dem Geschäftsherrn (den Eltern) droht, sondern den Kindern. Aber die §§ 1626 ff. verbinden die Interessen von Eltern und Kindern so eng, daß die Analogie als begründet erscheint.

Fall 200 (Die gefährlichen Kinder: Wahrnehmung öffentlicher Interessen)

In o. *Fall 199* beginnen die sich selbst überlassenen Kinder der Eheleute G damit, Flaschen vom Balkon der Wohnung auf die Straße zu werfen. Die Eheleute hatten früher bei ähnlicher Gelegenheit geäußert, ihre Kinder sollten sich in dieser Weise austoben dürfen; lieber solle die Haftpflichtversicherung einmal zahlen müssen, als daß bei den Kindern ein Aggressionsstau entstünde. Die Nachbarin S verschafft sich Einlaß in die Wohnung und stellt die noch übrigen Flaschen sicher. Mit Recht?

Man braucht hier nicht den Rechtfertigungsgrund der Nothilfe (§ 227 BGB, § 32 StGB) zu bemühen, der einen gegenwärtigen Angriff auf einen Straßenpassanten voraussetzen würde. Vielmehr läßt schon das Recht der GoA den Willen des Geschäftsherrn nicht unbeschränkt maßgeblich sein: Nach § 679 endet diese Maßgeblichkeit, wo es um öffentliche Interessen oder gesetzliche Unterhaltspflichten geht. Folgerichtig stellt denn auch § 683 S. 2 ein so begründetes Eingreifen zur berechtigten GoA, selbst wenn der Wille des Geschäftsherrn entgegensteht.

In *Fall 200* sind öffentliche Interessen im Spiel, weil Passanten von den Flaschen getroffen werden oder durch die Splitter zu Schaden kommen können. Daher ist ein entgegenstehender Wille der Eltern G bedeutungslos: S handelt in berechtigter GoA und ist daher gerechtfertigt.

Fall 201 (Der mutige Bankkunde: Irrtum über den Willen des Geschäftsherrn)

Der Bankräuber D bedroht im Schalterraum der Bank G Kassierer und Kunden mit einer Waffe und fordert Geld. Der Kunde S springt den D von hinten an, um ihn zu überwältigen. Bei dem dabei entstehenden Handgemenge wird S verletzt. Die Bank hatte ihre Angestellten jedoch angewiesen, einen drohenden Geldverlust nicht unter Gefährdung von Leib oder Leben zu verhindern. Ersatzansprüche S – G?

Hier mag S geglaubt haben, sein aussichtsreicher Angriff auf D entspreche dem Interesse und dem Willen der Bank G. Aber § 683 S. 1 stellt nicht auf dasjenige ab, was der Geschäftsführer – und sei es auch im besten Glauben – angenommen hat, sondern auf die Wirklichkeit. Und hier war der Wille von G durch die interne Anweisung klar zum Ausdruck gekommen; der mutmaßliche Wille oder das objektive Interesse spielen daher keine Rolle mehr.[12] Dem S nützt es auch nichts, daß er als Kunde die interne Anweisung der Bank nicht kennen konnte. Daher hat S in *Fall 201* nur als nichtberechtigter Geschäftsführer gehandelt[13] und schon deshalb keinen Ersatzanspruch gegen G. Doch kommt dem S hier § 539 I Nr. 9c RVO (jetzt § 2 I Nr. 13a SGBVII) zugute: Nach dieser Vorschrift sind kraft Gesetzes Personen versichert, „die sich ... zum Schutz eines widerrechtlich Angegriffenen persönlich einsetzen." Das

---

[12] Nach richtiger Ansicht gibt es insbesondere keinen Vorrang des Interesses gegenüber dem wirklichen Willen, vgl. *Medicus*, SBT, Rn. 624: Die Privatautonomie wird bei der GoA nur durch § 679 eingeschränkt.

[13] So *OLG Karlsruhe* VersR 1977, 936 f.

trifft für S zu; dieser erhält daher von der Unfallversicherung diejenigen Leistungen, die sonst bei einem Arbeitsunfall zu erbringen sind.[14]

Fall 202 (Der leichtsinnige Bergsteiger: unnötige Rettungsmaßnahmen)

S steigt zu einer nicht ungefährlichen Bergtour auf und gibt dabei an, er werde am Abend wieder zurücksein. Unterwegs überlegt es sich S jedoch anders; er bleibt, ohne jemandem Nachricht zu geben, zwei Nächte lang auf einer Hütte. Die Bergführer seines Ausgangsortes suchen vergeblich nach dem vermeintlich Verunglückten und haben dadurch Einnahmeausfälle. Können sie diese von S erstattet verlangen?

Hier liegt es wieder nahe, an einen Anspruch auf Aufwendungsersatz aus berechtigter Geschäftsführung ohne Auftrag zu denken, §§ 683 S. 1, 670. Aber auch hier steht wieder entgegen, daß S in Wirklichkeit nicht „gerettet" werden wollte, weil er gar nicht in Gefahr war. Darum ist hier mit dem Recht der GoA nichts zu machen.[15]

Fall 203 (Die ungeschickte Hilfe: unsorgfältige Geschäftsführung)

In o. *Fall 198* hat die Nachbarin S bei der notwendigen Versorgung der G'schen Kinder nicht auf den Preis der gekauften Lebensmittel geachtet. Auch hat sie den Kindern verdorbene Wurst gegeben, so daß diese erkrankt sind. Wie steht es mit den so verursachten Kosten?

Hier war zwar die Übernahme der Geschäftsführung berechtigt. Aber das bedeutet nicht, daß der Geschäftsführer nun nach Belieben walten dürfte. Vielmehr ergibt sich die Schranke für die ersatzfähigen Aufwendungen schon aus § 670: Der Geschäftsführer mußte sie den Umständen nach für erforderlich halten dürfen. Zudem entsteht durch die Übernahme der Geschäftsführung auch ein gesetzliches Schuldverhältnis zwischen dem Geschäftsherrn und dem Geschäftsführer. Geschuldet wird daraus eine Geschäftsführung nach dem „Interesse des Geschäftsherrn mit Rücksicht auf dessen wirklichen oder mutmaßlichen Willen" (§ 677). Nach richtiger Ansicht[16] ist hiermit trotz des etwas anderen Wortlauts dasselbe gemeint wie in § 683 S. 1: Für die Ausführung kommt es ebenso wie für die Übernahme in erster Linie auf den Willen des Geschäftsherrn an; sein Interesse hilft nur bei der Ermittlung des mutmaßlichen Willens. Diese Rangfolge ergibt sich schon aus § 681 S. 1, wonach der Geschäftsführer möglichst die Entschließung des Geschäftsherrn abwarten soll: Diese bringt ja den Willen und nicht ein davon verschiedenes objektives Interesse des Geschäftsherrn zur Geltung.

Wenn der Geschäftsführer die hieraus folgenden Pflichten in zu vertretender Weise verletzt, schuldet er aus §§ 280 I, 282 wegen Schlechtleis-

---

[14] Übrigens hat *BGH* VersR 1984, 1194 in solchen Fällen dem Versicherungsträger mit Recht einen Rückgriff gegen den schuldlos Angegriffenen versagt.
[15] Vgl. zu solchen Fällen *Stoll*, in: Festg. Weitnauer, 1980, S. 411 ff.
[16] So etwa *Esser/Weyers*, SBT, § 46 II 4 b, a. A. aber etwa Palandt/*Sprau*, § 677 Rn. 13.

tung oder der Verletzung von Schutzpflichten Schadensersatz. Zu vertreten ist außer Vorsatz regelmäßig jede Fahrlässigkeit; in Notfällen aber bloß grobe, § 680. Nur einem nicht voll geschäftsfähigen Geschäftsführer bleibt diese Haftung aus Sonderverbindung erspart, § 682 (ihn trifft aber ggf. eine Delikts- oder Bereicherungshaftung).

Für *Fall 203* bedeutet das: Erkennbar unnötig aufgewendete Kosten kann Frau S nicht ersetzt verlangen. Auch muß sie die Kosten der Heilung der erkrankten Kinder ersetzen. Endlich hat S sich so bald als möglich mit den verletzten Eltern in Verbindung zu setzen und deren Entschließung abzuwarten. Doch kommt der S hier überall das Haftungsprivileg von § 680 zugute.

II. Zusammenfassung

1. Das BGB unterscheidet zwischen *berechtigter* (§ 683 S. 1) *und unberechtigter* (§ 684 S. 1) *GoA*. Berechtigt ist die Geschäftsführung, wenn ihre Übernahme dem wirklichen und bei dessen Fehlen dem mutmaßlichen Willen des Geschäftsherrn entspricht; für die Ermittlung des mutmaßlichen Willens kann das Interesse helfen. Ein der Geschäftsführung entgegenstehender Wille bleibt aber außer Betracht, wo sonst eine dem öffentlichen Interesse dienende Pflicht oder eine gesetzliche Unterhaltspflicht des Geschäftsherrn unerfüllt bliebe, § 679.

2. Durch die Übernahme entsteht zwischen Geschäftsherrn und Geschäftsführer ein *gesetzliches Schuldverhältnis*. Dieses verpflichtet den Geschäftsführer zur Ausführung entsprechend dem Willen und in zweiter Linie dem Interesse des Geschäftsherrn, § 677. Auch muß der Geschäftsführer nach Möglichkeit dem Geschäftsherrn Mitteilung machen und dessen Entschließung abwarten, § 681 S. 1. Eine Verletzung dieser Pflichten macht den voll geschäftsfähigen (§ 682) Geschäftsführer bei Vertretenmüssen schadensersatzpflichtig. Der Haftungsmaßstab ist gegenüber dem allgemein geltenden (§ 276 I 1) bei der Notgeschäftsführung gemildert, § 680. Umgekehrt genügt für die Ersatzpflicht des unberechtigten Geschäftsführers schon ein Verschulden bei der Übernahme der Geschäftsführung, § 678.

3. *Der berechtigte Geschäftsführer* kann nach §§ 683 S. 1, 670 wie ein Beauftragter Ersatz seiner Aufwendungen verlangen. Umgekehrt muß er nach §§ 681 S. 2, 667 das durch die Geschäftsführung Erlangte an den Geschäftsherrn herausgeben.

4. *Der unberechtigte Geschäftsführer* hat gegen den Geschäftsherrn nur Ansprüche nach Bereicherungsrecht, § 684 S. 1. Doch kann der Geschäftsherr diese Ansprüche durch eine Genehmigung der Geschäftsführung abwehren; hierdurch wird die Geschäftsführung zur berechtigten, § 684 S. 2.

§ 31. Zweifelhafte Fragen zur Geschäftsführung ohne Auftrag

I. Abgrenzungsfragen, insbesondere zum Fremdgeschäftsführungswillen

Fall 204 (Die Dachreparatur: Leistungen auf einen Vertrag mit einem Dritten)

In o. § 29 *Fall 197* hatte S dafür gesorgt, daß das durch einen Sturm beschädigte Dach auf dem Haus des verreisten Nachbarn G repariert wurde. Gesetzt den Fall, S hätte sich dazu des Dachdeckers D bedient. Von wem kann D seinen Werklohn fordern?

Als Schuldner des Anspruchs kommt zunächst S in Betracht. Das ist unproblematisch, wenn S mit dem D in eigenem Namen einen Werkvertrag abgeschlossen hat: Dann wird die Vergütung aus § 631 I geschuldet. Ist S dagegen im Namen des G aufgetreten, so muß unterschieden werden: Wenn G die Vertretung genehmigt, schuldet er selbst nach § 177 die Vergütung. Verweigert er jedoch die Genehmigung, so haftet S nach § 179 als Vertreter ohne Vertretungsmacht. Denn auch wenn S im Verhältnis zu G als berechtigter Geschäftsführer ohne Auftrag gehandelt hat, entsteht für ihn daraus keine Vertretungsmacht für das Außenverhältnis zu D, sondern nur der Anspruch auf Aufwendungsersatz nach §§ 683, S. 1, 670 im Innenverhältnis zu G.

Viel problematischer ist ein Anspruch des D gegen G (an dem D etwa interessiert sein kann, wenn S zahlungsunfähig ist). Ein solcher Anspruch bestünde nach §§ 683 S. 1, 670, wenn D aus Hilfsbereitschaft eingegriffen hätte, ohne zuvor einen Vertrag mit S abgeschlossen zu haben. Dagegen wird der Anspruch durch diesen Vertragsschluß zweifelhaft: Ist die Vertragserfüllung damit nicht schon objektiv zum eigenen Geschäft des D geworden? Oder fehlt dem D nicht wenigstens subjektiv ein Fremdgeschäftsführungswille, weil er ja nur seine Verbindlichkeit erfüllen will? Eine in neuerer Zeit vordringende Ansicht verneint wenigstens diesen Fremdgeschäftsführungswillen, was zutrifft: Das Recht der GoA soll nicht dazu dienen, dem einen Partner eines gegenseitigen Vertrages einen zusätzlichen Vergütungsanspruch gegen einen von der Vertragserfüllung begünstigten Dritten zu verschaffen. Trotzdem läßt eine ältere, auch heute noch beachtlich vertretene Ansicht in solchen Fällen Geschäftsführungsansprüche zu;[17] dem ist aber nicht zu folgen. Daher muß sich auch in *Fall 204 D* mit Ansprüchen gegen S begnügen.

Fall 205 (Die Bimsgrube: das auch-fremde Geschäft)

S hat eine Bimsgrube gepachtet und beutet sie aus. Bei starken Regenfällen werden aus der Grube mehrfach Bims und Abraum auf die nahe Bundesstraße geschwemmt, so

---

[17] Vgl. etwa *Gursky*, AcP 185 (1985), 11, 36 ff., mit vielen Belegen.

daß diese rutschig wird. Das für die Verkehrssicherung zuständige Bundesland läßt die Straße jeweils wieder säubern und verlangt die erheblichen Kosten von S ersetzt. Mit Recht?

Der Fall zeigt, daß für ein Geschäft – wenigstens auf den ersten Blick – mehrere Personen zuständig sein können: hier einerseits S als der (wenn auch womöglich schuldlose) Verursacher und andererseits das Land kraft seiner Verkehrspflicht. Wenn das Land seine eigene Pflicht erfüllt, besorgt es also zugleich auch ein Geschäft des S. Solche „auch-fremden Geschäfte" sind gerade an der Grenzlinie zwischen privatem und öffentlichem Recht häufig: etwa auch die Brandbekämpfung,[18] Sicherungsmaßnahmen bei Ölunfällen,[19] Erschließung von Bauland,[20] das Freihalten von Wasserstraßen.[21]

Eine verbreitete Meinung bejaht bei solchen gemischt fremd-eigenen Geschäften regelmäßig den Fremdgeschäftsführungswillen: Dieser sei dort ebenso zu vermuten wie bei ganz fremden Geschäften.[22] Insbesondere der *BGH* kommt so aber nicht – wie man erwarten könnte – zum Ersatz eines (sozusagen auf den Fremdanteil entfallenden) Teiles der Aufwendungen. Vielmehr sollen dem Geschäftsführer, obwohl es sich doch auch um sein eigenes Geschäft handelt, die Aufwendungen voll ersetzt werden. So ist denn auch der Pächter der Bimsgrube von *Fall 205* in die ganzen Kosten der Straßenreinigung verurteilt worden.[23]

Dagegen läßt sich zunächst schon einwenden, der Fremdgeschäftsführungswille sei in solchen Fällen nur eine Fiktion: Die handelnde Behörde wolle nur ihre eigene öffentlich-rechtliche Pflicht erfüllen und nicht als Geschäftsführer für einen Privatmann tätig sein. Ein Indiz dafür bildet, daß die Behörde nicht die Entschließung des privaten Geschäftsherrn abwarten will (§ 681 S. 1). Zudem müßte die h. M. eigentlich zu einer seltsamen Konsequenz gelangen: Wenn in *Fall 205* zugleich ein Geschäft des S und des Landes vorliegt, müßte der Fremdgeschäftsführungswille auch für S vermutet werden, wenn dieser die Straße gereinigt hätte; S müßte dann vom Land vollen Ersatz verlangen können. Die Unsinnigkeit dieses Ergebnisses zeigt, daß die zu ihm hinführende Überlegung einen Fehler aufweist.

Dieser Fehler dürfte in folgendem liegen: Die öffentliche Hand leistet den Bürgern im Rahmen der Daseinsvorsorge mannigfache Dienste. Ein Teil von ihnen ist unentgeltlich (oder genauer: bereits mit den Steuern abgegolten), wie etwa die Aufnahme eines Verkehrsunfalls oder die Ver-

---

[18] Etwa BGHZ 40, 28.
[19] Etwa BGHZ 54, 157.
[20] Etwa BGHZ 61, 359.
[21] Etwa BGHZ 65, 384.
[22] Ausführliche Darstellung mit Nachweisen bei *Larenz*, SchuldR II 1 § 57 I a S. 439 ff., speziell gegen die h. M. *Hauss*, in: Festg. Weitnauer, 1980, S. 333, 343 ff.
[23] BGHZ 65, 354.

folgung eines Diebes durch die Polizei. Dagegen soll ein anderer Teil der öffentlichen Dienste durch Gebühren abgegolten oder es soll nach Polizeirecht Kostenersatz geleistet werden. Ob für eine bestimmte Dienstleistung das eine oder das andere zutrifft, muß das öffentliche Recht entscheiden; diese Vorfrage darf durch die undifferenzierte Anwendung des Rechtes der GoA nicht übergangen werden.

Der *BGH*[24] hat die Vorfrage nach der öffentlich-rechtlichen Lastenverteilung insofern angeschnitten, als er dem Landesrecht entnommen hat, der Betreiber einer Bimsgrube müsse Straßenverschmutzungen ohne Rücksicht auf sein Verschulden beseitigen. Dann kann man *S* zur Erstattung der vollen Kosten für verpflichtet halten. Fraglich bleibt aber, ob dieser Anspruch nicht eher auf öffentliches Recht gestützt werden sollte als auf die privatrechtliche GoA.[25]

Fall 206 (Die unvorsichtigen Radfahrer: Ersatz für Selbstaufopferung im Straßenverkehr)

S befährt mit seinem Pkw mit mäßiger Geschwindigkeit eine Landstraße. Ihm kommen drei jugendliche Radfahrer entgegen, die zunächst hintereinander fahren. Plötzlich biegt einer von ihnen nach links ab und gelangt so in die Fahrbahn des *S*. Dieser reißt, um einen Zusammenstoß zu vermeiden, seinen Wagen nach rechts herum und gerät dadurch an einen Straßenbaum. Kann er seine hierbei entstandenen Sach- und Personenschäden von dem Radfahrer ersetzt verlangen?

Eine solche Ersatzpflicht kann sich aus einem Delikt des abbiegenden Radfahrers ergeben, nämlich aus § 823 I (Verletzung von Körper und Eigentum) und § 823 II BGB mit § 2 II StVO (Rechtsfahrgebot). Beides setzt aber Deliktsfähigkeit (§ 828 II) und Verschulden voraus. Wenigstens das Verschulden ließ sich jedoch in dem vom *BGH*[26] entschiedenen Fall nicht feststellen, weil der Radfahrer womöglich von einem vor ihm fahrenden Radler überraschend behindert worden war. Daher mußte *S* seinen Anspruch auf die §§ 683 S. 1, 670 stützen. Das führt erstens zu der – gleich unten bei *II* zu erörternden – Frage, ob auch unfreiwillig erlittene Nachteile (Schäden) „Aufwendungen" im Sinne der §§ 683 S. 1, 670 bedeuten können. Und zweitens ergibt sich bei *Fall 206* noch ein weiteres Problem: Ist es nicht ein objektiv eigenes Geschäft jedes Kraftfahrers, niemanden anders anzufahren? Und kann man subjektiv einen Fremdgeschäftsführungswillen annehmen? Denn vielfach wird das Ausweichen eher instinktiv als bedacht erfolgen, und selbst wenn der Fahrer überlegt, wird er oft wenigstens zugleich eigene Interessen verfolgen, etwa sein Auto oder sein Gewissen schonen wollen.

---

[24] BGHZ 65, 354 (358).
[25] Keine Bedenken bestehen natürlich, wenn das öffentliche Recht selbst auf die Regeln der GoA verweist.
[26] BGHZ 38, 270, dazu etwa *Berg*, JuS 1975, 681, 685. Vgl. weiter BGHZ 92, 357, wo in einem ähnlichen Fall zutreffend ein Ersatzanspruch aus § 904 S. 2 verneint wird.

Der *BGH* hat ein objektiv eigenes Geschäft des Fahrers bejaht, wenn der durch die Selbstaufopferung vermiedene Unfall für ihn kein unabwendbares Ereignis nach § 7 II aF StVG gewesen wäre (nach der Neufassung des § 7 II StVG käme es auf das Vorliegen von höherer Gewalt an): In einem solchen Fall müsse der Fahrer ja sogar für fremden Schaden einstehen und umso mehr seinen eigenen tragen. Doch lag in *Fall 206* ein unabwendbares Ereignis vor, weil S nur mäßig schnell gefahren und der Radler nur etwa 6 m vor S auf die falsche Fahrbahn abgebogen war. Unter dieser Voraussetzung bejaht der *BGH* nicht bloß das Vorliegen eines fremden Geschäfts für S, sondern auch den Fremdgeschäftsführungswillen.

Diese Entscheidung scheint mir vertretbar, aber vom Ergebnis her keineswegs unbedenklich: Nach §§ 683 S. 1, 670 sind ja diejenigen Aufwendungen, die der Geschäftsführer „den Umständen nach für erforderlich halten durfte", *ohne Rücksicht auf deren Erfolg* zu ersetzen. Der jugendliche Radler müßte also selbst dann zahlen, wenn er trotz des Ausweichmanövers angefahren worden wäre. Der *BGH*[27] nennt diese Konsequenz „offenbar unbillig". Er will daher nicht vollen Aufwendungsersatz gewähren, sondern nur einen Anspruch auf eine „angemessene Entschädigung". Bei dessen Bemessung seien „die verschiedenartigen Umstände des Einzelfalles" zu berücksichtigen. Deshalb hat der *BGH* in *Fall 206* die vom Berufungsgericht vorgesehene hälftige Schadensteilung gebilligt.

II. Der Aufwendungsersatz

Eben in *Fall 206* ist noch ein weiteres Problem erwähnt worden: Regelmäßig bestehen die „Aufwendungen", deren Ersatz der Geschäftsführer nach §§ 683 S. 1, 670 verlangen kann, aus freiwilligen Vermögensopfern, etwa aus den für die Dachreparatur verwendeten Ziegeln oder dem für die Lebensmittel ausgegebenen Geld. Den Gegensatz dazu bilden die unfreiwillig erlittenen Nachteile, die Schäden. Die Grenzziehung zwischen beidem gelingt aber nicht immer deutlich. So kann der Kraftfahrer, der freiwillig von der Straße heruntergefahren ist, bestimmte Schäden an seinem Wagen bewußt in Kauf genommen haben. Mit anderen Nachteilen (z.B. einer leichteren Körperverletzung) mag er zwar rechnen, aber doch darauf hoffen, daß diese nicht eintreten. Noch andere Nachteile wieder mögen zwar von ihm nicht vorausbedacht worden sein, aber immerhin einigermaßen naheliegen. Hier überall kann man fragen, ob solche Nachteile noch als Aufwendungen ersetzt verlangt werden können.

Man ist heute darüber einig, daß auch unerwartet aus einer gefährlichen Geschäftsführung entstehende Nachteile unter den Aufwendungsersatz

---

[27] BGHZ 38, 270 (279).

fallen.²⁸ Allerdings soll ein bloß adäquater Zusammenhang²⁹ zwischen der Geschäftsführung und dem Nachteil nicht genügen, also nicht schon jede spürbare Erhöhung der Wahrscheinlichkeit des Nachteilseintritts durch die Geschäftsführung. Wer z. B. einen fremden Brief zum Postkasten bringen will und bei dem dazu nötigen Überqueren einer belebten Straße angefahren wird, kann für diesen Schaden vom Auftraggeber keinen Ersatz verlangen. Dagegen wird ein Ersatzanspruch bejaht, wenn der Nachteil als Folge der Geschäftsführung mit nicht ganz geringer Wahrscheinlichkeit vorauszusehen war. Eine neuere Lehre begründet das im wesentlichen gleiche Ergebnis mit einer auf richterlicher Rechtsfortbildung beruhenden Risikohaftung des Geschäftsherrn für die spezifischen Gefahren der in seinem Interesse erfolgten Tätigkeit.³⁰ Hierfür wird auch auf die Formulierung des ein ähnliches Problem betreffenden § 110 I HGB hingewiesen, wonach Schäden ersatzfähig sind, die unmittelbar aus der Geschäftsführung oder aus mit dieser untrennbar verbundenen Gefahren stammen.³¹

In *Fall 206* spielen diese Formulierungsunterschiede keine Rolle: Dort sind die Sach- und Personenschäden gewiß typische Folgen des Herunterfahrens von der Straße. Von daher steht ihrer Ersatzfähigkeit also nichts im Wege.

Fall 207 (Die Behandlung des Bewußtlosen: Dienstleistungen als Aufwendungen)

Nach einem Unfall liegt G bewußtlos am Straßenrand. Der an dem Unfall unbeteiligte Kraftfahrer S hält an: Er verbindet G und bringt ihn in das nächste Krankenhaus. Welche Ansprüche hat S deshalb gegen G?

Wenn S eigenes Verbandsmaterial benützt hat, hat er dessen Wert sicher aufgewendet. Ebenso stellt es eine Aufwendung dar, wenn S (etwa als Taxifahrer) auf eine andere Verdienstmöglichkeit verzichtet hat, um dem G zu helfen. Endlich würde es einen nach dem eben zu *Fall 201* Gesagten ersatzfähigen Schaden bedeuten, wenn etwa die Polster im Wagen des S durch Blut verschmiert worden wären. Wie aber, wenn solche Aufwendungen oder Schäden nicht in Frage stehen: Kann S auch die bloße Dienstleistung als Aufwendung geltend machen?

§ 683 S. 1 spricht eher für eine Verneinung. Denn er verweist auf Auftragsrecht (§ 670), und der Auftrag ist nach § 662 unentgeltlich (so daß also der Beauftragte für seine Dienste selbst nichts verlangen kann). Doch fehlt bei der GoA die den Auftrag typisierende Vereinbarung

---

[28] Etwa BGHZ 38, 270 (277); Palandt/*Sprau*, § 670 Rn. 9 ff. mit Hinweis auf einen anderen Lösungsweg, vgl. sogleich im Text.
[29] Vgl. o. § 16 *Fall 95*.
[30] Etwa *Larenz*, SchuldR II 1 § 56 III S. 417 ff.; § 57 I b S. 449 ff. mit weiteren Angaben.
[31] *Genius*, AcP 173 (1973), 481 ff.

über die Unentgeltlichkeit. Daher läßt die h. M.[32] hier in Analogie zu § 1835 III eine Tätigkeitsvergütung zu, wenn die Dienste des Geschäftsführers zu dessen Gewerbe oder Beruf gehören. Daher könnte S in *Fall 207* ein Honorar verlangen, wenn er Arzt wäre. Im Gegensatz dazu hätte ein helfender Laie keinen Anspruch auf Vergütung seiner Arbeitsleistung; hier fehlt ja auch ein Maßstab für das übliche Entgelt.

III. Zusammenfassung

1. Wenn der Geschäftsführer mit seiner Tätigkeit einen *Vertrag mit einem Dritten erfüllt*, besteht gegen den Begünstigten nach richtiger Ansicht kein Anspruch aus GoA.

2. Besorgt der Geschäftsführer mit seiner Tätigkeit *zugleich ein eigenes Geschäft*, so vermutet insbesondere die Rechtsprechung bei einem solchen „auch-fremden" Geschäft dennoch in vollem Umfang einen Fremdgeschäftsführungswillen. Diese Ansicht ist aber besonders dann zweifelhaft, wenn der Geschäftsführer nach öffentlichem Recht tätig wird: Dann kann eine undifferenzierte Anwendung der GoA-Regeln die durch das öffentliche Recht zu regelnde Frage nach der Gebührenpflichtigkeit überdecken.

3. Auch *mehr instinktiv als überlegt gesteuerte Hilfeleistungen* in plötzlich auftretenden Notsituationen können GoA darstellen. Die Rechtsprechung ist hier bei der Bejahung der Tatbestandsmerkmale der GoA mit Recht großzügig.

4. Neben den eigentlichen Aufwendungen (die freiwillig gemacht werden) sind auch die mit der Tätigkeit des Geschäftsführers *typischerweise verbundenen* (unfreiwillig erlittenen) *Schäden* zu ersetzen. Man kann dies entweder erreichen, indem man solche Schäden als Aufwendungen behandelt, oder aber durch die Annahme eines auf Richterrecht gegründeten Schadensersatzanspruchs aus dem Gedanken der gerechten Risikoverteilung.

5. Die vom Geschäftsführer erbrachte *Arbeitsleistung* wird als solche (d.h. wenn kein anderer Verdienst entgeht) nicht vergütet. Die h.M. macht davon jedoch *analog § 1835 III eine Ausnahme*, wenn die Tätigkeit des Geschäftsführers zu dessen Gewerbe oder Beruf gehört.

---

[32] Etwa BGHZ 65, 384 (390). Etwas abweichend will *Köhler*, JZ 1985, 359, 361 ff., auf das abstellen, was Geschäftsherr und Geschäftsführer wahrscheinlich vereinbart hätten. Das Ergebnis unterscheidet sich nicht wesentlich von der h.M.

Paragraphenregister

Die Angaben verweisen auf die Seiten. Die Hauptfundstellen sind fett gesetzt.

ArzneimittelG
84: 74

AtomG
25 ff.: 74

BGB
12: 43
31: 102
42: 51
90 a: 34
93 f.: 133
100: 141
107 ff.: 144; 152 f.
119: 2; 92; 121
120: 92; 121
121: 2; 92
122: 92 f.
123: 117 f.; 121; 140; 153
124: 121
134: 123; 128
138: 21; 53; 123; 126 f.
142: 2; 92; 117; 140; 154
15: 150
158 f.: 120
161: 42
177: 160; 175
179: 94; 160; 175
185: 131; 149
195, 199: 5; 7 f.
214: 5; 121
227: 172
231: 74
241: 25; 55
242: 24
249: 14; 16; 20; **29 ff.**; 51; 54; 83; 103; **105 ff.**; 113
251: **30 ff.**; 113
252: 12; 17; 21; 144
253: 7; 8; 14; 16 f.; 27; 35; 43 f.; 65; **95 ff.**; 103; 116
254: 30; 75; 91; **99 ff.**; 116 f.; 165
258: 139
267: 136; 157
268: 136
273 f.: 126; 150 f.; 156

275: 54; 146
276 ff.: 11; 116
276: 5; 48; 99; 101
278: 4; 6 f.; 55; 60; 101 f.; 116
280: 6 ff.; 54; 65; 149; 175
281 ff.: 116
281: 54; 63; 93 f.; 149
284: 93
285: 109
286: 93 f.
291 f.: 145
292: 145 ff.; 151
293 ff.: 125
300: 5
311: 1; 25
311 a: 115
311 b: 54
313: 123
325: 115
326: 12; 18
328 ff.: 158 ff.
346: 42; 118; 152; 187 f.
348: 42
357: 42
362: 132
407: 132
420: 89
421 f.: 89; 91
426: 91; 101; 117; 127
427: 116; 121
434: 152
437: 63
516: 122; 137
521, 523, 524: 5
530 ff.: 122
535 ff.: 60
535: 166
536 a: 115
536 c: 115
548: 5; 8 f.
599, 600: 70; 72
616: 18
618, 619 a: 6
627: 115
628: 115
634: 64

634a: 5
638: 64; 97
651 a ff.: 97
651 d: 97
651 f.: **97 f.**; 115
662: 179
667: 134; 166; 168 f.
670: 2; 136; 148; 169 ff.
671: 115
675: 111
676a: 157; 163
677: 4; **7 f.; 165 ff.**
678: 115; 171
679: 172
680: 2; 7 f.; 165 f.; 171; 174
681: 131; 166; 168 f.; 173; 174
682: 174
683: 2; 136; 148; 166; 169; 176 ff.
684: 136; 143; 148; 168 f.; 176 ff.
686: 169
687: 131; 133; **167 ff.**
779: 1
812: 3 f.; **117 ff.**; 140
813: 121; 128; 159
814: **124 f.**; 151
815: 126
816: **129 ff.**; 139; 146 f.; 149; 155; 162 f.
817: 124; **126 ff.**
818 ff.: 131; 137; **139 ff.**; 156 f.; 160 ff.; 172 ff.
819: 145 ff.; 151
820: 146; 151
822: 139; 146 f.; 155; 159
823 I: 1; 6 ff.; 10 ff.; 46; 56; **60 ff.**; 71 ff.; 75; 78; **80 ff.**; 88; 99; 103; **110 ff.**; 115; 118; 134; 177
823 II: 12; 43; **48 ff.**; 55 f.; 60; 81 f.; 85; 113; 115; 122; 177
824: 11; **46 f.**; 52; 85; 115
826: 12; 43; 51; **52 ff.**; 85; 88; 110; 115
827 f.; 10 f.; 48; 58; 101; 116; 178
829: 11
830: 88 f.; 115
831–838: **55 ff.**; 61; 66
831: 4; 6 f.; **55 ff.**; 61; 67; 75; 102; 115
832: 58; 157
833: 3; 59 f.; **69 f.**; 111; 115; 119; 150
834: 59
836–838: 59 f.
839: 6; **66 ff.**; 95
840: 89; 91; 116

841: 91
842: 12; 16 f.; 20 f.
843: **19 ff.**; 108
844: 15; 64; 85 f.; 103 f.; 108
845: 20; 69
846: 103
852: 5 f.; 7 f.
853: 121
858: 134
868: 59
872: 59
903: 132
904: 74
906: 73
929–935: 26; 129 ff.; 162 f.; 167
946 f.: 133 f.; 162
950: 162
951: 133 f.; 160 f.
985: 27; 88; 124 f.; 127; 132; 135; 142; 167
987 ff.: 26 f.; 118; 131; 141
989 f.: 131; 146 ff.; 152
994 ff.: 138; 148 ff.; 167 f.
1004: 63; **111 ff.**; 143
1008 ff.: 121
1133 f.: 166
1297: 122; 147
1301: 122; 125; 144; 147
1360: 20; 107
1363 ff.: 123
1372 ff.: 123
1408: 123
1418: 142
1569 ff.: 108
1589: 125
1601 ff.: 15; 19; 125; 159
1608: 15
1610: 19
1626: 58
1648: 19
1835: 180
1923: 14
1924, 1931: 105
2019: 142

BJMSchG
14: 74

EFZG
3: 18
6: 18 f.; 108

GentechnikG
32: 74

Paragraphenregister

GG
1: 43
3: 20
6: 107
8: 90
34: **67 ff.**; 95

GmbHG
64: 50 f.

HaftpflG
1: 75 f.; 102 f.; 115
2: 76 f.; 115
4: 75; 102 f.
5: 77
9: 76 f.
12: 76

HGB
110: 179

LVG
33 ff.: 74

PflVG
3: 51 f.
12 f.: 52

ProdHaftG
1: 66; 75; 110; 115
2: 110
15: 68

StGB
32: 172
123: 171
185: 12; 43; 113
186: 43; 113
187: 85
218 a: 40
230: 12; 48; 52; 60; 81
242: 131
263: 121
303: 49
331 ff.: 124
333 f.: 124

StVG
1: 71
7: 1; 6 f.; 60; 67; **71 ff.**; 75; 80 ff.; 103; 115; 178
8, 8 a: 72
9: 116; 166
10: 14; 104
11: 61
12, 12 a: 7; 67; 71; 73
14 f.: 7 ff.
15: 67
16: 71; 73
17: 103; 116
18: 6; 60; 115

StVO
1: 99
2: 177
3: 48 ff.
19: 102
25: 99

StVZO
27, 29: 51

UmweltHG
1, 6: 74; 115

VVG
61: 49
67: 108

WHG
22: 74

WiStG
5: 128

ZPO
91: 38
253, 261: 141; 145
287: 21
302, 600, 717, 945, 1065: 74

Sachregister

Die Angaben verweisen auf die Seiten. Die Hauptfundstellen sind **fett** gedruckt.

Abstraktionsprinzip 3; 140
actio negatoria 111 f.
Adäquanz 78 ff.
Adoption, Vorteilsausgleichung 107
allgemeines Persönlichkeitsrecht 43 ff.
–, Zuweisungsgehalt 134 f.
Amtspflichtverletzung 66 ff.
Anspruchs(normen)konkurrenz 6 f.; 9
Anwartschaftsrecht, Verletzung 41 f.
Anweisung, Fehlen 138 f., 162 f.
Arbeitseinkünfte, Vorteilsausgleichung 107
Apfelschorf 63 f.
Arbeitskraft als Vermögenswert? 19
Arzthaftung 22 f.
Aufbau haftungsrechtlicher Fälle 115 ff.
aufgedrängte Bereicherung 142 ff.
Aufklärungspflicht des Arztes 22 f.
Aufwendungen des Geschäftsführers 178 ff.
Aufwendungskondiktion 138 f.
Auskehrungsanspruch 145; 148

Bauwerk, Aufsichtspflicht 58 ff.
Beamte, Körperverletzung 19
Bedingung 121
Begehungsgefahr 112
Begleitschaden 94 f.
Bereicherungsansprüche, Inhalt 139 ff.
Beseitigung und Schadensersatz 113
Besitzentziehung 27
Besitzerschaden 42
Bestattungskosten 15
Betriebsbegriff, Kfz 71 f.
–, Eisenbahn 75
Betriebsgefahr, Anrechnung 102 f.
Beweislast 6
–, Umkehr 55 ff.
Brandgassenfall 86
Bruteierfall 27

Caroline von Monaco 44
Chemikerfall 17 f.
condictio indebiti 119 ff.
– ob causam finitam 121, 123
– ob turpem vel iniustam causam 123 f.
– possessionis 142

Delikt → unerlaubte Handlung deliktische Generalklauseln 12 f.
Dienstleistung als Aufwendungen 179 f.
Direktorenfall 85 f.
Doppelmangel bei Anweisung 157 f.
Drittgeschädigte 12 f.
Drittleistung 137 f.
Drittschadensliquidation 61, **108 ff.**
– und Vertrag mit Schutzwirkung für Dritte 110 f.
Drittverschulden, Anrechnung 103 f.
Drittwirkung der Grundrechte 45

Ehebedingte Zuwendung, Rückforderung 123
Ehrverletzung 11 f.
Eigengeschäftsführung 163 f.
Eigentumsverletzung 26 ff.
Einbau, unberechtigter 133 f.; 161 f.
Eingliederung des Verrichtungsgehilfen 57
Eingriffskondiktion 118, **129 f.**
Einrede, Rückforderung wegen 120 f.
Einwilligung in ärztliche Behandlung 22 f.
Eisenbahn, Haftung 75 f.
Eltern, Aufsichtspflicht 58
–, Unterhaltsleistung 19
–, Verschuldensanrechnung 100 f.
Entwertungsschaden 15
Erbenschaden 15 f.
Erblasserschaden 14
Erbschaft, Anrechnung 105 f.
Erfüllungsgehilfe 4, 7
Erlös, Herausgabe bei ungerechtfertigter Bereicherung 142
Ersatzbeschaffung, Schadensersatz 30 f.
Ersparnisbereicherung 147
Exkulpation 6, 55 ff.

Fahrerhaftung 60
Fehleridentität 141
Fleefall 28
Fortkommen 21
Fragebogen, allgemeines Persönlichkeitsrecht 45
Freizeit, verdorbene 98

186 Sachregister

Fremdgeschäftsführungswille 167 ff., 175 f.

Gebrauchsbehinderung 27 f.
Gefährdungshaftung 69 ff.
Gegenleistungskondiktion 150 ff.
Gehilfenhaftung 4 f., 7
Genehmigung unwirksamer Verfügung 132 f.
Genugtuung 44
Gesamtschuld 89
Geschäft, Fremdheit 167 ff.
Geschäft, auch -fremdes 177 f.
Geschäftsanmaßung 168
Geschäftsführung 166
–, ohne Auftrag 2, 8, 166 ff.
–, berechtigte und unberechtigte 171 ff.
–, unsorgfältige 174 f.
Geschäftsherr, Irrtum über ihn 170
gesetzliche Schuldverhältnisse 1 ff.
gesetzlicher Vertreter 4
–, Verschuldensanrechnung 101 f.
Gesundheitsverletzung 40 ff.
Gewerbebetrieb 45 ff.
Gewinn, entgangener 17 ff.
Ginsengwurzel 43
Grohnde 90
Grundschuld, Verletzung 41
Gutachtenbasis, Abrechnung auf 29 ff.

Haftungsmilderung 5, 8
Haftungsverschärfung für den Bereicherungsschuldner 145 f.
Halterhaftung 1 f., 7
Hausbesetzung 90 f.
Hausfrau(mann), Verletzung 20
Heilungskosten 16 f.
Herausforderung 82 ff.
Herstellungsinteresse 30, 33
Herstellungskosten 29 ff.
–, Unverhältnismäßigkeit 34
Hinterbliebenenschaden 14 f.
Hochzeitsessen 64 f.
Höchstbeträge der Haftung 72 f.
höhere Gewalt 71, 76 f.
Hondafall 64
Hühnerpestfall 60 f.
hypothetische Kausalität 85 f.
hypothetischer Schaden 16

Idealheimfall 161 f.
Insolvenzantrag, verzögerter 50 f.
Integritätsinteresse 30, 33, 62

Interesse, positives und negatives 92 ff.
Irrtum über den Leistenden 161
Jahrhundertsturm 76
Jungbullenfall 160

Käuferkette, Drittschadensliquidation 110
Kausalität 78 ff.
Kind, Verletzung 18 f.
Kleinbetrieb, Produzentenhaftung 64 f.
Kommerzialisierung 95 ff.
Konkurrenzen 4 ff.
Körperverletzung 10 f., 12 f., 16 ff., 48
Kraftfahrzeughalter, Haftung 71 ff.
–, Grenzen 72 f.
Krankenhauskosten 105
Kreditschädigung 11 f.
Kupolofenfall 62 f.

Ladendiebstahl, Schadensersatz 37
Lebensversicherung, Anrechnung 107
Legalzession und Vorteilsausgleichung 108 f.
Leistung, Begriff 119
–, bei Darlehen 126 f.
–, auf fremde Nichtschuld 158
–, auf vermeintlich eigene Schuld 157 f.
–, auf Vertrag mit Drittem 175
Leistungsinteresse 62
Leistungskondiktion 21, 117, **119 ff.**
Leistungsverhältnisse, Mehrheit von 155 f.
Leitungen, Haftung 76
Lohnfortzahlung 18
lucrum inhoneste captatum 21
Luesfall 40
Luxusgüter, Nutzung 35 f.
Luxustiere 69

Mannschaftssport 23
Mehrheit von Schädigern 88 ff.
merkantiler Minderwert 31 f.
Mehrpersonenverhältnisse, Bereicherung 154 ff.
Mietwagenkosten 35
Mietwucher 127 f.
Minderjährigenschutz und Bereicherung 144
Mitverschulden 98 ff.

neu für alt, Abzug 32
Neurosen 84 f.
Neuwagenbasis, Abrechnung auf 34

Sachregister

Nichtleistungskondiktionen 3, 117, **129 ff.**
Nichtvermögensschaden 16 f., 95 ff.
normativer Schaden 18 f.
Nutzungen, Bereicherungsausgleich 141 f.
Nutzungsentschädigung, abstrakte 35 ff.

Obliegenheit 100 f.
öffentliches Amt 66 ff.
öffentliche Dienste 176 f.
öffentliches Interesse und GoA 172
Organisationsverschulden 56

Pflichtverletzung 7
Produzentenhaftung, deliktische 60 ff.
–, aus dem ProdHaftG 74 f.
Produktbeobachtungspflicht 63 f.
Prostituierte, entgangener Gewinn 21
psychische Beihilfe 90 f.

Quotenschaden 51

Rahmenrecht 45; 47
rechtmäßiges Alternativverhalten 86 f.
Rechtsfortwirkungsanspruch 149
Rechtsgeschäft als Verpflichtungsgrund 1
Rechtsgrund, Kenntnis vom Fehlen 124 f.
Regreß bei Schädigermehrheit 91 f.
Reisevertrag 97 f.
Rentabilitätsvermutung 93
Rentenneurose 84 f.
Reparaturkosten 29 ff.
Reserveursache 85 f.
Rötelnfall 40 f.
Rückgriffskondiktion 136 f.
Rücktritt 117 f.
–, und Saldotheorie 152
Rückzession 132

Sachbeschädigung ®
    Eigentumsverletzung
Saldotheorie 150 ff.
Schädigermehrheit 88 ff.
Schadensanlage 85 f.
Schadensbearbeitung, Kosten 38
Schadensersatz 10 ff.
–, Umfang 78 ff.
–, statt der Leistung 92 ff.
Schadensteilung 99 f.
Schadensverlagerung 109 f.
Schenkung 121 f., 145
Schlechtleistung 7
Schleusenfall 78 ff.

schlichte Hoheitsverwaltung 68
Schmerzensgeld 5, 7, 16 f.
–, Prävention 44
Schockschaden 84
Schuldverhältnis, fremdes 54
Schutzbereich der Haftungsnorm 80 ff.
Schutzgesetz 48 ff.
Schwarzfahrt, Kfz 7, **73 f.**
Schweinestall, Panik 80 f.
Schwimmerschalterfall 61 f.
Selbstaufopferung im Straßenverkehr 177 f.
Sitten- oder Anstandspflicht 125
Sittenwidrigkeit, Ausschluß der Rückforderung 126 ff.
–, der Schädigung 52 ff.
sonstiges Recht 41 ff.
Sportunfall 10 f., 23
Staatsarchiv, Ersatz von Ordnungskosten 38
Streikschaden 86 f.
Stromkabelfälle 27 f., 45
Student, Fortkommensschaden 20 f.
Subsidiaritätsdogma für Eingriffskondiktion 161
Surrogate, Bereicherungsanspruch auf 140 ff.

Tier, Heilungskosten 34
Tierhalter, Aufsichtspflicht 59
–, Haftung ohne Verschulden 69 f.
Tilgung, Leistung zur 119 f.
Tilgungsbestimmung, Änderung 157
Totalschaden 32 ff.
Tötung eines Menschen 14 ff.
Trauer 15

Übernahme der Tiergefahr 69 f.
Überwachungskosten 37
Überweisungsvertrag 155; 162
Umwelt, Haftung 74 f.
unerlaubte Handlung 1 f., **10 ff.**
Unfallhilfe 2
ungerechtfertigte Bereicherung 2 f., **117 ff.**
Unterhaltsersatz 14 f.
Unterlassungsansprüche 112 ff.
Unverhältnismäßigkeit der Herstellungskosten 34
Urlaub, gestörter 95 ff.

Verbrauchsgüterkauf 109
Verdienstausfall 17 f.
Verfolgung, Haftung des Verfolgten 82 f.

Verfügung, unberechtigte 130 f.
-, Genehmigung 130
-, unentgeltliche 131 f.
Verjährung 5, 7 f.
Verkehrs(sicherungs)pflichten 24 f., 55, 57
-, gegenüber Unbefugten 25
Verlobung, Erfolgsvereitelung 125 f.
Verlobungsgeschenke, Rückforderung 121 ff.
Verlust von Geschenken 144 f.
Vermietung, unberechtigte 132 f.
Vermögensschaden 95 ff.
Vermögensverletzung 11 f., 15, 109
-, Schutzgesetz gegen 49 ff.
Verrichtungsgehilfe 4, 7, **55 ff.**
Versicherungspflicht für Kfz-Halter 51 f.
Vertrag mit Schutzwirkung für Dritte 110 f.
Vertragsaufsage 92
Vertrauensschaden 92 ff.
Verwendung auf fremdes Gut 167 f.
Verwendungskondiktion 137 f.
Verwirkung 7
vorbeugender Rechtsschutz 111 ff.

Vorhaltekosten 36
Vorsatz zur Schädigung 52 ff.
Vorteilsausgleichung 105 ff.

Warentest 46 f.
Wegfall der Bereicherung 144 ff.
– durch Aufwendungen 148 ff.
– durch Erwerbspreis? 149
– durch Schenkung 146 ff.
– durch Vermögensfolgeschäden 149
Weidezaun, schadhafter 59
weiterfressender Schaden 61 f.
Wertersatz bei Bereicherung 142, 143
Wertinteresse 30, 33
Wiederbeschaffungswert 33
Wiederheirat, Vorteilsausgleichung 107
Wiederholungsgefahr 112
Wille des Geschäftsherrn, Irrtum 172 f.
wrongful live 40 f.
Wucherdarlehen 126 f.

Zeugnis, unrichtiges 52 f.
Zündhölzer bei Kindern 58
Zuweisungsgehalt, allgemeines Persönlichkeitsrecht 134 f.